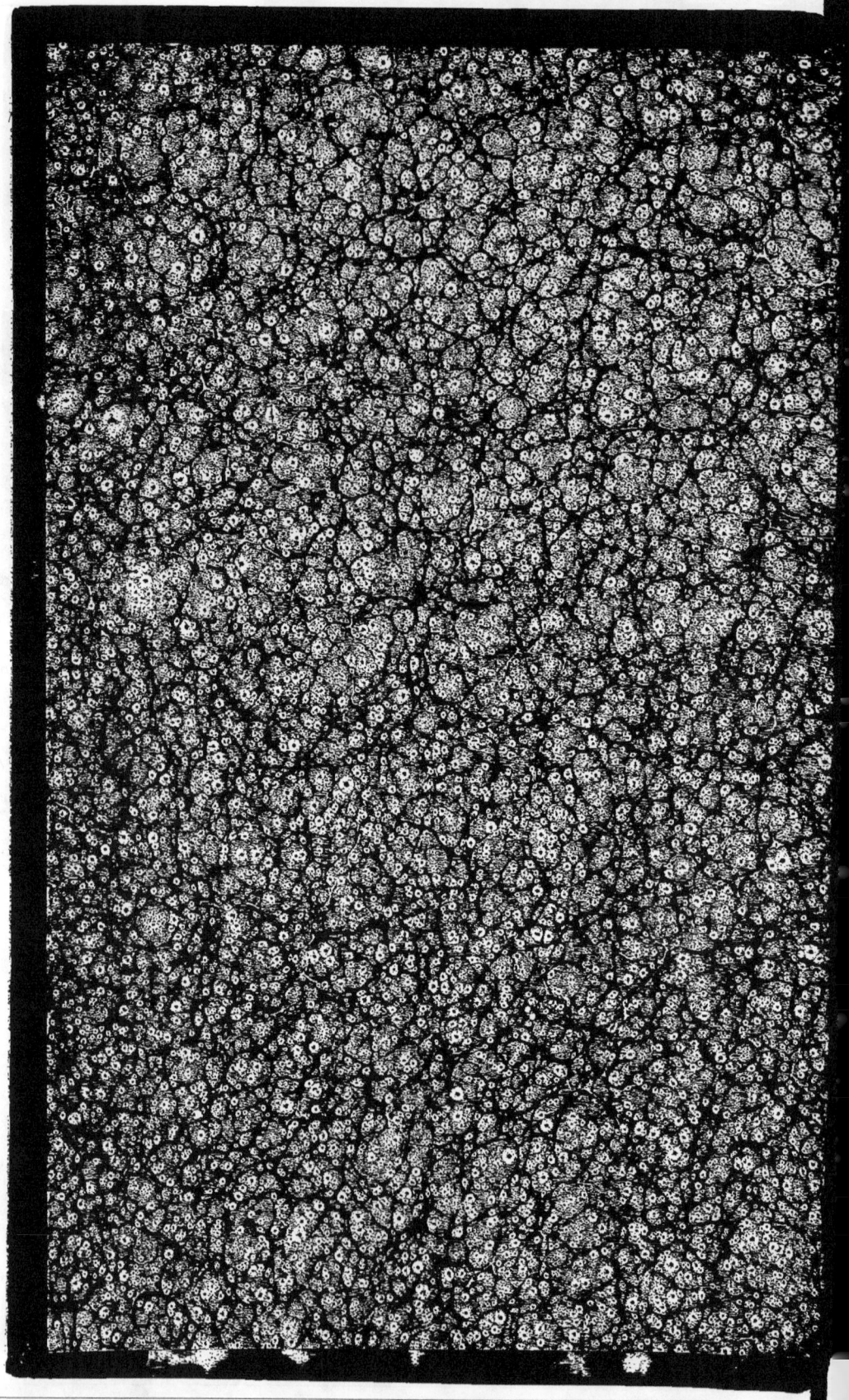

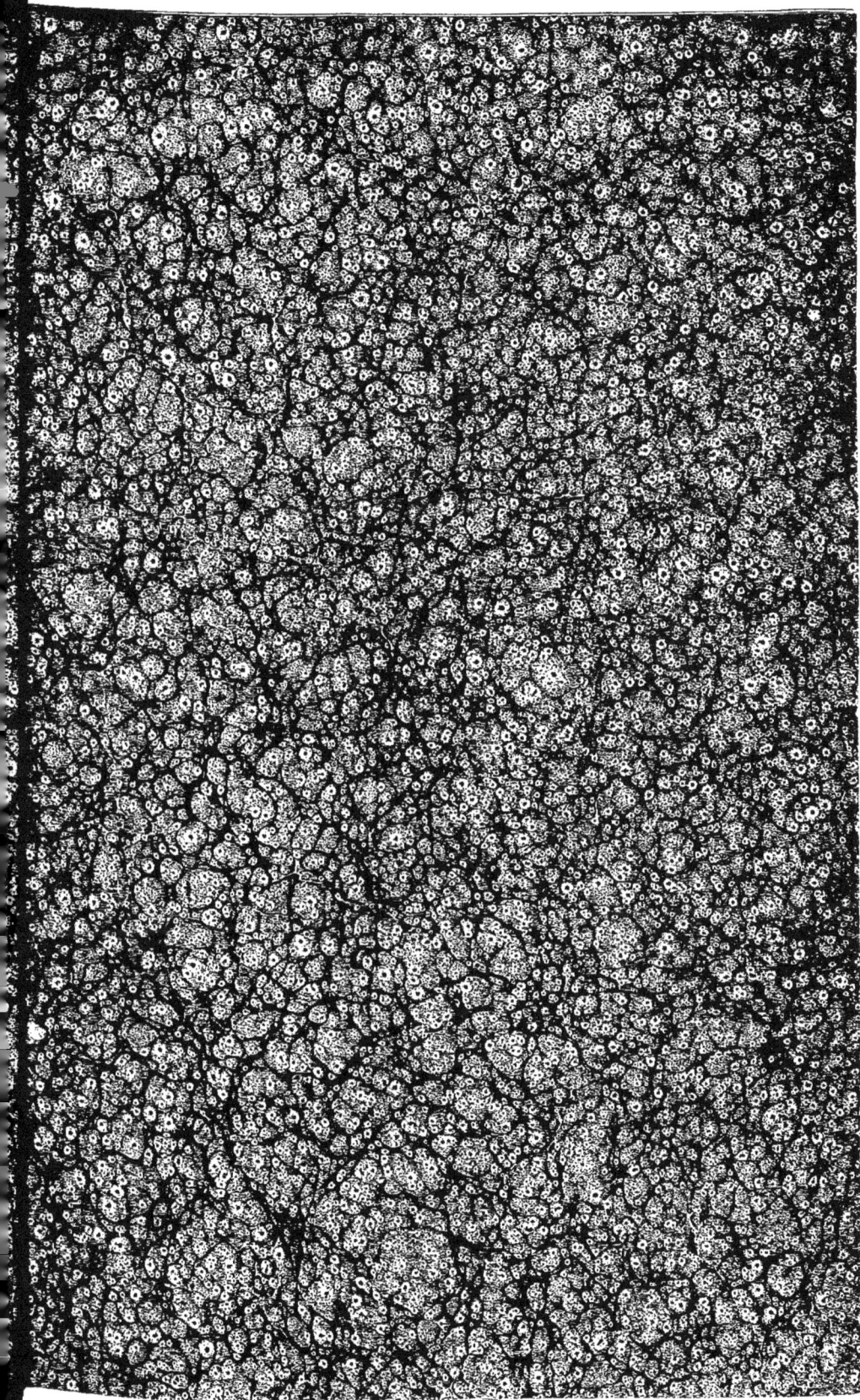

TRAITÉ

DE LA PROCÉDURE

SUR

SAISIE-IMMOBILIÈRE.

Pour garantie de sa propriété, l'Auteur a signé chaque Exemplaire.

A Moulins, de l'Imprimerie de C. PLACE.

TRAITÉ
DE LA PROCÉDURE
SUR
SAISIE-IMMOBILIÈRE,

Telle qu'elle est prescrite par les Codes civil et de procédure;

Par Mᵉ. J. B. HUET,

'Ancien Avocat au Parlement de Paris, Avoué au Tribunal civil de Moulins (Allier).

« L'Hypothèque et l'*Expropriation* sont les vrais
« garans de l'exécution de tous les contrats.... c'est
« la clef de la voûte qui couronne l'immense édifice
« de nos Lois civiles. »　　M. Treilhard.

A PARIS,
Chez A. EYMERY, Libraire, rue Mazarine, n° 30;

A LYON,
Chez Théodore PITRAT, Libraire, rue du Peyrat;

A MOULINS,
Chez PLACE et BUJON, Libraires.

1818.

A Monsieur

Monsieur *VERNIN*,

L'un des Présidens de la Cour royale de Riom.

Monsieur le Président,

Offrir à un *Magistrat comme vous, supérieur par ses Lumières plus encore que par sa Place éminente, un Ouvrage contenant* la Collection *des Décisions souveraines, sur l'une des Matières les plus épineuses et les plus controversées au Barreau, c'est vous faire hommage des principes que vous avez concouru à fixer, c'est vous rendre ce qui vous appartient.*

Veuillez, Monsieur le Président, agréer cet Ouvrage avec cette bienveillance qui vous distingue, et dont j'ai si souvent ressenti les effets lorsque vous exerciez, dans le Département de l'Allier, les hautes Fonctions de Président de la Cour de justice criminelle, et que je me livrais à celles de Défenseur des accusés.

Vos bontés m'ont tant de fois soutenu dans cette pénible carrière, elles m'encouragent encore si puissamment, que j'ose vous offrir ici l'hommage public de ma reconnaissance, et vous prier d'accueillir l'assurance du plus profond respect et du dévoûment sans bornes, de

Votre très-humble
et très-obéissant serviteur,

J. B. HUET.

DISCOURS PRÉLIMINAIRE.

———◅◦◈◦▻———

COMMENT se fait-il que le seul mot de Saisie-immobilière, entraîne avec lui l'idée, malheureusement exacte, d'une procédure longue, difficile, presqu'inabordable et tellement chanceuse, que personne ne se décide à l'entreprendre, qu'autant qu'il y est déterminé par des considérations tellement majeures, qu'elles l'emportent sur tous les dangers auxquels le créancier sent l'indispensable nécessité de s'exposer ?

Il ne s'agit pourtant ni d'un droit controversé, ni de faits compliqués et difficiles à établir. Le créancier, porteur de titre exécutoire, veut faire vendre les immeubles de son débiteur en retard de le payer ; quoi de plus facile en apparence ?

Il semblerait dès-lors que le législateur, prenant en considération l'expérience du passé, aurait dû simplifier les formes, et les dégager de tout ce qu'elles avaient d'embarrassant pour le créancier et de ruineux pour le débiteur. Ce dernier en effet est libre de vendre lui-même sa propriété, et de payer ; il refuse de le faire ; il préfère de supporter les frais d'une vente judi-

ciaire , et il place son créancier dans la dure
nécessité d'y faire procéder : certes ce débiteur
ne devrait pas inspirer un grand intérêt ; dans tous
les cas , l'intérêt du créancier devrait de beaucoup l'emporter ; ou plutôt, par une sage combinaison de mesures propres à concilier les droits
de l'un et de l'autre , il s'agirait d'accorder au
débiteur des facilités pour s'exécuter lui-même ;
et en cas de refus persévérans , d'armer le
créancier d'un moyen tellement facile pour
parvenir au but , qu'il eut la certitude de réussir,
tempérée néanmoins par les mesures propres à
assurer les droits des autres créanciers.

Loin d'adopter une marche aussi simple , et il
faut en convenir , aussi juste , on dirait que le
législateur a pris à tâche d'envelopper cette espèce
de procédure , de formes si compliquées et en
même-tems si minutieuses, de la hérisser de
difficultés si nombreuses , qu'il semble avoir
voulu rendre impraticable l'exercice d'une action
dont lui-même a reconnu et proclamé la nécessité.
Ce qu'il y a d'étrange, c'est que les Tribunaux
chargés de l'exécution d'une telle loi , ajoutant
à sa rigueur et multipliant les entraves , ont ,
dans les premières années de la mise à exécution
du Code de procédure , adopté les moyens de
nullité les plus frivoles. Les praticiens torturant
la loi , imaginaient des subtilités qu'eux-mêmes

étaient étonnés de voir accueillir ; comme s'il se fut agi d'applaudir à des tours de force !

Un tel système , évidemment opposé à la justice , ne pouvait se soutenir ; peu à peu les Tribunaux ont abandonné ce sentier d'erreur , et adopté le sage principe qu'il n'existe de nullité , qu'autant qu'il y a omission d'une formalité substantielle , ou violation d'une forme à l'inobservation de laquelle la loi attache la peine de nullité.

Le créancier peut donc recourir , avec plus de sécurité , à une voie dorénavant plus assurée , et devenue d'une exécution sinon facile , du moins plus usuelle , et dès-lors moins périlleuse. Déjà les Avoués , encouragés par quelques succès , craignent moins de se charger de ces sortes d'affaires , et plus l'expérience rendra cette matière familière , plus on verra s'applanir des difficultés réelles il est vrai , mais que l'imagination grossissait encore , et dont on s'effrayait soi-même , sans trop de réflexion.

Ne perdons pas de vue qu'ordinairement une telle procédure n'offre rien de litigieux, et qu'il ne s'agit que de faire des actes d'exécution, dans les formes et dans les délais prescrits par la loi.

J'ai cru inutile de retracer ici, même brièvement, l'ancienne procédure de saisie-réelle, et la procédure, sur les expropriations forcées, telle qu'elle était prescrite par la loi intermédiaire du 11 brumaire an 7. A quoi bon en effet nous occuper de ce qui n'existe plus, de ce qui est loin de nous ? que le législateur combine toutes les anciennes lois rendues sur une matière, il le doit , pour s'éclairer et se mettre à même d'en rendre, une plus parfaite ; que celui - là encore qui veut réunir les élémens d'une vaste érudition , offre le rapprochement de toutes ces lois, il pourra sans doute, dans certaines matières, procurer de grands avantages, et faire ressortir de plus en plus les grands principes, bâses éternelles de la justice ; mais n'oublions pas qu'ici il s'agit uniquement *d'exécution.*

L'officier ministériel, chargé de cette exécution, déjà difficile et compliquée , n'a pas besoin de fixer sur le passé , une portion de son attention que le présent réclame toute entière ; la loi est là, il ne s'agit pas de la comparer avec les lois anciennes , mais de l'exécuter, et dès-lors d'en bien saisir l'ensemble et les détails.

Toutefois qu'il nous soit permis d'observer que cette loi si importante, a été rédigée avec si peu de soin, qu'elle offre à chaque pas des difficultés sérieuses que font naître soit le défaut de précision dans les idées du législateur, soit le défaut de justesse dans ses expressions , soit surtout les nombreuses omissions qui lui ont échappées.

Au lieu de suivre pas à pas chacune des formalités qu'elle prescrit , de la présenter de suite dans tous ses détails , de la bien préciser , et de la renfermer dans un seul article , la loi offre tantôt des cumulations et tantôt des lacunes , des interruptions , des interpositions qui , pour les réparer , exigent toute la réflexion du lecteur le plus attentif ; elle offre également des locutions tout-à-fait impropres.

Pour ne citer qu'un seul exemple , l'article 681 , après avoir dit que la Saisie - immobilière sera dénoncée au saisi , porte : « elle contiendra « la date de la première publication. » *Elle* , dans le sens grammatical de la phrase , s'applique à *la Saisie* , et cependant il faut l'appliquer *à la dénonciation* , mot que la loi n'a pas encore employé , et qu'il faut dès-lors suppléer. C'est-à-dire qu'il faut que le bon sens l'emporte sur le texte de la loi. On ne sait comment de telles négligences ont pu échapper au législateur.

Nous pourrions donc reprocher à la loi d'être aussi vicieuse dans son ensemble, qu'imparfaite dans ses détails. Elle se ressent trop de la précipitation avec laquelle elle a été rédigée.

Mais, nous le répétons, cette loi existe, il

s'agit de l'exécuter ; c'est le but auquel vont tendre tous nos efforts.

Espérons que dans des tems moins orageux, le législateur, pénétré des vices de la loi actuelle, saura en porter une qui, par l'extrême clarté de ses dispositions, la simplicité dans les formes, et la combinaison des délais, sagement accordés au débiteur, parviendra, autant que possible, à faire disparaître les abus et à concilier tous les intérêts.

On trouvera quelquefois un peu sévères nos réflexions sur les vices de la loi que nous commentons, mais quel est le praticien que ces vices n'ayent pas frappé ? et quel inconvénient y a t-il à sonder toute la profondeur de la plaie, pour en préparer la guérison ? Ne perdons pas de vue qu'il s'agit ici d'une simple loi *de procédure*, dont on peut sans danger faire ressortir toutes les imperfections.

Il me reste un mot à dire sur l'utilité de ce recueil.

Peu de tems après la promulgation du Code de procédure civile, un grand nombre de Juris-consultes, d'un talent recommandable, ont donné des commentaires sur cette matière.

Mais, il faut le dire, tous ces commentaires ne contenaient et ne pouvaient contenir que les réflexions propres de chaque auteur. Chacun donnait ses opinions , offrait ses dissertations pour des régles ; à chaque page on y trouve des erreurs qui aujourd'hui n'échapperaient pas au moins éclairé. La Jurisprudence seule pouvait fixer le véritable sens de la loi ; et il nous semble qu'en cette matière, citer les arrêts , principalement ceux de la Cour suprême , c'est éclairer du flambeau de l'expérience, et dissiper tous les doutes.

Il a fallu du tems pour asseoir la Jurisprudence; aujourd'hui qu'elle est fixée sur les points principaux , il m'a paru que le moment était venu de présenter au public le faisceau des lumières acquises. Un plus long retard nous eut attiré le reproche mérité d'avoir écrit sur une matière connue de tout le monde.

Placé entre deux écueils , nous croyons les avoir évités l'un et l'autre , en saisissant le moment favorable où les matériaux sont assez abondans , et les principes assez consolidés, pour pouvoir offrir cet ouvrage. Je l'ai ébauché , une main plus habile le finira ; du moins le zèle et la patience ne m'ont pas manqué ; je crois qu'aucun arrêt important ne m'a échappé.

J'ai pensé qu'il était utile de mettre le lecteur à même de vérifier les sources où j'ai puisé ; en conséquence j'ai rappelé , à la suite de chaque arrêt , le recueil où il est inséré.

Puisse ce faible essai être de quelque utilité au Public à qui je l'offre , et contribuer à faire connaître, ou plutôt à faire exécuter une loi qui a long-tems rebuté jusqu'aux Praticiens les plus consommés !

TRAITÉ

DE LA PROCÉDURE,

SUR

SAISIE-IMMOBILIÈRE.

Avant de s'occuper des *formes* de la Saisie-immobilière, (*a*) le Législateur a dû fixer les *principes* de la matière.

Ces principes ont été posés au Code civil ; les formes ont été tracées au Code de procédure.

(*a*) Elle portait autrefois le nom de *Saisie-réelle*, par opposition à la *Saisie-exécution*, ou Saisie-mobilière.

Les Auteurs du Code civil l'ont appelée *Expropriation-forcée* ; les Rédacteurs du Code de procédure, l'ont dénommée *Saisie-immobilière*.

Le mot Expropriation—forcée nous parait impropre ; car un meuble est une propriété, tout aussi bien qu'un immeuble ; et en faisant vendre les meubles d'un débiteur saisi, on l'exproprie forcément, de même qu'en vendant ses immeubles.

Le Code de procédure ne parle pas de Saisie-mobilière

Notre ouvrage dès-lors se divise naturellement en deux parties.

Dans la première , nous rappelérons les principes.

Ils ont été traités , par le Code civil , d'une manière si lumineuse, que quelques annotations suffiront pour faire ressortir l'esprit d'une loi aussi sagement combinée.

Dans la seconde partie, nous nous occuperons des formes et de la procédure.

La loi , en cette partie , offre tant de négligences, d'incohérences et de lacunes, que la Jurisprudence de dix années est à peine suffisante pour éclaircir les principales difficultés que l'exécution

---

il consacre *l'ancienne dénomination* de *Saisie - exécution.*

Pourquoi dès-lors n'avoir pas aussi maintenu l'expression de *Saisie-réelle* , dont le sens était si connu et si familier ? Pourquoi innover sans nécessité et même sans utilité ?

L'argent monnoyé , les billets , les meubles , n'ont qu'une existence *mobile* , et pour ainsi dire fugitive , parce qu'ils peuvent facilement disparaître et passer d'une main dans une autre.

L'immeuble au contraire a quelque chose de plus *réel* , parce que le débiteur ne peut ni le soustraire , ni le faire passer en d'autres mains. C'est pour cela que la Saisie des immeubles avait pris le nom de *Saisie-réelle.*

Mais , puisque les Auteurs du Code de procédure l'ont appelée *Saisie - immobilière* , c'est le nom que l'on doit adopter.

de cette loi a fait naître. Nos notes devront dès-
lors être plus développées ; elles seront accom-
pagnées de rapprochemens et de réflexions , qui
fixeront le véritable sens de la loi ; nous aurons
soin néanmoins de nous renfermer strictement
dans les limites que nous nous sommes tracées ,
et de nous borner à ce qui concerne *la Procédure
sur Saisie immobilière.*

On sent que les hypothèques et leur conservation , la vente d'immeubles et ses suites , la
purge des contrats , les ordres, etc. etc. sont
des matières distinctes de celle qui nous occupe,
et mériteraient chacune un traité particulier;
nous éviterons dès-lors de nous occuper de ces
matières.

Nous terminerons en offrant des modèles de
tous les actes de poursuite ordinaire.

PREMIÈRE PARTIE.

DES Principes posés par le Code civil, sur la matière des Saisies - immobilières.

Dans un premier titre, (*a*) le Législateur s'est expliqué sur l'effet des privilèges et hypothèques contre les tiers - détenteurs , et il a prescrit les formalités que doit remplir le créancier hypo-théçaire , qui veut suivre l'immeuble dans la main de l'acquéreur, lorsque ce dernier a négligé de purger sa propriété.

Dans un autre titre (*b*) il a traité de l'Expro-priation forcée , et il a fixé les règles relatives à la poursuite directe du créancier contre son débiteur.

Nous allons citer successivement chaque article de la Loi et rappeler ensuite les décisions souveraines qui en ont développé l'esprit ou fixé le sens. Cette première partie offrira peu de questions à traiter ; nous aurons soin néanmoins de résoudre celles qui pourront se présenter.

(*a*) Liv. 3, tit. 18, chap. 6, art. 2166, jusque et compris l'art. 2179.

(*b*) Liv. 3, tit. 19 ; chap. 1er., art. 2204 ; jusque et compris l'art. 2217.

EXTRAIT DU CODE CIVIL.

LIV. 3, TIT. 18, CHAP. 6.

*De l'effet des privilèges et hypothéques contre
les tiers-détenteurs.*

ART. 2166.

Les créanciers ayant privilège et 2166.
hypothèque inscrite sur un immeuble,
le suivent, en quelques mains qu'il passe,
pour être colloqués et payés suivant l'ordre de leurs créances ou inscriptions. (*A*)

(*A*) 1. Le présent article s'étend aux actions de la
banque de France qui auraient été immobilisées. (Décret
du 16 janvier 1808.)

2. Le créancier hypothécaire ne peut faire une Saisie-
arrêt au préjudice du détenteur des biens affectés à sa
créance; ce tiers-détenteur n'est pas obligé personnellement.

Cour de Paris, Arrêt du 23 décembre 1808. (*Sirey*,
tom. 9, 2e. partie, page 150.)

Nota. A l'avenir nous donnerons cette indication par abrégé.

Cour de Cassation; (arrêt du 6 mai 1811.) (*S.* 12,
1, 43.)

2166. Même Cour, arrêt du 27 avril 1812; (*S*. 12 , 1 , 300.)
Voyez à l'article 2169, la note (*a*)

NOTA. A l'avenir nous donnerons également ces renvois
par abrégé.

3. L'apposition d'affiches et poursuites ultérieures de
Saisie-immobilière, font dormir la prescription de dix
ans, établie en matière d'inscriptions hypothécaires.

Cour de Cassation, arrêt du 5 avril 1808. (*S*. 8,
1, 216.)

ART. 2167.

2167. Si le tiers-détenteur ne remplit pas les
formalités établies (par le présent Code)
pour purger sa propriété, il demeure,
par l'effet seul des inscriptions, obligé,
comme détenteur, à toutes les dettes
hypothécaires, et jouit des termes et
délais accordés au débiteur originaire.(*A*)

(*A*) 1. Lorsque certaines formalités sont prescrites
comme conditions nécessaires à l'acquisition d'un droit,
leur inobservation emporte déchéance de ce droit; il
n'est pas nécessaire que la nullité soit expressément
prononcée.

2. L'acquéreur, pour un seul et même prix de plusieurs
immeubles, dont l'un est frappé d'inscriptions particulières, ne purge point sa nouvelle propriété, s'il ne

déclare, aux créanciers inscrits, le prix de l'immeuble particulièrement hypothéqué, et ce, *par ventilation* 2167. du prix total. (C. C. art. 2192.)

Ainsi le créancier auquel a été fait une notification sans ventilation, peut saisir l'immeuble qui lui est spécialement hypothéqué, encore qu'il n'ait pas préalablement fait prononcer par la justice la nullité de la notification.

Cour de Cassation, arrêt du 18 juin 1815. (*S.* 15, 1, 214.)

V. art. 2215, (C) 1 et 2 ; art. 674. (B) 1. ; et art. 729, (A) 2.

ART. 2168.

Le tiers-détenteur est tenu dans le 2168. même cas, ou de payer tous les intérêts et capitaux exigibles, à quelques sommes qu'ils puissent monter, ou de délaisser l'immeuble hypothéqué, sans aucune réserve. (*A*)

(*A*) Lorsque le tiers-détenteur d'un immeuble est poursuivi en paiement d'une créance hypothécaire, ou en délaissement de l'immeuble, il *peut* être admis à prouver par témoins que la créance a été acquittée, et que le débiteur la fait revivre collusoirement, encore qu'elle s'élève au-dessus de 150 francs.

En ce cas il y a dol et fraude, la preuve testimoniale est d'autant plus admissible, que le détenteur est *un tiers* qui n'a pas pû se procurer par écrit la preuve de la libération de son vendeur.

Cour de Bruxelles , arrêt du 17 janvier 1810. (*S.* 11
2168. 2 , 38.)

Nota. Cet arrêt est sage sans doute, mais on conviendra
qu'il faut que le dol soit bien caractérisé , et que les
preuves en soient graves , précises et concordantes ,
autrement on retomberait dans l'abus qu'a voulu prévenir
l'art. 1341 du Code civil.

Art. 2169.

2169. Faute par le tiers-détenteur de satisfaire pleinement à l'une de ces obligations , chaque créancier hypothécaire
a droit de faire vendre sur lui l'immeuble
hypothéqué , (*A*) trente jours après
commandement fait au débiteur originaire , et sommation faite au tiers-détenteur de payer la dette exigible , ou
de délaisser l'héritage. (*B*)

(*A*) 1. Cette disposition a fait naître la question de
savoir si l'action en *déclaration d'hypothèque* était ou
non abrogée.

D'une part on disait que la loi ne la défend pas , et
même qu'elle la suppose , puisque l'article 2173 parle
de condamnation intervenue contre le tiers-détenteur ,
en cette qualité.

La Cour de Bordeaux avait adopté cet avis. (Arrêt
du

du 11 avril 1810. (*S.* 11, 2, 87.) De même celle de 2169. Riom, arrêt du 11 janvier 1811. (*S.* 12, 1, 300.) Et celle de Paris, arrêt du 13 novembre 1811. (*S.* 12, 2, 16.)

De l'autre on opposait que le créancier *ayant droit de faire vendre*, sur le tiers-détenteur, l'immeuble hypothéqué, il ne pouvait raisonnablement demander aux Tribunaux de lui conférer ce droit qu'il tenait déjà de la loi ; qu'il n'y a pas *d'action en condamnation*, là, où la loi donne *action d'exécution*, d'autant plus que *le tiers-détenteur ne peut jamais être contraint sur ses biens personnels*.

La Cour de Cassation, par un premier arrêt du 6 mai 1811, (*S.* 12, 1, 43.) en confirmant le principe que le tiers-détenteur ne peut pas être contraint personnellement, avait évité de s'expliquer sur la première question ; mais l'arrêt de la Cour de Riom, du 11 janvier 1811, ayant été attaqué par la voie du pourvoi, la Cour suprême a eu à s'expliquer.

Avant de citer son arrêt, fixons bien les questions sur lesquelles elle a eu à prononcer.

Le terme de droit, action en déclaration d'hypothèque, signifie, dans son acception rigoureuse, action qui tend à faire déclarer qu'un immeuble est hypothéqué. (*Répertoire de Jurisprudence.*)

Mais cette action peut avoir un double objet, savoir : 1°. de faire prononcer le délaissement de l'immeuble hypothéqué ; et alors elle s'appelle *action hypothécaire*. 2°. De profiter du jugement de déclaration d'hypothèque,

2

2169. pour interrompre une prescription ; et alors elle s'appelle *action d'interruption.* (*V. Denisard , au mot déclaration d'hypothèque.*)

Dans le fait , l'arrêt de la Cour de Riom , du 11 janvier 1811 , contre lequel il y avait pourvoi , décidait nettement que le créancier hypothécaire avait pû traduire le tiers-détenteur en déclaration d'hypothèque, paiement ou délaissement. Il fut cassé par arrêt du 27 avril 1812 (*S.* 12, 1, 300.) dont nous allons consigner ici le prononcé.

« La Cour, après un long délibéré en la Chambre du
« Conseil ; attendu 1°. que l'action en déclaration d'hy-
« pothèque , n'a pas été expressément abrogée par le
« Code civil, mais qu'elle ne peut plus avoir d'autre
« objet que d'interrompre la prescription à l'égard des
« tiers-détenteurs ; que sous tous les autres rapports ,
« elle serait frustratoire , et que notamment elle n'est
« plus admissible d'après les art. 2166 , 2167 , 2168 et
« 2169 , du Code civil , pour contraindre les tiers-déten-
« teurs au paiement de la dette hypothécaire ; 2°. que
« l'art. 2169 a fixé les droits du créancier, et la marche
« qu'il doit suivre , dans le cas où le tiers-acquéreur qui
« n'a pas rempli les formalités prescrites pour purger
« sa propriété, ne paie pas les dettes hypothécaires , ou
» ne délaisse pas l'immeuble hypothéqué ; que dans ce
« cas , le créancier a le droit de faire vendre l'immeuble
« suivant les formes qui sont déterminées ; que l'article
« 2169 est virtuellement exclusif d'un autre mode de
« procéder , et qu'aucun autre article , soit du Code
« civil, soit du Code de procédure , n'autorise un mode

« différent ; 3°. que c'est une des bases du nouveau 2169.
« système hypothécaire, et qu'il résulte notamment des
« articles 2167, 2168, 2169, 2170, 2172 et 2173 du
« Code civil, que le tiers-détenteur, (qui n'est pas
« personnellement obligé au paiement de la dette,) ne
« peut être contraint à ce paiement, qu'en qualité de
« détenteur, et que sur le bien même qui est hypothéqué,
« et non par voie de condamnation personnelle, lors
« même qu'il ne délaisserait pas le bien ; 4°. qu'ainsi
« l'arrêt dénoncé a violé les articles précités du Code
« civil, en admettant une demande en déclaration d'hy-
« pothèque, qui n'avait pour objet que de contraindre les
« tiers-acquéreurs au paiement de la dette hypothécaire,
« en validant une procédure autre que celle autorisée
« par le Code civil, et en ordonnant que faute par les
« tiers-acquéreurs de délaisser dans huitaine, l'immeuble
« hypothéqué, ils seraient contraints purement et sim-
« plement au paiement de la dette, Casse, etc. »

Cet arrêt a fixé la Jurisprudence ; et consacré des
principes qu'il n'est plus permis de méconnaître.

Il faut donc tenir pour constant, 1°. que le tiers-détenteur ne peut pas être poursuivi personnellement ;

2°. Que l'action, en simple déclaration d'hypothèque,
n'est pas abrogée par le Code civil, mais qu'à l'égard du
tiers-détenteur, elle ne peut plus avoir pour objet que
d'interrompre la prescription ;

3°. Enfin que l'action en paiement ou délaissement,
est abrogée, et que le créancier n'a d'autre droit que celui
de poursuivre la saisie et vente de l'immeuble hypothéqué.

2°. On ne peut faire à un détenteur, à titre d'antichrèse,

2169. la sommation de payer ou de délaisser l'immeuble hypo-théqué.

Cour de Cassation, arrêt du 21 juin 1809. (Le commentateur *Pailliet.*)

(*B.*) 1. Le créancier qui veut faire saisir et vendre l'immeuble aliéné par son débiteur , doit, à peine de nullité , faire à l'acquéreur la sommation prescrite par le présent article 2169, quoique la vente ait été faite sous l'empire de la loi du 11 brumaire an 7 , et qu'elle n'ait pas été transcrite.

Cour de Grenoble , arrêt du 10 août 1808. (*S.* 9 , 2, 19.)

2. Il n'est pas nécessaire , à peine de nullité , que la sommation faite au tiers-détenteur , de payer ou de délaisser , soit revêtue du visa du Maire ; cette formalité n'est exigée que pour le commandement fait au débiteur, tendant à la saisie immobilière de ses biens.

Cour de Rouen, arrêt du 28 février 1810. (*S.* 11, 2, 243.)

3. De même il n'est pas nécessaire qu'il s'écoule 30 jours entre le commandement au débiteur originaire et la sommation au tiers - détenteur ; la loi ne prescrit aucun délai.

Cour de Cassation, arrêt du 4 octob. 1814. (*S.* 16, 1, 78.)

4. Le commandement de payer qui doit être signifié au débiteur originaire , préalablement à toutes poursuites contre le tiers-détenteur , est prescrit tout aussi bien dans l'intérêt du tiers-détenteur , que dans celui du débiteur. Si ce commandement est nul , la nullité profite au tiers-détenteur qui peut l'opposer.

Cour de Nismes, arrêt du 6 juillet 1812. (*S.* 13, 2, 259.)

5. Lorsque le débiteur a vendu l'immeuble hypothéqué 2169, en paiement de ses dettes, si le créancier hypothécaire veut poursuivre l'expropriation, c'est au débiteur lui-même, et non à l'acquéreur que doit être fait le commandement.

Cour de Cassation, arrêt du 6 messidor an 13. (*S.* 6, 1, 26.) V. art. 2217. (*A*).

6. Que le commandement à faire au débiteur, suivant le présent article 2169, soit le même que celui prescrit par l'article 2217 du code civil, et par l'article 673 du Code de procédure, c'est ce qui ne souffre plus de difficulté. Tous ces articles se bornent à exiger que la saisie soit précédée d'un commandement fait au débiteur, et il ne doit lui en être fait qu'un seul. (V. art. 2217. (*A*) *in fine.*

Mais la sommation à faire au tiers-détenteur, conformément au présent article, est-elle la même que celle prescrite par l'article 2183 du Code civil, lequel porte :

« Si le nouveau propriétaire veut se garantir de l'effet
« des poursuites autorisées dans le chapitre 6 du présent
« titre, (par les articles 2166 et suivans) il est tenu,
« soit avant les poursuites, soit dans le mois au plus tard,
« à compter de *la première sommation* qui lui est
« faite, de notifier aux créanciers.... Extrait de son
« titre, etc. ?

Cette seconde question se résoud par la première ; et de même qu'il ne faut qu'un seul commandement au débiteur, de même il ne faut qu'une seule sommation au tiers-détenteur.

Ainsi jugé par la Cour de Paris, arrêt du 21 mars 1808. (*S.* 7, 2, 949.)

2169. La Cour de Nismes avait d'abord jugé le contraire par arrêt du 6 juillet 1812, (S. 13, 2, 259.) qui en rappelle un autre par elle déjà rendu dans le même sens le 4 juin 1807 ; mais bientôt elle reconnut son erreur, et par arrêt du 5 août de la même année 1812, (S. 14, 2, 93.) elle consacra en principe que la sommation exigée par l'article 2183, C. C. est la même que celle prescrite par l'article 2169, *auquel ledit art.* 2183 se *réfère.*

Ce dernier arrêt est confirmatif d'un jugement du Tribunal d'Uzès, où la question avait été traitée avec beaucoup de clarté et de précision.

Il ne paraît pas qu'elle ait été reproduite, seulement on trouve, sous la date du 18 juin 1815, (S. 15, 1, 214.) un arrêt de la Cour suprême qui en casse un de la Cour de Bordeaux, rendu dans une circonstance ayant quelque trait à l'espèce,

Un acquéreur avait fait notifier extrait de son contrat aux créanciers inscrits, et avait fait les soumissions prescrites par la loi ; mais ce contrat embrassait plusieurs immeubles vendus pour un seul et même prix, et l'acquéreur avait négligé de faire la ventilation prescrite par l'article 2192, C. C. quoique certains créanciers ne fussent inscrits que sur quelques-uns desdits immeubles, et non sur les autres.

L'un de ces créanciers, regardant la notification comme nulle à son égard, fit faire à l'acquéreur et au vendeur, les sommation et commandement prescrits par le présent article 2169. Ces actes sont du 7 juillet 1812.

Le 26 août suivant, il fit saisir l'immeuble hypothéqué à sa créance.

Les dates sont précieuses, et prouvent clairement que

le créancier n'a fait au tiers-détenteur qu'une seule som- 2169. mation, et ne lui a accordé qu'un seul délai d'un mois.

Ce tiers-détenteur éleva des débats, mais la saisie fut maintenue par jugement du Tribunal de Périgueux, du 16 septembre 1812.

Sur l'appel, arrêt de la Cour de Bordeaux qui réforme et annule les poursuites; mais sur le pourvoi, arrêt de la Cour suprême, qui décide que les poursuites sont régulières; en conséquence, casse et annule.

Il est vrai que le moyen tiré de la nécessité de la double sommation ne fut pas opposé, mais qu'en conclure, sinon que soit en Cour d'appel, soit en cassation, on pensa qu'il n'était pas opposable.

En combinant les dispositions des articles 2169 et 2183 du Code civil, on voit que dans le premier de ces articles, le législateur s'occupe du créancier, et lui prescrit la marche à suivre pour recouvrer sa créance; que dans le 2e. il s'occupe de l'acquéreur, et lui trace les formalités à remplir pour purger sa propriété. Ce qui est prescrit à l'un, n'a rien de commun avec ce qui l'est à l'autre; seulement il doit y avoir un rapport, une concordance qui concilient tout, et c'est ce qui existe.

Si le créancier fait sommation à l'acquéreur, ce créancier ne peut saisir qu'après le délai d'un mois.

De son côté si l'acquéreur veut se garantir de l'effet des poursuites du créancier inscrit, il doit, dans le même délai d'un mois, notifier extrait de son contrat. Tout cela est en parfaite harmonie.

Du reste quand la loi dit, à compter de la *première* sommation, cela s'entend de la sommation faite par le créancier le plus diligent; car on sent qu'il peut y avoir

2169. plusieurs créanciers qui poursuivent le même tiers-détenteur.

Nulle part on ne voit dans la loi qu'il faille que le créancier lui fasse deux sommations, l'une de purger, et l'autre de payer ou de délaisser, et par suite qu'il doive lui être accordé deux délais successifs d'un mois chacun ; il serait même contraire à toutes les règles de lui faire sommation de purger. L'article 2183 dit : « si le nouveau propriétaire *veut* se garantir. . . . »

Il purge s'il *veut* ; donc on ne peut pas l'y contraindre, ni dès-lors le sommer de le faire. Il nous paraît donc certain qu'il ne doit être fait au tiers-acquéreur qu'une seule sommation, conforme au présent article 2169, c'est-à-dire de payer ou le délaisser, et par suite qu'il ne doit lui être accordé qu'un seul délai d'un mois.

Nota. L'article 2169 dit 30 jours, et l'article 2183 porte un mois.

Ce dernier article étant postérieur au premier, c'est le délai d'un mois qu'il faut accorder, 30 jours au moins, en sorte que si le mois a 31 jours, il faut surseoir pendant lesdits 31 jours. La loi offre, comme l'on voit, une légère incorrection de style.

V. la note sur l'article 700. (C. P. C.)

ART. 2170.

2170. Néanmoins le tiers-détenteur qui n'est pas personnellement obligé à la dette, peut s'opposer à la vente de l'héritage hypothéqué qui lui a été transmis, s'il est demeuré d'autres immeubles hypo-

théqués à la même dette, dans la pos- 2170.
session du principal ou des principaux
obligés, et en requérir la discussion
préalable, selon la forme réglée au titre
du cautionnement : pendant cette discussion, il est surcis à la vente de l'héritage hypothéqué. (*A*).

(*A*) Cet article est introductif d'un droit nouveau ;
il était et serait encore inapplicable pour les Saisies
commencées avant la publication du Code civil.

Cour de cassation, arrêt du 16 décembre 1806. (*S.* 7 ,
1 , 12.)

ART. 2171.

L'exception de discussion ne peut être 2171.
opposée au créancier privilégié ou ayant
hypothèque spéciale sur l'immeuble.

ART. 2172.

Quant au délaissement par hypothè- 2172.
que, il peut être fait par tous les tiers-
détenteurs (*A*) qui ne sont pas personnellement (*B*) obligés à la dette, et qui
ont la capacité d'aliéner.

(*A*) Un tiers-acquéreur peut être autorisé à faire le

2172. délaissement *De plano*, sans être obligé d'offrir au préalable le paiement du prix aux créanciers inscrits.

Cour de cassation, arrêt du 8 août 1816. (*S*. 16, 1, 333.)

(*B*) 1. Si par son contrat d'acquisition le tiers-détenteur s'est chargé de rentes assises sur l'immeuble, et a contracté l'obligation de les acquitter, quoi qu'il n'ait stipulé qu'avec son vendeur, et hors la présence du créancier des rentes, il est *personnellement* obligé à leur desservissement; (Art. 1165, 1121, C. C.) il ne peut pas délaisser l'immeuble.

Cour de cassation, arrêt du 21 mai 1807. (*S*. 7, 1, 78.)

2. La vente dans laquelle l'acquéreur s'est obligé de payer aux créanciers hypothécaires de son vendeur, et en son acquit, différentes sommes énoncées audit acte, est exécutoire contre lui. Ainsi quoique les créanciers délégués n'aient pas figuré au contrat, ils peuvent directement exécuter l'acquéreur et le poursuivre par voie de Saisie-immobilière.

Cet acquéreur étant personnellement obligé, ne peut pas invoquer le bénéfice des articles 2169 et 2172 du Code civil qui accordent la faculté de délaisser.

Cour de Bruxelles, arrêt du 12 mai 1810. (*Pailliet.*)

Nota. Toutefois nous ferons observer que l'obligation de l'acquéreur se réfère à celle du vendeur, qui est de le faire jouir paisiblement. Si donc l'acquéreur est troublé, ou s'il a juste sujet de craindre d'être troublé par une action hypothécaire, à raison d'inscriptions grevant l'immeuble par lui acquis, il peut suspendre tout paiement du prix, jusqu'à ce que le vendeur ait fait cesser le trouble. L'obligation de l'acquéreur n'est dès - lors personnelle au respect du créancier délégué, que comme

elle l'est au respect du vendeur lui - même ; elle est 2172.
subordonnée à la condition que l'acquéreur jouira paisiblement. (Articles 1603 , 1625 , 1626 et 1653. C. C.)
V. art. 2213. (*A*) N°. 4.

3. L'adjudicataire qui a acquis , sous la condition de
payer son prix aux créanciers hypothécaires , et s'est
soumis à la folle-enchère en cas d'inexécution , ne peut
être admis au délaissement de l'immeuble ; il a contracté,
personnellement avec les créanciers , dans le sens du
présent article 2172. C. C.

Cour de Paris , arrêt du 17 janvier 1816. (*S*. 16 , 2 , 83.)

ART. 2173.

Il peut l'être même après que le tiers- 2173.
détenteur a reconnu l'obligation , ou
subi condamnation en cette qualité seulement. (*A*) Le délaissement n'empêche
pas que , jusqu'à l'adjudication , le tiers-
détenteur ne puisse reprendre l'immeuble
en payant toute la dette et les frais.

(*A*) V. article 2169.

ART. 2174.

Le délaissement par hypothèque se 2174.
fait au greffe du Tribunal de la situation
des biens , et il en est donné acte par
ce Tribunal.

2174. Sur la pétition du plus diligent des intéressés, il est créé à l'immeuble délaissé, un curateur sur lequel la vente de l'immeuble est poursuivie dans les formes prescrites pour les expropriations.

ART. 2175.

2175. Les détériorations qui procèdent du fait ou de la négligence du tiers-détenteur, au préjudice des créanciers hypothécaires ou privilégiés, donnent lieu contre lui à une action en indemnité; mais il ne peut répéter ses impenses et améliorations, que jusqu'à concurrence de la plus-value résultant de l'amélioration. (*A*)

(*A*) 1. Si un second acquéreur a fait transcrire et notifier son contrat aux créanciers inscrits sur le vendeur originaire, tandis que le premier acquéreur n'a pas rempli ces formalités, les créanciers inscrits ont droit au prix de la seconde vente, quoique supérieur au prix de la première.

2. En ce cas, le *premier acquéreur* ne peut invoquer les dispositions du présent article 2175, et répéter ses impenses et améliorations, jusqu'à concurrence de la plus value de l'immeuble; il doit au contraire justifier de

l'accomplissement des formalités que l'article 2110 du 2175. Code civil impose au constructeur qui veut acquérir et conserver un privilège, à raison des impenses.

Cour de cassation, arrêt du 9 décembre 1867 (S. 8 ; *,97.)

ART. 2176

Les fruits de l'immeuble hypothéqué 2176. ne sont dus, par le tiers-détenteur, qu'à compter du jour de la sommation de payer ou de délaisser, et, si les poursuites commencées ont été abandonnées pendant trois ans, à compter de la nouvelle sommation qui sera faite. (*A*)

(*A*) Celui qui détient les biens hypothéqués, comme donataire usufruitier, est compris dans les dispositions du présent article, il doit le rapport des fruits, mais seulement à compter du jour de la sommation.

Cour de Paris, arrêt du 23 décembre 1809 (S. 9; 2, 50.)

ART. 2177.

Les servitudes et droits réels que le 2177. tiers-détenteur avait sur l'immeuble avant sa possession, renaissent après le délaissement, ou après l'adjudication faite sur lui.

2177. Ses créanciers personnels, après tous ceux qui sont inscrits snr les précédens propriétaires, exercent leur hypothèque à leur rang, sur le bien délaissé ou adjugé.

ART. 2178.

Le tiers-détenteur qui a payé la dette hypothécaire, ou délaissé l'immeuble hypothéqué, ou subi l'expropriation de cet immeuble, a le recours en garantie, tel que de droit, contre le débiteur principal.

ART. 2179 et dernier.

Le tiers-détenteur qui veut purger sa propriété en payant le prix, observe les formalités qui sont établies dans le chapitre 8 du présent titre. (Art. 2181 et suivans.)

EXTRAIT DU CODE CIVIL,

LIV. 3, TIT. 19, CHAP. 1ᵉʳ.

De l'Expropriation forcée.

ART. 2204.

Le créancier (*A*) peut poursuivre 2204. l'expropriation (*B*) , 1°. des biens-immobiliers (*C*) et de leurs accessoires réputés immeubles appartenant en propriété à son débiteur (*D*); 2°. de l'usufruit appartenant au débiteur sur les biens de même nature. (*E*)

(*A*) 1. Le créancier simple, comme le créancier hypothécaire. (V. art. 2209 ; (*A*) 1.

2. Le tuteur qui exproprie des biens au nom de son mineur , pour recouvrer les créances mobilières qui lui sont dues , ne fait en cela qu'un acte d'administration. Ainsi les poursuites n'ont pas besoin d'être autorisées par le conseil de famille , aux termes de l'art. 464. C. C,

Cour de Bruxelles , arrêt du 12 novembre 1806. (*S.* 7 , 2 , 1242.)

3. L'autorisation du conseil de famille n'est pas nécessaire au tuteur pour défendre à une demande en expropriation forcée , dirigée contre les biens de son mineur.

2204. Les dispositions prohibitives de l'art. 464 C. C. sont inapplicables.

Cour de Paris, arrêt du 19 prairial an 12. (S. 7 , 2, 1242.) Même Cour , arrêt du 21 frimaire an 13. (S. 5, 2 , 460.)

4. Un étranger , demandeur en expropriation forcée, n'est pas tenu de fournir la caution *judicatum solvi*, dont parle l'art. 16. C. C.

Cour de Paris , arrêt du 8 germinal an 13. (S. 7 , 2, 1192.)

(B) 1. Quoique les héritiers aient provoqué la vente par licitation des immeubles d'une succession , devant le Tribunal du lieu où elle s'est ouverte , les créanciers hypothécaires du défunt n'en conservent pas moins le droit d'en poursuivre l'expropriation , et cette poursuite doit avoir lieu devant le Tribunal de la situation de ces immeubles. C. C. art. 2210.

Cour de cassation , arrêt du 29 octobre 1807 (S. 8, 1, 83.)

2. La femme Normande ne peut , depuis le Code civil, obtenir contre le débiteur du douaire qui ne paye pas, l'envoi en possession de la nue-propriété de son lot à douaire , encore que ce fut l'usage ancien , à l'époque du douaire ; dans ce cas , l'expropriation est la seule voie à prendre , comme s'il s'agissait d'un douaire ouvert postérieurement au Code.

Cour de cassation , arrêt du 8 février 1813. (S. 13, 1, 317.)

(C.) Les lois qui ont déclaré les rentes foncières rachetables , ont produit cet effet que l'acquéreur qui

veut

veut purger, doit en rembourser le capital aux termes 2204.
de l'art. 2184. C. C.

Cour de Nismes, arrêt du 23 frimaire an 14. (S. 1,
1, 280.)

Les rentes foncières étaient autrefois un droit véritablement réel, une portion de la propriété des fonds ;
elles étaient une dette non de la personne, mais de
l'héritage, et essentiellement non-rachetables.

La loi des 4 et 11 août 1789, les a déclarées rachetables.
Celle du 18 décembre 1790, a fixé le mode de rachat.
L'article 7 de la loi du 11 brumaire an 7, sur le régime
hypothécaire, a disposé qu'à l'avenir elles ne pourraient
plus être frappées d'hypothèque ; cette dernière loi les
a dès-lors mobilisées.

Le Code civil, art. 529 et 530, a confirmé ce double
principe, qu'il ne peut plus y avoir de rentes non-
rachetables, qu'elles sont meubles par la détermination
de la loi ; mais toutes ces lois n'ont pas porté atteinte
aux droits acquis en vertu des anciens titres ; les anciennes hypothèques subsistent toujours, l'acquéreur
d'une rente grevée de telles hypothèques, doit donc ou
les souffrir à toujours, (sauf la faculté de rachat) ou les
purger ; mais les rentes foncières n'en sont pas moins
par elles-mêmes essentiellement mobilières, non - susceptibles de nouvelles hypothèques ; elles ne peuvent
donc pas être réputées immeubles, soit par leur nature,
soit par destination, et elles ne sont pas susceptibles
d'être saisies réellement, elles ne peuvent l'être que
mobilièrement par la voie tracée aux articles 636 et
suivans du Code de procédure.

(D) 1. Toute saisie immobilière faite par un agent du

3

2204. trésor public, sur les biens d'un percepteur comptable en état de faillite, est valable, encore qu'elle n'ait pas été dirigée contre les syndics de la faillite, mais seulement contre le failli.

Le Code de commerce n'est pas applicable au trésor public, qui se trouve placé dans un cas d'exception.

Cour de Bordeaux, arrêt du 8 mai 1811 (*S.* 11, 2, 44.)

Ce privilège particulier au trésor public, avait déjà été consacré par arrêt de la Cour de cassation, du 9 mai 1808. (*S.* 8, 1, 266.) qui a décidé que, pour le recouvrement de ses créances, le trésor public n'était pas tenu de procéder devant un Tribunal de commerce saisi des opérations de la faillite.

2. L'expropriation d'un comptable de l'Etat, doit être désormais poursuivie conformément à la loi générale du Code civil, et non plus conformément aux lois spéciales ou partielles des 28 pluviôse an 3, et 2 messidor an. (Décret du 6 janvier 1817.)

(*E*) Lorsqu'un créancier poursuit l'expropriation forcée du bien de son débiteur, si une Saisie-arrêt est formée entre les mains de ce débiteur, il peut contraindre le créancier à suspendre ses poursuites, en lui notifiant la saisie.

Cour de cassation, arrêt du 19 thermidor an 12. (*S.* 4, 2, 181.)

Nota. Cela s'entend du cas où la Saisie a lieu pour une somme qui absorbe toute la créance du poursuivant ; autrement il faut décider le contraire ; par exemple, la Saisie-arrêt étant faite pour une somme de 150 f. (C. P. C. art. 559.) elle ne pourra paraliser des poursuites faites pour une créance de 3000 fr., seulement

ment le poursuivant devra se borner à les continuer 2204.
pour la somme de 2850 fr. et lors même qu'il les con-
tinuerait purement et simplement, elles n'en seraient
pas moins valables, la plus pétition n'ayant pas lieu.
(C. C. art. 2206.) Ainsi jugé par arrêt de la Cour de
cassation, du 7 octobre 1807 (*S.* 8, 1, 81.) qui déclare
qu'une *compensation* de partie de la créance n'a pas pû
suspendre la poursuite.

Autre arrêt de la même Cour, du 26 mai 1807.
(*S.* 7, 2, 748.) qui juge que des procédures en expropriation forcée, commencées sous l'empire de la loi du
11 brumaire an 7, et continuées depuis la publication
du Code civil, ne peuvent être déclarées nulles, sur le
fondement d'une Saisie-arrêt faite entre les mains du
débiteur, et qui l'aurait empêché de payer ; cette Saisie-
arrêt ne frappant que sur une somme moindre que celle
dont le paiement donnait lieu aux poursuites.

V. art. 2216 (*A*) 2, et art. 735 (*A*) 3.

ART. 2205.

Néanmoins la part indivise d'un co- 2205.
héritier, dans les immeubles d'une succession, ne peut être mise en vente par
ses créanciers personnels, avant le partage ou la licitation qu'ils peuvent provoquer s'ils le jugent convenable, ou
dans lesquels ils ont le droit d'intervenir,

2205. conformément à l'article 882, au titre des successions. (*A*)

(*A*) 1. Le principe qui a fait admettre cette règle, est qu'avant le partage, l'héritier partiel n'est encore propriétaire d'aucune portion déterminée de la succession; qu'un partage est déclaratif et non attributif, que chaque cohéritier succède directement aux biens qui composent son lot, que ce lot peut se réduire à une somme d'argent, et que jusqu'au partage, le cohéritier n'est véritablement propriétaire d'aucun objet déterminé.

2. De même avant le partage d'immeubles indivis, provenant d'une communauté conjugale dissoute, le créancier personnel de l'un des co-intéressés, ne peut poursuivre la vente des portions de son débiteur.

Cour de Colmar, arrêt du 17 frimaire an 13. (*S. 5, 2, 72.*)

3. Mais les créanciers *du défunt* peuvent mettre en vente la part indivise d'un cohéritier, même avant tout partage et licitation ; le présent article 2205, qui le défend, est une exception qu'il faut restreindre aux créanciers *personnels* de l'héritier.

Cour de cassation, arrêt du 8 février 1813. (*S. 13, 1, 317.*)

4. Le créancier peut poursuivre la vente de la portion indivise que possède son débiteur, dans une *chose commune*, sans être obligé de provoquer préalablement un partage.

Cour de Paris, arrêt du 1er. juin 1807. (*S. 7, 2, 666.*)

5. Il ne faut pas regarder comme indivis entre cohéritiers, dans le sens de cet article, un immeuble qui,

par l'effet d'un partage , a été attribué par quotités à 2205.
plusieurs d'entr'eux. Le droit général qu'avait chaque cohéritier sur la totalité des biens de la succession , s'est
fixé par le partage ; en ce cas, le créancier personnel
de l'un des héritiers peut faire vendre la portion de son
débiteur.

Pigeau, C. P. 2ᵉ. vol. pag. 123.

6. La nullité d'une saisie , résultant de ce que le créancier personnel d'un des cohéritiers , aurait mis en vente
la part indivise de son débiteur , dans les immeubles
d'une succession , peut être invoquée non-seulement par
le cohéritier qui ne doit rien , mais encore par le débiteur
saisi.

Cour de Besançon , arrêt du 21 juin 1810. (*S* 12, 2, 8)

7. Il n'est pas nécessaire de provoquer le partage ,
lorsque tous les héritiers sont débiteurs ; la prohibition
portée au présent article , né s'applique qu'au créancier
personnel d'un des héritiers.

Cour de Bruxelles , arrêt du 5 mars 1810. (*Pailliet.*)

8. Lorsque pour une dette de succession , une Saisie
est faite contre plusieurs héritiers co-propriétaires avant
partage , la nullité d'une notification à l'égard de l'un
d'eux, n'annule pas la Saisie à l'égard des autres ; en
conséquence, tout en annulant cette Saisie au respect de
l'un des co-héritiers, elle peut être validée au respect des
autres , et il peut être passé outre à l'adjudication de
leurs portions dans les biens saisis.

Cour de Paris , arrêt du 10 mai 1810. (*S*. 15, 2 , 146.)
V. le Nº. 3 ci-dessus.

9. L'héritier qui a acquis les portions héréditaires de
plusieurs co-héritiers, et qui jouit des portions des autres,

2205. de manière à faire croire qu'ils ont été désintéressés, peut être exproprié par son créancier, sans qu'il soit besoin au préalable de faire procéder à un partage ou à une licitation.

Cour de Grenoble, arrêt du 22 prairial an 13. (S. 7, 2, 949.)

ART. 2206.

2206. Les immeubles d'un mineur même émancipé, ou d'un interdit, ne peuvent être mis en vente avant la discussion du mobilier. (*A*)

(*A*) 1. La nécessité de discuter les meubles d'un mineur, avant de faire vendre ses immeubles, est une exception de celles qu'on ne peut plus proposer en appel, si elle ne l'a été en première instance, avant l'adjudication. (Art. 736, C. P.)

Cour de cassation, arrêt du 13 avril 1812. (S. 12, 1, 276.)

2. Les formalités prescrites pour la vente des biens de mineurs, par l'art 954 et suivans du Code de procédure, ne s'appliquent qu'aux ventes volontaires faites dans l'intérêt des mineurs; elles ne s'étendent pas aux ventes, sur Saisie-immobilière, poursuivies à la requête des créanciers.

Cour de Paris, arrêt du 7 août 1811. (S. 14, 2, 216.)

3. Une loi bien plus favorable encore pour une certaine classe de débiteurs, la loi du 6 brumaire an 5,

défendait, par ses articles 2 et 4, de poursuivre l'ex- 2206. propriation des biens des militaires en activité de service, jusqu'à l'expiration d'un mois après la publication de la paix générale, mais son effet ayant cessé par la publication des traités de paix conclus en 1815 avec toutes les Puissances alliées, nous avons cru inutile de recueillir les décisions qui ont maintenu la stricte exécution de cette loi.

ART. 2207.

La discussion du mobilier n'est pas 2207. requise avant l'expropriation des immeubles possédés par indivis entre un majeur et un mineur ou interdit, si la dette leur est commune, ni dans le cas où les poursuites ont été commencées contre un majeur ou avant l'interdiction.

ART. 2208.

L'expropriation des immeubles qui 2208. font partie de la communauté, se poursuit contre le mari débiteur seul, (*A*) quoique la femme soit obligée à la dette.

Celle des immeubles de la femme qui ne sont point entrés en communauté

2208. se poursuit contre le mari et la femme, laquelle, au refus du mari de procéder avec elle, où si le mari est mineur, peut être autorisée en justice.

En cas de minorité du mari et de la femme, ou de minorité de la femme seule, si son mari majeur refuse de procéder avec elle, il est nommé par le Tribunal un tuteur à la femme, contre lequel la poursuite est exercée. (*B*)

(*A*) Une poursuite de Saisie-immobilière, n'est pas nulle parce qu'elle est dirigée contre le mari seul, après le décès de l'épouse, lorsqu'il s'agit d'un immeuble de la communauté, et qu'il existe des enfans mineurs copropriétaires par indivis de cet immeuble.

Cour de Paris, arrêt du 17 novembre 1810. (*Pailliet.*)

(*B*) Les poursuites en expropriation ne peuvent être dirigées contre la femme seule, quoique séparée de biens, en ce cas le commandement, préalable à la saisie, doit être fait tant au mari qu'à la femme.

Cour de Colmar, arrêt du 2 décembre 1806. (*S. 7, 2, 1192.*)

Nota. Chaque acte de la procédure devant ainsi leur être signifié à l'un et à l'autre, il doit leur en être séparément délivré copies.

ART. 2209.

Le créancier (*A*) ne peut poursuivre 2209.
la vente des immeubles qui ne lui sont
pas hypothéqués, (*B*) que dans le cas
d'insuffisance des biens qui lui sont hypothéqués. (*C*)

(*A*) 1. Déjà le législateur avait dit, **C. C.** art. 2092 :
« quiconque s'est obligé personnellement, est tenu de
« remplir ses engagemens *sur tous ses biens*, mobiliers
« et *immobiliers*, présens et à venir. »

Art. 2093. « Les biens du débiteur sont le gage
« commun des créanciers, et le prix s'en distribue
« entr'eux, sauf les causes légitimes de préférence. »

Art. 2094. « Ces causes sont les privilèges et hypo-
« thèques. »

Par suite de ces règles, le code civil pose ici en principe, que *le créancier*, c'est-à-dire *tout créancier*,
peut poursuivre, etc. L'orateur du Gouvernement, en
présentant la loi au Corps-législatif, s'exprimait ainsi :

« Observons que cet article ne distingue pas et n'a
« pas dû distinguer entre les créanciers personnels et
« ceux hypothécaires ou privilégiés. »

« Quels sont les motifs ? c'est qu'il ne s'agit point ici
« du rang de collocation entre les divers créanciers,
« mais uniquement de la poursuite en expropriation. »

« C'est que tout créancier, quel qu'il soit, s'il est

2209. « fondé en titre (exécutoire) peut , à défaut de paiement
« de sa créance , recourir sur tous les biens de son dé-
« biteur qui , nécessairement repondent de l'inexécution
« de ses engagemens. »

« Sans doute le créancier hypothécaire a des droits
« plus étendus que ceux des créanciers personnels ;
« mais il n'en est pas moins certain que la propriété des
« créanciers étant aussi sacrée que celle de leur débiteur ,
» le droit de poursuivre l'expropriation doit leur être
« commun à tous , quelques soient leurs titres , sauf les
« privilèges et préférences sur le prix. »

« L'art. (2209) a donc dû les comprendre (et il les
« a en effet compris) indistinctement dans sa disposition. »

Du reste cet article dispose textuellement que le
créancier peut poursuivre la vente des immeubles *qui
ne lui sont pas hypothéqués*, dans le cas d'insuffisance
des biens grevés de son hypothèque ; ce qui est assez
dire que si aucuns biens ne lui sont hypothéqués , il peut
les faire vendre tous indistinctement , sauf les modifications portées aux articles ci-après :

Arrêt conforme de la Cour de Paris , du 12 ventôse
an 12. (*S*. 7 , 2 , 950.)

2. Le créancier , porteur d'un jugement de condamnation , peut poursuivre la saisie-immobilière des biens
de son débiteur , encore que ce créancier ait négligé de
faire inscrire l'hypothèque résultante de son jugement.
(conséquence des principes déduits au N°. 1er.)

Cour de Liège , arrêt du 28 novembre 1808. (*S*. 10 ,
2 , 541.)

3. Le créancier qui a une hypothèque spéciale sur
des immeubles désignés , et une hypothèque générale sur

tous les biens de son débiteur, n'a pû, même après 2209. la loi du 11 brumaire an 7, saisir les biens hypothéqués généralement, que discussion faite des biens grevés de l'hypothèque spéciale.

Cour de Bruxelles, arrêt du 3 prairial an 12. (*S.* 5, 2, 267.)

4. Pour empêcher la vente de ses immeubles libres, le débiteur est tenu de prouver la suffisance de ceux qui sont hypothéqués; à défaut par lui d'avoir fait cette preuve, il y a lieu de valider la saisie que le créancier a fait faire simultanément, tant des biens hypothéqués, que de ceux qui ne l'étaient pas, et de procéder à l'adjudication du tout.

Cour de cassation arrêt du 7 octobre 1807. (*S.* 8, 1, 81.) V. art. 2210. (*A*) 2.

Art. 2210.

La vente forcée des biens situés dans 2210. différens arrondissemens, ne peut être provoquée que successivement, à moins qu'ils ne fassent partie d'une seule et même exploitation. (*A*)

Elle est suivie devant le Tribunal dans le ressort duquel se trouve le chef-lieu de l'exploitation, ou à défaut de chef-lieu, la partie de biens qui présente

2210. le plus grand revenu d'après la matrice du rôle. (*B*)

(*A*) 1. La Cour de Colmar a jugé , par arrêt du 14 janvier 1806 , (*S.* 7, 2, 948.) que deux maisons n'avaient pû être enchéries et adjugées conjointement lors qu'elles étaient taxées à la contribution foncière, sous deux cottes différentes, que l'affiche les détaillait séparément , et qu'il y avait deux mises à prix distinctes.

La Cour de cassation a jugé de même , par arrêt du 7 octobre 1807. (*S.* 8, 1, 81.) que si tous les biens saisis, quoique divisés en plusieurs exploitations, avaient été adjugés en masse, le Tribunal n'avait violé aucune loi positive , et que son jugement échappait à la censure : « mais qu'il eut pû et *dû* peut-être , dans l'intérêt de « toutes les parties, faire opérer divisément la vente des « maisons , prés , et des divers corps de métairies « désignés dans l'affiche. »

2. Les dispositions de cet article ont été modifiées par une loi dont nous allons rappeler le texte. (*B* 213, N°. 3887.)

Loi relative à la Saisie - immobilière des biens d'un débiteur , situés dans plusieurs arrondissemens.
Du 14 *novembre* 1808.

« **Art.** 1er. La Saisie-immobilière des biens d'un dé-« biteur , situés dans plusieurs arrondissemens, pourra « être faite simultanément , toutes les fois que la valeur « totale desdits biens , sera inférieure au montant réuni « des sommes dues tant au saisissant, qu'aux autres « créanciers inscrits. »

« Art. 2. La valeur des biens sera établie d'après les 2210.
« baux authentiques, sur le pied du denier vingt-cinq. »

« A défaut de baux authentiques, elle sera calculée,
« d'après le rôle des contributions foncières, sur le pied
« du denier trente. »

« Art. 3. Le créancier qui voudra user de la faculté
« accordée par l'article premier, sera tenu de présenter
« requête au Président du Tribunal de l'arrondissement
« où le débiteur a son domicile, et d'y joindre, 1°. copie
« en forme des baux authentiques, ou, à leur défaut,
« copie également en forme du rôle de la contribution
« foncière ; 2°. l'extrait des inscriptions prises sur le
« débiteur, dans les divers arrondissemens où les biens
« sont situés, ou le certificat qu'il n'en existe aucune. «

« La requête sera communiquée au ministère public,
« et répondue d'une ordonnance portant permis de faire
« la saisie de tous les biens situés dans les arrondissemens
« et départemens y désignés. »

« Art. 4. Les procédures relatives tant à l'expro-
« priation forcée, qu'à la distribution du prix des immeu-
« bles, seront portées devant les Tribunaux respectifs
« de la situation des biens. »

« Art. 5. Toutes dispositions contraires à la présente
« loi, sont abrogées. »

(B) C'est là une disposition purement réglementaire
qui aurait dû être renvoyée au Code de procédure, où
l'on est étonné de ne la pas trouver. (V. art. 678. (G)

Art. 2211.

Si les biens hypothéqués au créancier, 2211.

2211. et les biens non hypothéqués ; ou les biens situés dans divers arrondissemens, font partie d'une seule et même exploitation, la vente des uns et des autres est poursuivie ensemble, si le débiteur le requiert ; et ventilation se fait du prix de l'adjudication, s'il y a lieu.

ART. 2212.

2212. Si le débiteur justifie par baux authentiques, que le revenu net et libre de ses immeubles pendant une année, suffit pour le paiement de la dette en capital, intérêts et frais, et s'il en offre la délégation au créancier, la poursuite peut être suspendue par les juges, sauf à être reprise, s'il survient quelque opposition ou obstacle au paiement.

ART. 2213.

2213. La vente forcée des immeubles ne peut être poursuivie qu'en vertu d'un

titre authentique et exécutoire (*A*) pour 2213.
une dette certaine et liquide ; si la dette
est en espèces non liquidées, (*B*) la poursuite est valable, mais l'adjudication ne
pourra être faite qu'après la liquidation.

(*A*) 1. Fixons bien le sens de ces mots, *authentiques*
et *exécutoires*.

L'article 1317 du Code civil définit ainsi le titre
authentique.

« C'est celui qui a été reçu par officiers publics ayant
« le droit d'instrumenter dans le lieu où l'acte a été rédigé,
« et avec les solennités requises. »

Les titres authentiques sont de deux sortes, 1°. les
jugemens des Tribunaux, et arrêts de Cours souveraines ;
2°. les actes passés devant notaires.

Pour qu'un titre soit *exécutoire*, il faut deux choses,
1°. qu'il tienne de la loi la force d'exécutoriété ; 2°. qu'il
soit revêtu des formes nécessaires.

L'article 547 du Code civil, porte :

» Les jugemens rendus, et les actes passés en France,
« seront exécutoires dans tout le Royaume, sans *visa* ni
« *pareatis*, encore que l'exécution ait lieu hors du
« ressort du Tribunal par lequel les jugemens ont été
« rendus, ou dans le territoire duquel les actes ont été
« passés. »

L'article 546, dit :

« Les jugemens rendus par les Tribunaux étrangers
« et les actes reçus par les officiers étrangers, ne seront
« susceptibles d'exécution en France que de la manière

2213. « et dans les cas prévus par les articles 2123 et 2128 ; (c'est-à-dire qu'autant qu'ils auront été déclarés exécutoire par un Tribunal français, ou qu'il y aura des disposition contraires à ce principe dans les lois politiques ou dan les traités.)

V. art. 677 (*E*) 4.

L'article 19 de la loi du 25 ventôse an 11, sur l notariat, porte :

« Tous actes notariés feront foi en justice, et seron
« exécutoires dans toute l'étendue du royaume.

Mais l'article 28 ajoute » les actes notariés seront *léga*
« *lisés*; (*) ceux des notaires à la résidence des Cour
« royales, lorsqu'on s'en servira hors de leur ressort
« et ceux des autres notaires, lorsqu'on s'en servira hor
« de leur département. »

« La légalisation sera faite par le Président du Tri
« bunal de première instance de la résidence du notaire
« ou du lieu où sera délivré l'acte ou l'expédition. »

Un acte notarié ne peut dès-lors être exécuté dans u
autre département que celui où il a été reçu, si préala
blement la grosse de cet acte n'a été légalisée.

Ainsi jugé par la Cour de Colmar, arrêt du 26 ma
1808. (*S.* 15, 2, 44.)

Quant aux formes exécutoires, l'art. 545 du Cod
civil dispose.

« Nul jugement ni acte ne pourront être mis à exé
« cution, s'ils ne portent le même intitulé que les loi
« et ne sont terminés par un mandement aux officie
« de justice, ainsi qu'il est dit article 246. »

(*) C'est-à-dire que la signature du notaire sera certifiée par
Président du Tribunal.

L'article

L'article 25 de la loi du 25 ventôse an 11 , sur le 2213<
notariat , porte :

« Les grosses seules seront délivrées en forme exécu-
« toire ; elles seront intitulées et terminées dans les
« mêmes termes que les jugemens des Tribunaux. »

De la combinaison de ces divers articles de loi , il
résulte que tous jugemens rendus par les Tribunaux, et
tous actes passés devant notaires en France , sont authentiques et exécutoires dans tout le Royaume , pourvu
qu'ils soient dûment expédiés, c'est-à-dire que l'expédition en soit signée du greffier ou notaire qui la délivre,
scellée et enregistrée, et revêtue de la formule exécutoire,
et en outre, quant aux actes notariés, qu'ils soient légalisés ,
s'ils s'exécutent hors du département , ou hors du ressort
de la Cour royale.

2. On ne peut plus mettre à exécution aucun acte ,
arrêt ou jugement , s'il n'est revêtu de la formule
royale, à peine de nullité.

Il importe de rappeler l'ordonnance qui le prescrit
ainsi.

Ordonnance du Roi, du 30 août 1815. (B. 20.)

Louis, par la grâce de Dieu , Roi de France et de
Navarre :

« Les actes , arrêts ou jugemens expédiés pendant
« notre absence, l'ont été au nom de ceux qui se sont
« successivement emparés de l'autorité. On continue de
« s'en servir, et les exécutions et poursuites judiciaires
« sont , la plûpart du tems, fondées sur des actes qui
« rappellent un pouvoir illégitime , et retracent aux
« Français des souvenirs odieux et affligeans. »

« Il nous a paru urgent de faire cesser un tel état de

4

2213. « choses, et d'imprimer aux titres dont nos sujets sont
« dans le cas de faire usage, un caractère de légitimité
« qui ne peut émaner que de nous ; à ces causes, sur le
« rapport du Garde des Sceaux de France , Ministre-
« Secrétaire d'État de la justice , nous avons ordonné et
« ordonnons ce qui suit :

« ART. 1er. Du jour de la publication de la présente
« ordonnance , il ne pourra être mis en exécution, dans
« toute l'étendue de notre Royaume , *aucun* acte, arrêt
« ou jugement qui ne sera pas revêtu de la formule
« royale , à peine de nullité.

« ART. 2. Les porteurs des grosses et expéditions des
« actes ou jugemens délivrés pendant notre absence (*)
« au nom d'un pouvoir illégitime , seront tenus de s'en
« procurer de nouvelles ; ils auront cependant la liberté
« de se servir de celles qu'ils possèdent , en les représen-
« tant préalablement à un greffier de nos Cours ou Tri-
« bunaux , pour les arrêts ou jugemens , ou à un notaire
« royal pour les actes publics , aux fins d'en faire rectifier
« la formule.

« ART. 3. Le greffier ou le notaire batonnera la formule
« existante, soit au commencement de l'acte, soit à la
« fin , et y substituera , par interligne ou à la marge, la
« formule royale ; il datera et signera cette rectification
« qui sera faite sans frais.

« ART. 4. Les grosses nouvelles seront aux frais de
« ceux qui les demanderont ; elles seront considérées
« comme premières grosses ; l'obtention n'en sera sou-
« mise à aucune autorisation.

(*) Ce mot *absence* ne doit pas s'entendre seulement de celle
qui a eu lieu en 1815, mais *ab initio.*

« Le notaire qui la donnera ; en fera seulement 221?\
mention dans l'expédition.

« Art. 5 et dernier. Les procédures commencées en
« vertu de grosses portant l'ancienne formule, et anté-
« rieurement à la présente ordonnance, seront continuées.»

3. Les contraintes décernées par les préposés de l'enregistrement, visées et rendues exécutoires par le juge
de paix, sont aussi des actes authentiques et exécutoires.

Loi du 22 frimaire an 7, art. 64.

Il en est de même de celles décernées par les préposés de la régie des contributions indirectes, et revêtues
des mêmes formes.

Décret du 1ᵉʳ. germinal an 13, art. 44.\
Loi du 24 avril 1806, art. 59.\
Loi du 28 avril 1816.

Sont également actés authentiques et exécutoires
ceux émanés de l'autorité administrative, et notamment les
arrêtés des conseils de préfecture, lorsqu'ils sont revêtus
des formalités qui leur sont propres. Il n'est pas besoin
de les soumettre au visa de l'autorité judiciaire ; mais les
Tribunaux connaissent seuls de la validité des actes de
poursuite.

Loi du 29 floréal an 10.

L'article 4 de cette loi dispose notamment que, » les
« individus condamnés, seront contraints, par saisie de
« meubles, en vertu desdits arrêtés qui *seront exécutoires*
et emporteront *hypothèque*,

2213. : Toutefois il n'appartient qu'à l'autorité administrative de prononcer sur la régularité du titre.

Cour de Bruxelles, arrêt du 13 février 1811.

4. L'expropriation forcée peut être poursuivie en vertu d'un titre qui n'a pas été inscrit, si d'ailleurs ce titre est exécutoire.

Cour de Liège, arrêt du 26 novembre 1808. (S. 16, 2, 109.)

5. Le créancier peut exproprier son débiteur, encore que sa créance ne résulte que d'un acte sous-seing privé, si elle a été reconnue ultérieurement par le débiteur dans un acte authentique et exécutoire.

Cour de Nismes, arrêt du 5 août 1812. (S. 14, 2, 93.)

Nota. Ou plutôt, la stipulation faite au profit d'un tiers, créancier de l'une des parties contractantes, lui profite, s'il l'accepte; en ce cas, il peut exproprier en vertu du titre qui contient cette stipulation. Celui qui s'est obligé au paiement, est lié par son engagement personnel.

V. art. 2172, note (*A*)

6. Le créancier qui reçoit sans réserve le montant de sa créance, en capital et intérêts, ne peut continuer les poursuites en expropriation pour les frais qui lui sont dus.

Cour de Bruxelles, arrêt du 30 janvier 1813. (S. 14, 2, 17.)

7. Lorsqu'un jugement condamne une partie aux frais et avances de son avoué, ce jugement est toujours réputé rendu, sauf taxe; ainsi il cesse d'être exécutoire, aussitôt que la taxe est demandée, dès-lors il ne peut légitimer des poursuites en expropriation forcée.

Cour de Paris, arrêt du 23 mai 1808. (S. 8, 2, 267.)

8. Encore que la compensation ne soit prononcée que provisoirement par justice, cette compensation éteignant quant à présent, la créance de celui contre qui elle est admise, anéantit par cela seul toutes poursuites de saisie, fondées sur cette créance; le titre cesse dès-lors d'être exécutoire. 2213.

Cour de cassation, arrêt du 12 août 1807. (*S.* 7, 1, 433.)

(*B.*) Un immeuble peut être saisi pour créances consistant en *denrées* non liquidées en *deniers* par la justice, mais évaluées par le poursuivant, d'après les mercuriales.

Cour de cassation, arrêt du 25 mai 1807. (*S.* 7, 2, 747.)

ART. 2214.

Le cessionnaire d'un titre exécutoire ne peut poursuivre l'expropriation qu'après que la signification du transport a été faite au débiteur. (*A*) 2214.

(*A*) Le cessionnaire n'est pas tenu, avant de mettre son titre à exécution, de s'y faire autoriser par la justice; également il n'est pas obligé de signifier son titre par acte séparé et antérieur au commandement en expropriation forcée; il suffit que copie de l'acte de cession soit servie en tête du commandement.

Cour de Nismes, arrêt du 2 juillet 1808. (*S.* 9, 2, 61.)

ART. 2215.

La poursuite peut avoir lieu en vertu d'un jugement provisoire ou définitif, 2215.

2215. exécutoire par provision , nonobstant appel ; (*A*) mais l'adjudication ne peut se faire qu'après un jugement définitif en dernier ressort , ou passé en force de chose jugée. (*B*)

La poursuite ne peut s'exercer en vertu de jugemens rendus par défaut durant le délai de l'opposition. (*C*)

(*A*) Des procédures en expropriation forcée , commencées sous l'empire de la loi du 11 brumaire an 7 et continuées depuis la publication du Code de procédure , ne sont pas suspendues par l'appel qu'avait interjeté le débiteur d'un jugement qui a levé les défenses par lui obtenues de continuer les poursuites.

Le débat élevé sur la question de savoir s'il sera ou non accordé des défenses , n'empêche pas l'exécution du titre.

Cour de cassation, arrêt du 26 mai 1807. (*S.* 7, 2 ; 748.)

(*B*) 1. Un jugement qui adjuge une provision , lors même qu'il est passé en force de chose jugée , n'est , par lui-même et essentiellement , qu'un jugement provisoire , en conséquence, il ne peut donner lieu à une adjudication définitive.

Cour de Rouen , arrêt du 2 nivôse an 11. (*S.* 3, 2 , 231.)

2. Un jugement d'adjudication n'est qu'un contrat de vente judiciaire.

En cas d'appel, la vente qu'il renferme n'est consommée, et définitivement consentie, que par l'arrêt
qui confirme l'adjudication, ainsi le contrat n'est parfait 2215.
qu'au moment où cet arrêt intervient.

Par suite, lorsque le droit d'enregistrement, pour une
adjudication dont il y a appel, est exigé pendant
la contestation sur appel, le jugement qui condamne
l'adjudicataire à payer ce droit, est essentiellement
provisoire ; et, comme tel, il ne peut servir de base à
une adjudication définitive.

Cour de Cassation, arrêt du 29 octobre 1806. (S. 6,
1, 467.)

(C) 1. L'exécution d'un jugement par défaut n'est
pas suspendue par une opposition faite après le délai de
huitaine ; il n'est pas nécessaire d'en faire prononcer la
nullité, avant de continuer les poursuites.

Cour de Bruxelles, arrêt du 14 ventôse an 12. (S. 5,
2, 380.)

2. L'opposition tardive, formée à un jugement par
défaut, n'est pas un obstacle aux poursuites d'expropriation forcée, commencées en vertu de ce jugement.

Le Tribunal, saisi de l'instance en expropriation, est
compétent pour statuer préliminairement sur l'incident.

Cour de cassation, arrêt du 12 novembre 1806, (S. 7,
1, 145.)

V. art. 2167, (A) ; art. 674, (B), No. 1er. ; et art. 729,
(A), No. 2.

2216.

ART. 2216.

La poursuite ne peut être annullée sous prétexte que le créancier l'aurait commencée pour une somme plus forte que celle qui lui est due. (*A*)

(*A*) 1. Un arrêt de la Cour de cassation, du 26 mai 1807, a décidé conformément à ce principe. (*S*. 7, 2, 748.)

2. Lors qu'une dette est liquidée par titres authentiques, les discussions qui s'élèvent sur les *à-comptes* payés au créancier, n'empêchent pas la continuation des poursuites en expropriation forcée.

Cour de Paris, arrêt du 24 floréal an 13. (*S*. 5, 2, 338.)

Nota Toutefois pourvu que le débat élevé sur la liquidation des sommes payées, ne laisse pas de doute sur le fait que le créancier n'a pas été désintéressé ; car si la question était douteuse, il y aurait lieu de suspendre jusqu'après la liquidation.

V. art. 2204 (*E*), et art. 735 (*A*), 3.

2217.

ART. 2217 et dernier.

Toute poursuite en expropriation d'immeubles doit être précédée d'un commandement de payer, fait à la diligence et requête du créancier, à la

personne du débiteur ou à son domicile , 2217.
par le ministère d'un huissier. (*A*)

Les formes du commandement et celles
de la poursuite sur l'expropriation , sont
réglées par les lois sur la procédure. (*B*)

(*A*) L'obligation dont le débiteur peut se libérer en
délaissant l'immeuble affecté à son exécution , n'est pas
une obligation personnelle ; lors donc que cet immeuble
est sorti des mains du débiteur originaire , et que l'expropriation en est poursuivie , il n'est pas nécessaire de
signifier à ce débiteur originaire, ni le commandement ,
ni les actes de l'expropriation.

Cour de cassation, arrêt du 17 janvier 1816. (*S.* 16,
1 , 145.)

(*B*) Quelques Praticiens avaient pensé que le commandement prescrit par cet article , était distinct et in-
dépendant de celui prescrit par l'art. 673 du Code de
procédure , parce que , disaient-ils , ce dernier commandement fait partie de cette procédure , tandis que celui
dont parle le présent article , la précède. Ils étaient dans
l'erreur.

1°. Le commandement , qui a lieu avant la saisie ,
ne fait pas partie de la procédure, ce n'est qu'un acte
préparatoire de la poursuite. V. art. 673. (*A*)

2°. Cet article, en ordonnant que la poursuite soit
précédée d'un commandement, ajoute: » *les formes de*
« *ce commandement... sont réglées par les lois sur*
« *la procédure.* »

2217. L'article 673 (C. P. C.) qui a réglé ces formes, se réfère donc essentiellement au présent article, l'un et l'autre ne parlent que d'un seul et même commandement ; il serait dès-lors inutile et même abusif d'en faire deux.

Ainsi jugé par arrêt de la Cour de cassation, du 24 vendémiaire an 12. (*S.* 4 , 2 ; 22.)

V. art. 2169 (*B*) 4.

DEUXIÈME PARTIE.

DES formes de la Saisie-immobilière, et des actes prescrits par le Code de procédure.

EXTRAIT DU CODE DE PROCÉDURE CIVILE.

1re. PARTIE, TITRE 12;

DE la Saisie-immobilière.

Commençons par nous faire une idée de cette procédure.

Voici le tableau sommaire qu'en a tracé M. le conseiller d'Etat, chargé de proposer la loi au Corps Législatif, dans son exposé du 11 avril 1806.

« Un commandement doit précéder d'un mois la « Saisie.

» Un procès-verbal devra désigner avec précision « les objets saisis. Le transport de l'huissier sera prouvé « par le visa des maires et greffiers de justice de paix, « auxquels copie du procès-verbal sera laissée.

« Ce procès-verbal doit être transcrit au bureau des « hypothèques de la situation des biens.

« Il doit l'être dans la quinzaine suivante au greffe du « Tribunal où se fera la vente.

« Il doit , dans la quinzaine du jour du dernier enre-
« gistrement , être dénoncé au saisi.

« Dans les trois jours de l'inscription au greffe, il
« doit être mis par extrait dans un tableau placé dans
« l'auditoire.

« Pareil extrait doit être inséré dans les journaux ,
« imprimé en forme de placard, et affiché.

« Un exemplaire de ce placard doit être, huit jours
« au moins avant la publication du cahier des charges,
« notifié aux créanciers inscrits , aux domiciles élus par
« leurs inscriptions.

« Et quinzaine au moins avant cette première publi-
« cation , le poursuivant dépose au greffe le cahier des
« charges, qui doit contenir une mise à prix.

« La première publication doit se faire un mois au
« moins et six semaines au plus , après la notification
« faite à la partie saisie , du procès-verbal d'affiche.

« Trois publications au moins , de quinzaine en quin-
« zaine , doivent précéder l'adjudication préparatoire.

« Huit jours au moins avant cette adjudication , inser-
« tion nouvelle aux journaux, et apposition de placards
« dont l'impression a été faite lors de la première
« apposition.

« Ces nouveaux placards contiendront en outre, par
« une addition manuscrite, l'indication du jour où se
« fera l'adjudication préparatoire.

« Enfin six semaines au moins après l'adjudication
« préparatoire , et au jour indiqué par une nouvelle
« annonce insérée aux journaux , et par de nouveaux
« placards qui contiendront la mention de l'adjudication
« préparatoire , et du prix moyennant lequel elle a eu

« lieu, l'adjudication définitive sera faite à l'extinction
« des feux.

« Voilà, en quelques lignes, tout le système de l'ex-
» propriation forcée.

« Dans un intervalle de cinq mois et quelques jours,
« à compter du commandement, et de quatre mois,
« à compter du procès-verbal de saisie, le créancier
« pourra mettre à fin une poursuite qu'aucun incident
« n'aura arrêtée. »

Le tableau ci-après donnera de cette procédure une
idée plus appropriée à la pratique.

TABLEAU

ANNALYTIQUE ET RAISONNÉ DE LA PROCÉDURE

Sur Saisie - Immobilière.

Articles applicables du Code de procédure civile.	No. des actes de pour- suite.	DELAIS fixés par la loi.	ACTES A FAIRE, et formalités à remplir.
675.	I.	Ad libitum.	**Commandement.** Il est visé dans le jour par le Maire ou l'Adjoint du domicile du débiteur. On laisse une copie à celui qui donne le visa.

Articles applicables du Code de procédure civile.	No. des actes de poursuite.	DÉLAIS fixés par la loi.	ACTES A FAIRE, et formalités à remplir.
			Procès-verbal de Saisie-immobilière.
556,674, 675,676,	2.	Trente jours au moins, et trois mois au plus, après le N°. 1.	Il est visé, avant l'enregistrement, par les greffiers des juges de paix, et par les maires ou adjoints des communes de la situation des biens saisis. Il en est laissé copie à chacun de ceux qui donnent le visa. Il énonce le pouvoir spécial de l'huissier.
677.	3.	*Ad libitum,* mais avant la *péremption* qui s'opère de plein droit par le laps de trois mois sans poursuites.	*Transcription du procès-verbal de saisie au bureau des hypothèques de la situation des biens.* Elle donne le privilège de la poursuite, en cas de concurrence.
680 et 2210, C. C.	4.	Dans la quinzaine du N°. 3.	*Autre transcription du même procès-verbal, au greffe du Tribunal civil de la situation des biens, où doit se faire la vente.*
682.	5.	Dans les trois jours du N°. 4.	*Insertion dans l'auditoire du Tribunal, d'un extrait de la saisie.* Il en est dressé acte au greffe.

Articles applicables du Code de procédure civile.	No. des actes de pour-suite.	DELAIS fixés par la loi.	ACTES A FAIRE, et formalités à remplir.
681.	6.	Dans la quinzaine du N°. 4.	*Dénonciation du procès-verbal de saisie, à la partie saisie.* L'acte de dénonciation contient la date de la première publication du cahier des charges. Il est visé dans les 24 heures par le maire du domicile du saisi. On ne laisse pas de copie au maire.
681.	7.	Dans la huitaine du N°. 6.	*Transcription de cet acte de dénonciation, au bureau des hypothèques.* Mention en est faite en marge de la transcription de la saisie.
684.	8.	*Ad libitum*	*Premier original de placard.* Imprimé, signé de l'avoué et enregistré. Il contient extrait de la saisie, et en outre il énonce le jour de la 1re. publication du cahier des charges.
683.	9.	*Ad libitum.*	Ire. *insertion au journal, ou première annonce.* La feuille est signée de l'imprimeur, et sa signature est légalisée par le maire.
684. 685. 686. et 687.	10.	*Ad libitum.*	Ire. *apposition de placards.* Un exemplaire du placard, certifié de l'huissier, est annexé

Mais assez à tems pour que les actes N°. 11, 13 et 16 puissent être faits dans le délai utile.

Articles applicables du Code de procèdure civile.	No. des actes de poursuite.	DÉLAIS fixés par la loi.	ACTES A FAIRE, et formalités à remplir.
			au procès-verbal d'apposition. Ce procès-verbal est visé par le maire de chacune des communes dans lesquelles l'apposition a été faite ; on ne laisse point de copies aux maires.
687, 700, et 701.	II.	Un mois au moins, et six semaines au plus, avant le N°. 16.	*Notification à la partie saisie de copie du placard, et du procès-verbal de première apposition.* Point de visa.
695.	12.	*Ad libitum,* Mais assez à tems pour que l'acte N°. 13, puisse être fait dans le délai utile.	*Etat des inscriptions* Délivré par le conservateur des hypothèques, tant sur la partie saisie, que sur les précédens propriétaires qui n'auraient pas légalement purgé.
695.	13.	Huitaine au moins avant le N°. 16.	*Notification d'un exemplaire du placard, à chacun des créanciers inscrits.* Aux domiciles élus par leurs inscriptions.
696.	14.	*Ad libitum,* mais avant le N°. 16.	*Transcription de cette notification au bureau des hypothèques.* Avec mention en marge de la saisie.

Articles applicables du Code de procédure civile.	No. des actes de pour-suite.	DELAIS fixés par la loi.	ACTES A FAIRE, et formalités à remplir.
697.	15.	Quinzaine au moins, avant le No. 16.	*Dépôt au greffe de l'enchère ou cahier des charges.* Il en est dressé acte.
700 et 701.	16.	Un mois au moins, et six semaines au plus, après le No. 11.	*Première publication du cahier des charges.* (Les deux autres se font de quinzaine en quinzaine.)
702.	17.	Quinzaine après le No. 16.	*Deuxième publication.*
702.	18.	Quinzaine après le No. 17.	*Troisième publication.* Trois seulement sont indispensables, mais la loi permet d'en faire un plus grand nombre, s'il est nécessaire.
703.	19.	Huitaine au moins avant le No. 22.	*Deuxième original de placard.* Comme au N°.5. Il contient en outre la mise à prix et l'indication du jour de l'adjudication préparatoire. Ces additions peuvent être manuscrites.
703.	20.	Aussi huitaine au moins avant le N°. 22.	*Deuxième insertion au journal.* Deuxième annonce. Comme au N°. 9.
703.	21.	Aussi huitaine au moins avant le N°. 22.	*Deuxième apposition de placard.* Comme au N°. 10.

Articles applicables du Code de procédure civile.	No. des actes de poursuite.	DELAIS fixés par la loi.	ACTES A FAIRE, et formalités à remplir.
702.	22.	*Ad libitum*, mais quand la procédure est en état, et au jour indiqué.	*Adjudication préparatoire.* Les moyens de nullité contre la procédure antérieure doivent être proposés par écrit, et avant l'adjudication.
704.	23.	Dans la quinzaine du No. 22.	*Troisième et dernier original de placard.* Comme aux Nᵒˢ. 8 et 19. Il contient en outre mention de l'adjudication préparatoire, du prix moyennant lequel elle a été faite, et indication du jour de l'adjudication définitive. Ces additions peuvent être manuscrites.
704.	24.	Aussi dans la quinzaine du No. 22.	*Troisième et dernière insertion au journal.* Troisième annonce. Comme au Nᵒ. 9.
704.	25.	Aussi dans la quinzaine du No. 22.	*Troisième et dernière apposition de placard.* Comme au Nᵒ. 10.
706 et décret du 2 février 1811.	26.	Deux mois au moins après le No. 22, et au jour indiqué lors de l'adjudication préparatoire.	*Adjudication définitive.*

Articles applicables du Code de procédure civile.	No. des actes de poursuite.	DELAIS fixés par la loi.	ACTES A FAIRE, et formalités à remplir.
709.	27.	Dans les trois jours du N°. 26.	*Déclaration du nom de l'adjudicataire et son acceptation.* Ou dépôt de son pouvoir.
710.	28.	Dans la huitaine du N°. 26.	*Surenchère d'un quart au moins.* L'acte doit être fait au greffe et porté sur le cahier des charges, à la suite de la déclaration N°. 27.
711.	29.	Dans les 24 heures du N°. 28.	*Dénonciation de la surenchère.* Aux avoués de l'adjudicataire, du poursuivant, et de la partie saisie.
712.	30.	A la première audience.	*Nouvelle adjudication.* Lors de laquelle l'enchérisseur et l'adjudicataire concourent seuls.
443, 749, 777 et 1690. C. C.	31 et dernier.	*Ad libitum.*	*Signification du jugement d'adjudication.* A la partie saisie, au fermier des biens adjugés, au poursuivant et aux créanciers inscrits.

On sent facilement que ce Tableau est loin de contenir la mention de toutes les formalités particulières, prescrites pour chacun des actes dont la procédure se compose ; néanmoins il a l'avantage de présenter, au premier coup d'œil, la série de tous ces actes, d'indiquer les délais dans lesquels ils doivent être faits, et de noter les articles de loi auxquels ils se réfèrent, ce qui soulage beaucoup la mémoire, mais ne dispense pas de consulter la loi, et de l'avoir sous les yeux pour s'y conformer rigoureusement, lors de la rédaction des actes.

Nous ajouterons que c'est là un *Tableau* annalytique ou *raisonné*, indiquant sommairement les formalités et les délais prescrits pour chacun d'eux.

L'officier ministériel qui veut entreprendre une poursuite de saisie-immobilière, doit en outre se faire à lui-même un *tableau d'exécution*, c'est-à-dire fixer ses dates, et déterminer d'avance celle de chaque acte de la procédure qu'il va diriger. Sans ce Tableau d'exécution, il serait fréquemment dans le cas de faire des vérifications d'autant plus fatigantes, qu'elles le forceraient à se tenir continuellement sur ses gardes, pour ne pas laisser expirer le délai utile dans lequel chaque acte doit être fait.

Au contraire dès que ce Tableau est réglé, il ne s'agit plus que de le consulter et de s'y conformer, ce qui offre le double avantage d'économiser beaucoup de tems, et d'assurer la marche de la procédure.

MODÈLE DU TABLEAU D'EXÉCUTION.

1er. act. 5 janv. 1816. — Commandement en expropriation forcée.

2e. — 7 février. — Saisie-immobilière.

3e. — 9 *idem.* — Transcription au bureau des hypothèques.

4ª. act. 12 fév. 1816.— Transcription au greffe du Tribunal.

5ª. — 13 *idem.* — Insertion au Tableau, dans l'auditoire, d'un extrait de la
saisie.

6ª. — 16 *idem.* — Dénonciation du procès-verbal
de saisie - immobilière, à la
partie saisie.

7ª. — 18 *idem.* — Transcription de cet acte de dénonciation au bureau des hy-
pothèques.

8ª. — 20 *idem.* — Premier original de placard.

9ª. — 25 *idem.* — Première insertion au journal.

10ª. — 28 *idem.* — Première apposition de placards.

11ª. — 4 mars 1816. — Notification à la partie saisie,
tant du premier placard, que
du procès-verbal d'apposition.

12ª. — 5 *idem.* — Etat des inscriptions grevant
les immeubles saisis.

13ª. — 8 *idem.* — Notification du placard aux créanciers inscrits.

14ª. — 9 *idem.* — Transcription au bureau des
hypothèques, de cet acte de
notification.

15ª. — 15 mars 1816.— Cahier des charges, et dépôt
d'icelui au greffe.

16ª. — 8 avril 1816.— Première publication.

17ª. — 22 *idem.* — Seconde publication.

18ª. — 6 mai 1816. — Troisième publication.

19ª. — 8 *idem.* — Second original de placard.

20ª. — 9 *idem.* — Seconde insertion au journal.

21e. act. 10 mai 1816. — Seconde apposition de placards.

22e. — 27 *idem.* — Adjudication préparatoire.

23e. — 29 *idem.* — Troisième et dernier original de placard.

24e. — 31 *idem.* — Troisième et dernière insertion au journal.

25e. — 1er. juin 1816. — Troisième et dernière apposition de placards.

26e. — 5 août 1816. — Adjudication définitive.

27e. — 7 *idem.* — Déclaration de l'adjudicataire, et son acceptation.

La poursuite se terminant ordinairement par le 27e acte, qui est la déclaration de l'adjudicataire, nous bornons là notre tableau d'exécution.

Si l'on en vérifie attentivement les dates, on verra que tous les actes sont faits dans les délais prescrits par la loi ; aussi avons nous pris ce Tableau pour modèle, dans le formulaire par lequel nous terminons cet ouvrage.

En combinant avec attention *le Tableau sommaire* de la procédure, présenté au Corps-législatif par M. le Conseiller-d'Etat, le *Tableau raisonné*, et le *Tableau d'exécution*, dont les modèles sont ci-dessus, on a dû se former une idée générale de cette procédure. Nous allons entrer dans les détails.

Le Code de procédure contient, sur la Saisie-immobilière, 76 articles, depuis le 673 jusque et compris le 748.

Les 45 premiers sont relatifs à la poursuite proprement dite.

Les 31 derniers, concernent les incidens sur cette poursuite.

Des 45 articles relatifs à la poursuite, 27 méritent une attention particulière, puisque la loi attache la peine de nullité à leur violation.

Il importe donc de les noter ; c'est ce que nous allons faire, en plaçant en marge du texte une *N* avec une étoile, comme ci-après. **N** ⋆

Cette marque avertira le lecteur de la peine rigoureuse qu'entraînerait l'omission de la plus légère des formalités prescrites par ces articles.

ART. 673.

La Saisie - immobilière sera précédée (*A*) d'un commandement (*B*) à personne (*C*) ou domicile (*D*), en tête duquel sera donné copie du titre en vertu duquel elle est faite ; (*E*) ce commandement contiendra élection de domicile [*F*] dans le lieu où siège le Tribunal qui devra connaître de la Saisie, [*G*] si le créancier n'y demeure pas ; il énoncera que faute de paiement, il sera procédé à la saisie des immeubles du débiteur [*H*]; l'huissier ne se fera point assister de témoins, il fera, dans le jour, viser l'original par le maire ou

N ⋆

1er. Acte.
Commande-
ment
légal.

673.

673. l'adjoint du domicile du débiteur; [*J*]
et il laissera une seconde copie à celui
qui donnera le visa. [*K*]

Nota. Quoique rigoureusement parlant, le commandement légal *précède* la saisie, et n'en fasse pas partie, on doit néanmoins le regarder comme le premier acte de la procédure.

(*A*) 1. Le commandement qui doit précéder la saisie-immobilière, n'est qu'un acte préparatoire de la poursuite. Il peut, aux termes de l'article 111 du Code civil, être fait au domicile que le débiteur a élu par le titre constitutif de la créance.

Cour de cassation, arrêt du 5 février 1811. (*S.* 11, 1, 98.) V. ci-après la note (*D*) N°s. 2 et 4.

2. Le pouvoir spécial, dont l'huissier doit être porteur, aux termes de l'article 556 (C. P. C.), n'est pas exigé pour le commandement qui *précède* la saisie, mais seulement pour le procès-verbal de saisie.

Cour de cassation, arrêt du 12 mai 1813. (*S.* 14, 1, 277.)

(*B*) L'immatricule d'un huissier dans un exploit, est suffisamment exprimée par l'indication du Tribunal près lequel il exerce.

Cour de cassation, même arrêt du 12 mai 1813. (*S.* 14, 1, 277.)

(*C*) 1. Lorsque les poursuites de saisie-immobilière sont dirigées contre un débiteur failli, le commandement n'est pas nul par cela seul qu'il aurait été notifié à un agent provisoire, tombé lui-même en faillite, et dont les pouvoirs seraient expirés , si d'ailleurs cet agent 673. n'avait pas cessé ses fonctions par un remplacement légal.

Il n'est pas nécessaire que le commandement d'une saisie-immobilière , poursuivie pour le montant d'une créance portée en un billet , et confirmée par jugement de condamnation , porte en tête copie du billet , il suffit de la copie du jugement de condamnation.

Cour de Rouen , arrêt du 19 mars 18:5. (*S.* 15 , 2, 224.)

Nota. Nous pensons néanmoins qu'il est bien plus régulier de servir aussi copie du billet , qui est le véritable titre , tellement que sans lui , le jugement n'aurait plus d'effet.

2. La vente en justice des biens de plusieurs débiteurs solidaires , peut être poursuivie cumulativement ; néanmoins chacun d'eux peut demander la séparation des ventes , et la distinction des dettes et charges.

Cour de Riom , arrêt du 24 février 1813. (*S.* 14, 2, 174.)

(*D*) 1. L'article 111 du Code civil, qui permet de faire, au domicile élu pour l'exécution d'un acte, les significations, demandes *et poursuites* relatives à cet acte, s'applique au cas de saisie-immobilière ; sans préjudice au droit qu'à toujours le créancier de poursuivre son débiteur au domicile réel, suivant le paragraffe dernier de l'article 59 du Code de procédure, qui porte: « en « cas d'élection de domicile pour l'exécution d'un acte, « le défendeur sera assigné devant le Tribunal du do- « micile élu, ou devant le Tribunal de son domicile « réel , conformément à l'article 111 du Code civil. »

Cour de Paris , arrêt du 12 juin 1809 (*S.* 10 , 2, 79.)

2. On peut élire domicile en son domicile réel. Cette

673., élection de domicile subsiste et a ses effets, même après la translation du domicile réel en un autre lieu. Le domicile réel abandonné reste toujours domicile d'élection ; on peut y faire des notifications légales.

Le mot *domicile* porté en cet article (673) ne s'entend pas seulement du domicile réel, il peut encore être entendu du domicile d'élection ; le commandement signifié à ce dernier domicile est valable.

Cour de Cassation, arrêt du 24 janvier 1816. (*S.* 16; 1, 198.)

3. Un commandement, en expropriation forcée, n'est pas nul, par cela seul qu'il a été signifié au domicile élu du débiteur, si celui-ci ayant quitté le lieu de sa résidence, pour passer à la Guadeloupe, a donné à son procureur-fondé le pouvoir de faire pour lui une élection de domicile, que ce dernier ait fait pour son commettant élection de domicile chez lui-même, et que le commandement ait été fait à ce domicile ainsi valablement élu.

Cour de Bordeaux, arrêt du 11 avril 1810. (*S.* 11; 2, 87.)

4. L'article 69 (C. P. C.) qui prescrit de signifier l'exploit par affiche à la porte du Tribunal où la demande est portée (lorsque la partie assignée n'a pas de domicile connu) ne s'applique pas au commandement qui précède la saisie-immobilière. Ce commandement ne renferme pas *la demande*, puisqu'il *précède* la saisie dont il ne fait pas partie. Il peut être signifié par affiche à la porte du Tribunal du dernier domicile du saisi.

Cour de Paris, arrêt du 3 février 1812. (*S.* 14, 2, 23.)

V. au présent article la note (*A.*)

5. Lorsque le domicile d'un militaire absent est inconnu, **673.**
les actes, à son égard, peuvent être faits par affiche au
Tribunal, et par copie au Procureur du Roi, conformément au N°. 6 de l'article 69 du Code de procédure.

La même forme peut avoir lieu à l'égard d'une domestique qui, pendant les poursuites, est entrée successivement au service de plusieurs maîtres.

Cour de Paris, arrêt du 10 mai 1810. (*S*. 15 , 2 , 146.)

Nota. Nonobstant cette décision, nous pensons qu'il
est beaucoup plus régulier de poursuivre,

1°. Le militaire absent, à son dernier domicile, c'est-
à-dire à celui qu'il avait lors de son départ pour l'armée,
et qu'il a légalement conservé.

2°. Et la domestique, au domicile du maître qu'elle ser-
vait à l'époque du commencement des poursuites, domicile qu'elle conserve au respect du poursuivant, tant
qu'elle ne lui en fait pas connaître un nouveau.

(*E*) 1. Il n'est pas nécessaire, à peine de nullité,
que le créancier d'une rente viagère, *qui a obtenu ju-*
gement de condamnation pour les arrérages échus, fasse
signifier au débiteur son certificat de vie, avant de passer
à l'expropriation forcée.

Cour de Paris, arrêt du 4 juin 1807. (*S*. 7 , 2 , 951.)

Nota. Mais il nous paraît hors de doute que le créancier d'une rente viagère constituée par acte notarié,
qui voudrait, en vertu de cet acte et pour obtenir le
paiement d'arrérages échus, poursuivre l'expropriation
des biens de son débiteur, serait tenu de se conformer
à l'article 1983 du Code civil, c'est-à-dire de justifier
préalablement de son existence, et dès-lors de servir, en

673. tête du commandement, copie de son certificat de vie, délivré en bonne forme.

2. 1°. Le commandement fait par l'héritier du créancier, pour parvenir à l'expropriation forcée, est valable, quoi qu'il ne contienne pas copie des pièces justificatives de la qualité de cet héritier. En conséquence le délai d'un mois exigé entre le commandement et la saisie, court avant que l'héritier n'ait justifié de sa qualité.

2. L'erreur dans les *prénoms* du créancier poursuivant, ne vicie ni le commandement ni les actes ultérieurs. (Art. 61. C. P.)

Cour de Paris, arrêt du 31 mars 1806 (*S.* 6 , 2 , 241.)

Nota. Cette décision s'applique tant au présent article 673, qu'à l'article suivant (674.)

3. Le commandement doit, à peine de nullité, contenir copie entière de la formule exécutoire du titre en vertu duquel le créancier procède ; et non par extrait, *Louis*, etc. *mandons*, etc. Si l'original était semblable à la copie par extrait, le titre ne serait pas en forme exécutoire ; donc il n'y a pas copie *entière*, ni dès-lors copie suffisante.

Cour de Besançon, arrêt du 18 mars 1808. (*S.* 15, 2, 178.)

4. Le commandement doit contenir, à peine de nullité, outre la copie du titre, celle de la formule, et, à plus forte raison, du jugement qui rend ce titre exécutoire.

Dans l'espèce, il s'agissait d'un acte notarié passé en pays étranger, sur le vu duquel était intervenue ordonnance *d'exequatur* rendue par un Tribunal français, conformément aux articles 2123 et 2128 du Code civil. Le créancier avait bien servi copie du titre, mais non

de l'ordonnance qui en permettait l'exécution. La pour- 673.
suite fut annulée.

Cour de Bruxelles, arrêt du 16 février 1809. (*S.* 15,
2, 179.)

V. art. 2213 (*A*) Nº. 1ᵉʳ.

(*F*) 1. L'opposition à une saisie-immobilière, peut
être faite au domicile élu par le commandement.

Cour de Nismes, arrêt du 24 messidor an 3. (*S.* 5, 2, 479.)

2. L'article 584 C. P. C., qui (en matière de saisie-
exécution) permet d'assigner le créancier saisissant
au domicile élu dans le commandement, ne dispose
qu'en faveur de la partie saisie ; tout autre que le saisi,
notamment un tiers qui revendiquerait, ne peut assigner
le créancier à ce domicile élu ; du reste, cette forme
d'assigner le saisissant, pour voir admettre une revendication, ne peut avoir lieu qu'en saisie-exécution.

En matière de saisie-immobilière, le revendiquant
doit procéder par requête signifiée d'avoué à avoué.
(Art. 727 C. P.)

Cour de cassation, arrêt du 3 juin 1812. (*S.* 12, 1, 362.)

3. Le Tribunal de la situation des biens, peut seul
connaître de la validité des offres faites par le débiteur,
au domicile élu dans le commandement, encore que ce
domicile élu se trouve dans le ressort d'un autre Tribunal.

Cour de cassation, arrêt du 10 décembre 1807. (*S.* 8,
1, 94)

(*G*) On se demande quel est ce Tribunal qui doit
connaître de la saisie, et l'on s'étonne de ne trouver dans
le Code de procédure aucune solution sur un point qui
tient si essentiellement à la forme. Il faut recourir à
l'article 2210 du Code civil, ainsi conçu : « la saisie-

673. « immobilière des biens situés dans différens arrondis-
« semens , est suivie devant le Tribunal dans le ressort
« duquel se trouve le chef-lieu d'exploitation , ou à
« défaut de chef-lieu , la partie de biens qui présente
« le plus grand revenu , d'après la matrice du rôle. »

Ce qui dispose suffisamment que quand les biens saisis
ne sont situés que dans un seul arrondissement , la saisie
doit être portée devant le Tribunal de cet arrondissement.

V. article 2210 (B.)

(H) 1. La transcription de la vente n'est pas nécessaire
pour transférer à l'acheteur la propriété de la chose
vendue ; ainsi des créanciers hypothécaires ne peuvent
faire saisir, sur leur débiteur, des biens par lui vendus,
encore que la vente n'ait pas été transcrite.

Cour de Poitiers, arrêt du 18 janvier 1810. (S. 10, 2, 374)

2. Le débiteur , menacé de saisie-immobilière , peut,
en formant opposition au commandement , porter son
opposition devant le Tribunal, et assigner en même
tems en référé , pour obtenir surcis aux poursuites.
Dans ce cas, le président peut surseoir, mais sans pré-
juger le fonds , qui est le mérite de l'opposition.

Cour de Turin, arrêt du 30 juillet 1810. (S. 15 , 2, 197.)

(J) 1. Lors qu'un commandement, afin de saisie-
immobilière, est fait à la personne du débiteur trouvé
hors de son domicile, et à une distance qui ne permet
pas à l'huissier de revenir dans le jour, prendre le visa
du maire du domicile, ainsi que le veut le présent article,
ce visa est valablement donné par le maire du lieu où
le commandement est fait.

Cour de cassation , arrêt du 12 janvier 1815. (S. 15,
1, 175.) V. art. 681, la note (D) No. 1er.

2. On peut faire viser le commandement, ainsi que 673. le procès-verbal de saisie (art. 676) par l'adjoint, sans qu'il soit besoin de constater l'absence ou l'empêchement du maire. La loi disant.... « *par le maire* ou *l'adjoint,* » elle donne une double faculté ; on peut donc obtenir le visa de l'un ou de l'autre, indistinctement.

Cour de Besançon, arrêt du 18 juillet 1811. (*S.* 15, 2, 181.)

Cour de cassation, arrêt du 1er. septembre 1809. (*S.* 16, 1, 230.) V. art. 681, (*D*) N°. 2.

(*K*) Un exploit n'est pas nul, parce que l'huissier, en remettant la copie au maire, après refus des parens, serviteurs et voisins, n'a pas désigné *nominativement* ces parens, serviteurs et voisins.

Cour de cassation, arrêt du 24 janvier 1816. (*S.* 16, 1, 198.)

Art. 674. N **

La Saisie-immobilière ne pourra être 674. faite [*A*] que trente jours après le com- mandement : si le créancier laisse écouler plus de trois mois entre le comman- dement et la saisie, il sera tenu de le réitérer dans les formes et avec le délai ci-dessus. [*B*]

(*A*) 1. Pour procéder à cette saisie, l'huissier doit être porteur d'un pouvoir spécial, aux termes de l'article 556 du Code de procédure, lequel porte :

« La remise de l'acte ou du jugement à l'huissier,

674. « vaudra pouvoir pour toutes exécutions autres que la
« saisie-immobilière et l'emprisonnement, pour lesquels
« il sera besoin d'un pouvoir spécial. »

Mais cette procuration est-elle nécessaire à peine de
nullité de la saisie ?

Dans le commencement de la mise à exécution du
Code de procédure, la jurisprudence fut incertaine,
pour ne pas dire erronnée ; plusieurs Cours décidèrent que
le pouvoir n'était pas nécessaire, attendu que la procuration
spéciale, dont parle la loi, n'était exigée que dans
l'intérêt de l'huissier, et pour prévenir un désaveu de
la part du créancier poursuivant.

Cour de Paris, arrêt du 8 germinal an 13. (*S.* 7, 2, 1192.)
— Turin, 9 février 1810. (*S.* 10, 2, 325.)
— Bruxelles, 25 *idem.* (*S.* 10, 2, 248.)
— Et Caen, 12 juillet 1810. (*S.* 12, 1, 54.)

Mais ce dernier arrêt ayant été attaqué en cassation,
la Cour suprême a eu à s'expliquer sur cette importante
question.

Par arrêt solennel du 6 janvier 1812. (*S.* 12, 1, 54.)
elle a cassé celui de la Cour de Rouen du 12 juillet 1810.

Il importe de consigner ici les considérans qui ont
motivé la cassation.

« Attendu que l'article 556 du Code de procédure
« civile déclare en termes *impératifs* que l'huissier a
« *besoin* d'un pouvoir *spécial*. pour être autorisé à
« procéder à une saisie-immobilière ; qu'il l'ordonne
« ainsi sans restriction, c'est-à-dire dans l'intérêt de
« toutes les parties.

« Que le motif du législateur est facile à saisir ; qu'il
« importe à la partie saisie d'avoir sa garantie, s'il y

« a lieu , contre le saisissant , sans que ce dernier puisse 674.
« y échapper par un désaveu tardif contre l'huissier qui
« a procédé à cette saisie ;

« Que ce pouvoir spécial , dont l'huissier doit être
« porteur, est un des élémens préalables de la procédure
« en expropriation , une condition nécessaire pour sa
« validité ;

« Que ce pouvoir n'est ni un exploit , ni un acte de
« procédure, dans le sens de l'article 1030 du C. P. C.
« puisqu'il doit précéder tout exploit et tout acte de
« procédure ;

« Que cependant et quoi qu'il fut constant en fait
« devant la Cour de Caen , que l'huissier qui a procédé
« à la saisie-immobilière dont il s'agit , avait exploité,
« sans en avoir reçu un pouvoir spécial des saisissans ,
« quoique le demandeur eut proposé , en tems utile , le
« moyen résultant de ce défaut de pouvoir ; l'arrêt
« attaqué n'y a eu aucun égard ;

« Attendu que si le pouvoir spécial, exigé par l'article
« 556, n'est pas ce qui donne *caractère* à l'huissier , il
« ne lui est pas moins nécessaire pour autoriser , en pareil
« cas, l'exercice de son ministère ;

« Que le pouvoir spécial à donner à l'huissier est
« aussi essentiel pour la régularité de la procédure de
« saisie-immobilière , que le titre exécutoire en vertu
« duquel la saisie doit procéder; que l'approbation donnée
« après coup par le saisissant à la saisie à laquelle il a
« été procédé , ne peut produire plus d'effet que ne
« pourait produire l'exécutoriété donnée au titre, depuis
« qu'il aurait été procédé à la saisie ;

« Attendu qu'il résulte de toutes ces considérations ,

6

674. « que la Cour d'appel de Caen a ouvertement violé les
« dispositions de l'article 556 du Code de procédure civile
« et faussement appliqué celles de l'article 1030.....

« Par ces motifs, la Cour *casse* et *annulle la saisie-*
« *immobilière* à laquelle il fut procédé à la requête des
« défendeurs, les 7 et 8 février 1809 ; casse et annulle
« par suite *toute la procédure* en expropriation, dirigée
« contre le demandeur, et spécialement l'arrêt du 12
« juillet 1810, et tout ce qui a suivi. »

Depuis cet important arrêt de la Cour suprême, la
jurisprudence ne paraît pas avoir variée.

On trouve un arrêt de la Cour de Rouen, du 1er. juin
1812. (*S.* 14, 2, 421.)

Un autre de la Cour de Colmar, du 3 du même mois.
(*S.* 14, 2, 421.)

Un autre de la Cour de Trèves, du 23 décembre
1812. (*S.* 14, 2, 12.) qui ont jugé dans le même
sens, et décidé que le pouvoir spécial, dont parle
l'article 556, C. P. C., est nécessaire, à peine de nullité
de la saisie.

2. Ce pouvoir spécial doit-il avoir une date certaine,
antérieure à la saisie ? l'affirmative avait été résolue par
les trois arrêts ci-dessus cités des Cours de Rouen,
Colmar et Trèves. Il avait paru à ces Cours que la solution
de cette 2e. question dépendait essentiellement de la
première, et que, puis qu'il fallait, pour procéder à la
saisie, que l'huissier fut porteur d'un pouvoir spécial,
ce pouvoir devait être enregistré et avoir date certaine
avant la saisie.

En effet, disaient-elles, la loi le prescrit dans l'intérêt
de toutes les parties, c'est-à-dire, du saisi comme des

saisissans. Or les actes sous-seings privés n'ayant de 674.
date contre les tiers, que du jour où ils ont été en-
registrés (art. 1328, C. C.) On retomberait dans le
système qu'à proscrit l'arrêt de cassation du 6 janvier
1812 ci-dessus cité, (*S.* 12, 1, 54.) si l'huissier
pouvait, après la saisie, se faire donner par le poursuivant un pouvoir antidaté. Ces conséquences paraissaient
en effet résulter de l'arrêt précité de la Cour de cassation,
du 6 janvier 1812 ; néanmoins cette cour a jugé le
contraire par quatre arrêts que nous allons rappeler.

Ir. ARRÊT.

Une saisie-immobilière n'est pas nulle, par cela seul
que l'huissier n'exhibe qu'un mandat spécial, sous-
seing privé, enregistré le jour même de la saisie.
Arrêt du 12 mai 1813. (*S.* 14, 1, 277.)

2ᵉ. ARRÊT.

Une saisie avait été faite sans aucune mention de
pouvoir spécial, et dans le fait ce pouvoir était bien
daté de la veille de la saisie, mais il n'était pas enregistré, et dès-lors il n'avait pas de date certaine.

La nullité fut demandée par le saisi, mais à l'instant
même où il invoquait le moyen, le saisissant détacha du
dossier le pouvoir qui y était joint, et le fit passer sous
les yeux des magistrats.

Jugement de première instance, et arrêt de la Cour
de Dijon, du 23 avril 1812. (*S.* 15, 1, 29.) qui déclarent
la saisie valable.

Pourvoi en cassation de la part du saisi ; arrêt du 12
juillet 1814. (*S.* 15, 1, 29.) en ces termes :

« La Cour, attendu qu'il a été déclaré *en fait*, par

674. « l'arrêt dont la cassation est demandée, qu'au moment
« où il fut procédé à la saisie-immobilière dont il s'agit,
« l'huissier, procédant à cette saisie, etait porteur d'un
« pouvoir spécial du créancier saisissant ; que l'article
« 556 du Code de procédure, en exigeant, outre la
« remise du titre de créance ou du jugement, (qui
« suffit pour les saisies-exécutions) celle d'un pouvoir
« spécial pour les saisies - immobilières, ne prescrit,
« relativement à ce pouvoir, aucune autre formalité;
« rejette, etc. »

Par cet arrêt, la Cour de cassation a décidé, comme
l'on voit, 1°. qu'il n'est pas nécessaire que le pouvoir
spécial soit mentionné dans l'exploit de saisie ; 2°. qu'il
n'est pas indispensable que ce pouvoir ait une date certaine et authentique, antérieure à la saisie, qu'il suffit
que le *fait* de son existence, antérieurement à la saisie,
soit constant aux yeux des juges, et par eux reconnu.

3°. ARRÊT.

La Cour de Colmar, par son arrêt ci-dessus cité, du
3 juin 1812 (*S.* 14, 2, 421.) avait décidé qu'il ne
suffisait pas que l'huissier eut justifié de l'existence d'un
pouvoir spécial, aussitôt qu'il en avait été requis (bien
après la saisie); qu'il fallait encore que par l'enregistrement ou de toute autre manière légale, ce pouvoir
eut une date certaine, antérieure à la saisie; mais sur
le pourvoi en cassation, arrêt du 10 août 1814 (*S.* 15,
1, 30.) ainsi conçu :

« La Cour, vu l'article 556 du Code de procédure
« civile : attendu que cet article n'exige pas que le
« pouvoir soit donné par acte authentique, ni qu'il soit

« enregistré avant la saisie ; qu'il *suffit* pour remplir le 674.
« vœu de la loi., *que cet acte puisse être représenté*
« *à la première requisition du débiteur ,* d'où il suit
« que la Cour de Colmar , en annullant la saisie dont
« il s'agit , sous le prétexte que le pouvoir en vertu
« duquel il a été procédé, n'etait pas authentique ou
« n'avait pas été enregistré avant la saisie , a faus-
« sement appliqué l'article 555 du Code de procédure ,
« et que par suite elle a commis un excès de pouvoir ,
« en prononçant une nullité , sans être autorisée par
« une disposition précise de la loi ; casse, etc.

4e. ARRÊT.

Enfin , en matière d'incarcération , la Cour de cassation
a jugé de même, par arrêt du 24 janvier 1814 (*S.* 14 ,
1 , 124.) que le pouvoir spécial , dont l'huissier doit
être porteur , aux termes de l'article 556 du C. D. P.
C., pour procéder à un emprisonnement , n'a pas besoin,
pour acquérir date certaine , d'être enregistré ni copié
dans un des actes de la procédure, et que pour remplir le
vœu de la loi , il suffit qu'il soit *reconnu en fait par*
les Tribunaux , que le pouvoir existait au moment de
l'emprisonnement.

D'après ces quatre arrêts de la Cour suprême, il faut tenir
pour constant que bien que l'huissier, qui procède à une
saisie-immobilière , doive être muni d'un pouvoir spécial,
néanmoins il n'est pas absolument indispensable que ce
pouvoir ait acquis par l'enregistrement une date certaine ,
antérieurement à la saisie , et qu'il suffit que ce pouvoir
soit produit sur la première requisition de la partie saisie.

Nota. S'il n'est pas nécessaire, du moins est-il prudent

674. de faire enregistrer le pouvoir avant la saisie, et de le mentionner dans le procès-verbal même de saisie.

3. Le défaut de mention dans la saisie du pouvoir spécial dont l'huissier doit être porteur, n'opère pas la nullité du procès-verbal de saisie.

Cour de Besançon, arrêt du 18 mars 1808. (*S.* 15, 2, 178.)

Cour de Paris, arrêt du 20 août 1814. (*S.* 16, 2, 214.)

Cour de cassation, arrêt du 12 juillet 1814, ci-dessus cité, page 83. (*S.* 15, 1, 29.)

4. Un huissier peut procéder à une nouvelle saisie-immobilière, en vertu d'un pouvoir donné pour une saisie abandonnée.

L'huissier n'est pas tenu de donner au saisi copie du pouvoir spécial dont il est porteur.

Cour de cassation, arrêt du 4 octobre 1814. (*S.* 16, 1, 78.)

(*B*) 1. La disposition finale de cet article fixe un principe qu'il est très-important de faire remarquer.

En général la *péremption* d'instance ne s'opère que par le laps de trois années (Art. 397, C. P. C.); elle n'a pas lieu de plein droit; elle ne s'adjuge qu'autant qu'elle est demandée; enfin elle peut être couverte par un acte valablement fait avant la demande. (Art. 399.)

Le présent article dispose au contraire qu'après trois mois écoulés sans poursuites depuis le commandement, il faut le réitérer, ce qui veut dire qu'il est *périmé de plein droit.*

On sent pourquoi le législateur a adopté un principe aussi favorable au débiteur.

Il s'agit ici d'une procédure *d'exception.* Ce n'est pas, à proprement parler, *une instance*, mais bien

une *poursuite* ; et le silence du créancier pendant trois
mois entiers, fait présumer qu'il ne veut pas la continuer.

Au reste cela ne préjudicie en rien à ses droits ; il
est toujours à même de réitérer un acte qu'il a laissé
périmer, et il ne saurait se plaindre, puisque le législateur a pris soin de l'avertir.

3. Ici se présente une question grave. La loi dit bien
que le commandement se périme de plein droit par le
laps de trois mois écoulés sans poursuites, mais cette
péremption ne frappe-t-elle que ce seul acte, ou au
contraire s'applique-t-elle à tous les autres actes de la
procédure, pour la péremption desquels la loi n'a pas
fixé un plus bref délai ?

Le législateur, il faut l'avouer, est en défaut ; il aurait
dû, par un article général, préciser les cas et les effets
de la péremption, et ne pas laisser incertaine une aussi
importante question. Au défaut du législateur, les
Tribunaux paraissent l'avoir résolue.

La Cour de cassation a jugé qu'une poursuite en
expropriation forcée, faite sous l'empire de la loi du 11
brumaire an 7 (qui déclarait le commandement périmé
par le laps de six mois) était réputée de plein droit
non-avenue et périmée lorsqu'elle était restée impoursuivie pendant le délai de six mois.

Voici l'espèce et les motifs de l'arrêt.

La demoiselle Roffay, épouse divorcée du sieur
Gauffereau, et créancière de son mari en vertu de
différens jugemens et arrêts, poursuivait l'expropriation
des biens que le sieur Gauffereau possédait dans le
département de la Vendée. — Mais la poursuite fut
suspendue pendant plus de six mois ; depuis et en vertu

674.

des mêmes titres, elle a poursuivi l'expropriation d'autres biens que le sieur Gauffereau possédait dans le département d'Indre-et-Loire.

Le saisi a demandé la nullité des poursuites, notamment parce qu'il avait été d'un préalable nécessaire de faire statuer sur l'expropriation des biens de la Vendée.

Jugement de première instance, et arrêt de la Cour d'Orléans qui rejettent le moyen de nullité. « Attendu « que l'instance en expropriation des biens situés dans « la Vendée, était restée impoursuivie pendant plus de « six mois, et que conséquemment elle était *périmée*, « aux termes de l'article 4 de la loi du 11 brumaire « an 7. »

Pourvoi en cassation pour violation de l'article 10 de cette loi, lequel veut qu'un créancier ne puisse provoquer que successivement la vente des biens de son débiteur, situés dans plusieurs départemens.

La dame Roffay avait, suivant le demandeur, fait concourir l'expropriation dont il s'agit, avec une autre instance en expropriation de biens situés dans un autre département. Les deux poursuites, a-t-il dit, avaient pour objet vente de biens situés dans des départemens différens ; elles ne pouvaient donc avoir lieu simultanément.

Il est vrai que la première instance en expropriation avait été suspendue pendant plus de six mois, mais elle n'était pas *périmée de plein droit* ; la péremption n'existe, n'a d'effet, qu'autant qu'elle est demandée et prononcée. Il y avait donc un obstacle légal à la poursuite en expropriation des biens situés dans le département d'Indre-et-Loire, et par conséquent la Cour d'Orléans, en confirmant le jugement d'adjudication de ces biens, a violé l'article 10 de la loi du 11 brumaire an 7, et 674 s'est écartée des régles judiciaires.

« La Cour, de l'avis de M. Damiels, substitut du « procureur-général ;

« Attendu que l'expropriation - forcée, intentée par « la dame Roffay, au Tribunal civil de Fontenay, est *restée* « *impoursuivie pendant six mois*, que par - là elle « était *périmée* (de plein droit) selon le dernier para- « graphe de l'article 4 de la loi du 11 brumaire an 7, « et dès-lors que l'arrêt dénoncé ne viole en aucune « manière l'article 10 de la même loi, rejette, etc.

Cour de cassation, arrêt du premier prairial an 13. (Denevers, an 13; tom. 3, pag. 443.) (*S.* 7, 2, 1193.)

Cet arrêt consacre, comme l'on voit, le double prin- cipe, 1°. que la péremption s'acquiert *de plein droit*; 2°. et qu'elle a lieu pour tous les actes de la procédure indistinctement, par le laps du délai, passé lequel le commandement perd sa force, c'est à-dire 3 mois.

V. art. 2167. (*A*) Art. 2215. (*C*) 1 et 2. Et art. 729. (*A*) 2.

4. La péremption n'a pas lieu lorsque les poursuites sont nécessairement suspendues par quelqu'incident.(art. 732), par exemple, à raison de ce que l'immeuble saisi aurait été revendiqué, et qu'il y aurait instance pendante sur cette demande; car avant de continuer les poursuites, il est indispensable de faire statuer sur la revendication.

Cour de Paris, arrêt du 26 nivôse an 13. (*S.* 5, 2, 565.)

5. De même lorsque le débiteur saisi invoque le bénéfice de l'article 2212, du C. C., et que les juges ordonnent en conséquence la suspension des poursuites.

6. La demande en distraction de la totalité des biens

674. saisis, autorisée par l'article 727, C. P. C. suspend bien les poursuites tant que dure l'instance à laquelle cette demande donne lieu, et par cela même elle suspend aussi le cours de la péremption ou délai de rigueur ; mais lorsque la demande en distraction n'est que d'une partie des objets saisis, cet incident n'arrêtant pas les poursuites elles doivent être continuées pour le surplus des biens saisis , à moins que les parties intéressées ne demandent qu'il soit sursis pour le tout , et que le Tribunal n' l'ordonne (art. 729), autrement et si le saisissant sus pendait ses poursuites de son chef et sans qu'un juge ment préalable l'eut ordonné, sa procédure tombera en péremption.

7. l'appel étant de sa nature suspensif, il produit l'effet d'arrêter toutes poursuites , et dès-lors il suspend le cours de la péremption.

V. art. 723, N°. 4.

8. Ce que nous venons de dire des incidens qui suspendent nécessairement la poursuite et empêchent l'effet de la péremption, s'applique au cas de *décès de* parties ou de l'une d'elles. Les héritiers ayant trois mois pour faire inventaire et quarante jours pour délibérer pendant ces quatre mois et dix jours on ne peut les forcer à prendre qualité, ni dès-lors à poursuivre ou à défendre et par suite , la péremption ne peut s'opérer. C'est d'ail leurs la conséquence nécessaire de l'article 447, du C. P. C qui dispose que les délais de l'appel sont suspendus par la mort de la partie condamnée, et qu'ils ne reprendront leurs cours qu'après la signification du jugement faite au domicile du défunt. . . . . et *à compter de l'expiration des délais pour faire inventaire et délibérer;*

Et encore de l'article 397 qui suspend le cours de la péremption ordinaire pendant six mois, lorsqu'il y a lieu à demande en reprise d'instance, c'est-à-dire au cas de décès de l'une ou de l'autre des parties.

674.

ART. 675.

N*

Le procès-verbal de saisie (*A*) contiendra, outre les formalités communes à tous les exploits (*B*), l'énonciation du jugement ou du titre exécutoire, le transport de l'huissier sur les biens saisis, la désignation de l'extérieur des objets saisis, si c'est une maison (*C*), et énoncera l'arrondissement (*D*) la commune et la rue où elle est située (*E*), et les tenans et aboutissans ; si ce sont des biens ruraux, la désignation des bâtimens (*F*) s'il y en a, la nature et la contenance au moins approximative (*G*) de chaque pièce ; deux au moins de ses tenans et aboutissans, le nom du fermier ou colon s'il y en a ; l'arrondissement (*H*) et la commune où elle est située.

675.

Quelque soit la nature du bien , le procès-verbal contiendra en outre l'extrait de la matrice de rôle de contribution foncière pour tous les articles saisis (*J*), l'indication du Tribunal où la saisie sera portée , et constitution d'avoué chez lequel le domicile du saisissant sera élu de droit.

N *

ART. 676.

676.

Copie entière du procès - verbal de saisie sera , avant l'enregistrement (*K*), laissée aux greffiers des juges-de-paix et aux maires ou adjoints des communes de la situation de l'immeuble saisi , si c'est une maison ; si ce sont des biens ruraux , à ceux de la situation des bâtimens s'il y en a , et s'il n'y en a pas , à ceux de la situation de la partie des biens à laquelle la matrice du rôle de la contribution foncière attribue le plus de revenus : les maires ou adjoints et greffiers viseront l'original du procès - verbal ,

lequel fera mention des copies qui auront
été laissées [L]. | 676.

Nota. Les deux articles ci-dessus, renfermant toutes les formalités du procès-verbal de saisie-immobilière, nous les avons réunis par une accolade, pour que l'on puisse de suite fixer son attention sur toutes ces formalités, et ne pas se distraire par des notes dont la lecture doit suivre celle de la loi et non l'interrompre.

(*A*) 1. La saisie apposée sur les biens d'un particulier *non commerçant*, ne suffit pas pour rendre sans effet toute inscription hypothécaire prise depuis la saisie. il est en déconfiture et non en état de faillite ; les articles 442 et 443 du Code de commerce, ne lui sont pas applicables.

Cour de cassation , arrêt du 11 floréal an 11. (*S. 3*, 2, 312.)

2. Les affiches, sous l'empire de la loi de brumaire an 7, et aujourd'hui la saisie qui en tient lieu , en un mot la mise de l'immeuble sous la main de justice , et les poursuites ultérieures d'expropriation , font dormir la prescription de dix ans, établie en matière d'inscription hypothécaire.

Cour de cassation , arrêt du 5 avril 1808. (*S. 8, 1*, 216.)

(*B*) 1. De ce que l'article 675, C. P. C. dit que le procès-verbal de saisie contiendra les formalités communes à tous les exploits, il n'en faut pas conclure que ce procès-verbal doive, comme un exploit d'ajournement, contenir assignation au saisi, pour comparaître devant le Tribunal.

Cour de Bordeaux, arrêt du 25 fév. 1809. (*S. 15, 2, 181.*)

676. 2. Un procès-verbal de saisie n'est pas nul parce que le saisissant n'y serait pas indiqué par ses *prénoms*; il suffit de son nom propre.

Cour de Paris, arrêt du 20 août 1814. (*S*. 16, 2, 214.)

3. L'indication de la profession du saisissant, quoi que généralement nécessaire et prescrite à peine de nullité, n'est cependant pas d'une indispensable nécessité si, dans le procès-verbal de saisie, il a été désigné de la même manière que dans tous les actes de la procédure faite pour parvenir aux jugemens dont la saisie a été l'exécution, et si dès-lors le saisi a eu la connaissance la plus précise de celui à la requête duquel cette saisie était faite.

Cour de cassation, arrêt du 19 août 1814. (*S*. 15, 1, 43.)

Nota. On sent facilement qu'un tel arrêt loin d'autoriser la violation de la loi, invite à s'y conformer exactement. Tout saisissant qui s'en serait écarté comme dans l'espèce ne pourrait se flatter d'une pareille indulgence.

4. L'article 47 du tarif allouant à l'huissier un salaire fixe par chaque vacation de trois heures, il est nécessaire que cet huissier indique l'heure à laquelle il a commencé la saisie, et celle à laquelle il l'a finie; dans le cas où elle durerait plusieurs jours, il doit, à chaque séance faire les mêmes indications.

(*C*) 1. La saisie d'une manufacture avec ses *circonstances* et *dépendances*, s'étend au mobilier immobilisé par destination (C. C. art. 524.) mais non aux meubles proprement dits.

Cour de cassation, arrêt du 10 janv. 1814. (*S*. 14, 1, 64.)

Les ustensiles d'une manufacture, scellés à fer et

plâtre, sont réputés immeubles, et peuvent être saisis **676.**
et vendus en même tems que les bâtimens.

Cour de Paris, arrêt du 1ᵉʳ. floréal an 10. (*S.* 2, 2, 310.)

3. L'asyle de tout citoyen étant inviolable, nul n'a droit d'y pénétrer que dans les cas et avec les précautions voulues par la loi. Le législateur n'a pas jugé convenable d'autoriser l'huissier à s'introduire dans le domicile du débiteur, pour y décrire les chambres, cabinets et appartemens dont la maison se compose ; il a pensé qu'il suffisait d'une *désignation* exacte de l'extérieur. Cette désignation nous paraît devoir indiquer, 1°. l'espèce des matériaux qui composent les murs, comme pierre de taille, brique, moellon, bois, chaux et sable, ou pizay ; 2°. la longueur du bâtiment ; 3°. sa largeur ; 4°. le nombre d'étages dont il se compose ; 5°. le nombre des portes et croisées de chaque étage ; 6°. la coupe du grenier s'il est en mansarde ; 7°. enfin le genre de couverture, tel qu'en ardoise, tuiles plattes ou creuses, paille, jonc, etc.

L'omission de l'une ou même de quelques unes de ces désignations, pourrait bien ne pas entraîner la nullité de la saisie, si le Tribunal pensait que celles énoncées au procès-verbal sont suffisantes, pour que personne n'ait pû se méprendre sur la maison mise en vente. La loi s'étant bornée à exiger la *désignation* de l'extérieur des maisons saisies, et n'ayant pas précisé en quoi consiste cette désignation, c'est au juge à décider si le procès-verbal de saisie a suffisamment rempli le vœu de la loi ; mais il est toujours prudent de donner toutes les indications que nous venons de rappeler.

Nous lisons dans un arrêt de la Cour de Besançon,

676. du 17 décembre 1808. (*S.* 15, 2, 180.) qui annulle une saisie à défaut de désignation suffisante , les motifs ci-après :

« Considérant que le procès-verbal de saisie est nul
« en ce qu'il ne désigne pas l'extérieur de la maison
« saisie, qu'il devait indiquer la quantité d'étages et de
« fenêtres que cette maison a sur la rue , la manière
« dont elle est couverte, et autres circonstances sem-
« blables; que le nombre de chambres , de caves et
« d'écuries , dont la maison est composée, regarde *l'in-*
« *térieur*, mais ne désigne *l'extérieur* en aucune
» manière. »

Du reste c'est par un zèle ou une crainte mal-entendus que certains saisissans décrivent minutieusement tout ce qui compose l'intérieur, la loi ne le prescrivant pas, c'est une superfluité qui ne peut suppléer la désignation de l'extérieur, seule requise par la loi, ainsi que l'a jugé la Cour de Besançon par son arrêt précité. Rester en deçà, ou bien aller au-delà de ce que prescrit la loi, ce sont deux excès ; la juste limite est celle qu'elle a posée.

(*D*) 1. Le procès-verbal de saisie-immobilière est nul s'il ne désigne pas l'arrondissement communal dans lequel l'immeuble saisi se trouve situé, encore qu'il énonce la commune qui est le chef-lieu de cet arrondissement.

Cour d'Aix, arrêt du 25 février 1808. (*S.* 8, 2, 279.)

2. La saisie-immobilière est nulle, lorsque le procès-verbal ne désigne qu'une seule commune comme lieu de la situation des biens saisis, tandis que ces biens sont situés dans deux communes.

La saisie est encore nulle en ce qu'il n'y a été inséré que l'extrait de la matrice de rôle d'une seule commune,

et

et non des deux communes dans lesquelles les biens saisis sont situés. En ce cas, la saisie n'est pas valable en partie, et nulle en partie ; elle est nulle pour le tout.

676.

Cour de Bordeaux, arrêt du 1er. mai 1816. (*S.* 17, 2, 71.)

V. au présent art. *J*, 4.

3. La mention, dans le procès-verbal de saisie-immobilière, de l'arrondissement où les biens saisis sont situés, doit être formelle ; elle ne peut-être suppléée par aucune argumentation tirée des énonciations que l'acte renferme.

Cour de Trèves, arrêt des 7 et 12 avril 1809. (*S.* 14, 2, 270.)

(*E*) 1. Le procès-verbal de saisie d'une maison, qui n'énonce pas 1°. le véritable nom de la rue où elle est située ; 2°. ses quatre tenans et aboutissans, (*N*ª. ils doivent être désignés tous les quatre ; ce n'est que pour les biens ruraux que l'on peut se borner à n'en indiquer que deux.) 3°. Et la désignation exacte de son *extérieur*, est nul sous ce triple rapport ; c'est en vain qu'il offre des détails sur l'intérieur de la maison.

Cour de Besançon, arrêt (déjà cité) du 17 décembre 1808. (*S.* 15, 2, 180.)

2. La désignation de tous les tenans et aboutissans des biens saisis, lors même qu'il s'agit de maisons, n'est pas indispensable pour la validité du procès-verbal de saisie ; il suffit que les biens saisis soient désignés de manière à être reconnus.

Cour de Paris, arrêt du 20 août 1814. (*S.* 16, 2, 214.)

Nota. Un tel arrêt ne saurait faire jurisprudence, puisqu'il s'écarte du texte de la loi.

V. au présent article lettre *C*, N°. 3.

Z

676.   *F.* La désignation du principal corps de logis , comprend tacitement un petit bâtiment qui en est une dépendance · elle comprend aussi tous droits accessoires et essentiellement inhérens à la propriété, pour l'utilité de laquelle ils existent , tels qu'un droit d'usage , un droit de prise d'eau dans un canal, à l'effet de faire mouvoir une mécanique ou un moulin , etc.

Ainsi un procès-verbal de saisie n'est pas nul , parce qu'il ne contient pas la désignation de ces accessoires.

Cour de Nismes , arrêt du 22 juin 1808. (*S.* 15, 2, 182.)

Nota. On conviendra néanmoins qu'il eut été bien plus régulier de saisir nominativement le petit bâtiment et d'énoncer les droits accessoires dont on voulait provoquer la vente, en même-tems que celle de l'objet principal.

(*G*) Il n'y a pas nullité pour fausse indication de la contenance réelle des biens saisis , si d'ailleurs cette contenance est indiquée conformément à la matrice du rôle de la contribution foncière. En tout cas, le saisi est non-recevable à se plaindre d'une indication inexacte, à laquelle il a donné lieu lui-même, en négligeant de faire inscrire sur le rôle, de nouvelles acquisitions qui ont augmenté l'étendue du domaine saisi.

Cour d'Agen, arrêt du 12 mars 1810. (*S.* 14, 2, 214.)

Nota. Il y avait cette circonstance que depuis la confection de la matrice du rôle , le saisi avait acquis un héritage qu'il avait réuni au premier , et qu'ayant négligé de faire faire la mutation , il n'était compris à la matrice que pour le premier héritage ; son vendeur avait continué d'y être porté , pour l'héritage vendu ;

et cependant l'huissier avait saisi les deux héritages 676.
réunis, et ne leur avait donné que la contenue du
premier.

Il nous paraîtrait que tout en maintenant la saisie,
quant au premier héritage, il eut été convenable de
déclarer que le deuxième héritage n'y était pas valablement compris, 1°. parce qu'il y avait évidemment
fausse contenue ; 2°. et surtout parce que la saisie ne
contenait pas l'extrait de la matrice du rôle de la contribution foncière, quant à l'objet acquis.

Sur le premier moyen, la Cour d'Agen a dit : *« qu'un*
huissier n'a pas le compas dans l'œil; expression
triviale, dont le sens est en opposition avec le texte de
la loi, qui veut que l'huissier désigne la contenance au
moins approximative de chaque pièce de terre. S'il n'a
pas les connaissances nécessaires, il doit se faire assister
de quelqu'un qui les ait; dans tous les cas, le vœu de
la loi doit être rempli.

Sur le deuxième moyen, la Cour ne l'a pas même
prévu, et dès-lors ne s'en est pas expliqué.

La fin de non-recevoir tirée de ce que le saisi n'a pas
fait faire la mutation nécessaire sur la matrice du rôle,
nous paraît sans force. Aucune loi ne contraignant le
saisi à faire faire cette mutation, il ne saurait être
passible d'aucune peine, d'aucune privation de ses
droits, pour ne l'avoir pas fait ; or, la défense étant
de droit naturel, et nul ne pouvant en être privé, le
saisi avait bien le droit de soutenir que la pièce de
terre par lui acquise n'était ni suffisamment, ni même
effectivement comprise dans la saisie.

676. L'arrêt termine par dire que le saisi est *un débiteur de mauvaise foi*. Ce moyen nous donne le véritable motif de l'arrêt, lors duquel il nous paraît hors de doute que la Cour s'est écartée des vrais principes.

(*H*) Voyez ci-dessus au présent article *D* 1 et 2.

(*J.*) 1. La loi du 11 brumaire an 7, voulait que l'affiche contînt « l'évaluation des revenus de la matrice » du rôle de la contribution foncière. »

Sous l'empire de cette loi, la Cour de cassation a jugé qu'il n'était pas nécessaire que l'évaluation du revenu des biens fut faite sur un relevé immédiat de la matrice du rôle des contributions, et que cette évaluation pouvait avoir lieu sur les rôles eux-mêmes, si le débiteur n'en contestait pas l'exactitude.

Arrêt du 7 octobre 1807. (*S.* 8, 1, 81.)

Mais le Code de procédure veut que le procès-verbal de saisie contienne « l'extrait de la matrice de rôle de « contribution foncière pour tous les articles saisis. »

Par arrêt du 9 mai 1808 (*S.* 8, 2, 219) la Cour de Rouen a jugé qu'un procès-verbal de saisie était nul, comme ne contenant pas *l'extrait* de la matrice du rôle de la contribution foncière, mais une simple *énonciation* de cette matrice.

Attendu, porte l'arrêt, « que la loi exige positivement « que le procès-verbal contienne l'extrait de la matrice « du rôle, etc. et non une simple énonciation. »

Il est vrai qu'un arrêt de la Cour de Nismes, du 22 juin 1808 (*S.* 14, 2, 250) a jugé qu'un procès-verbal de saisie-immobilière n'est pas nul par cela seul qu'il ne contient que *l'énonciation* et non *l'extrait* de la matrice du rôle ; mais la Cour a considéré que la saisie contenait

« le rapport circonstancié de la matrice du rôle de la
« contribution foncière pour les trois immeubles saisis,
« ce qui suffisait pour l'accomplissement du vœu de
« l'article 675, C. P. C. »

676.

De même un arrêt de la Cour de Turin, du 6
décembre 1809 (*S.* 10, 2, 240) a jugé que « l'extrait
« de la matrice du rôle de la contribution foncière que
« *doit* contenir le procès-verbal de saisie, peut être
« remplacé par une simple mention de cette contribution »
mais cet arrêt fut rendu dans une circonstance toute
particulière ; le considérant porte :

« Attendu que les énonciations consignées au procès-
« verbal de saisie, *sont les seules possibles* en l'état de
« choses, et eû égard aux circonstances locales, et rem-
« placent suffisamment, dans le vœu de la loi, l'insertion
« matérielle de l'extrait de la matrice des rôles *dans le*
« *pays où il n'y en a pas.*)

De semblables exceptions confirment la règle, plutôt
qu'elles ne l'affaiblissent ; ainsi il faut tenir pour constant
que c'est l'extrait de la matrice du rôle que doit contenir
la saisie, et non une simple mention de cet extrait.

2. Par arrêt du 18 mars 1808 (*S.* 15, 2, 178) la Cour
de Besançon a maintenu un procès-verbal de saisie comme
ayant suffisamment rempli le vœu de la loi « en faisant
« *mention à la fin de chaque article* des héritages
« compris dans la saisie, *de la somme* à laquelle ils
« étaient évalués dans la matrice du rôle, vu qu'il
« n'était pas nécessaire de transcrire un extrait en forme
« de cette matrice. »

Nota. Cet arrêt tient un peu de l'indulgence.

676. La loi veut que le procès-verbal de saisie contienne *l'extrait de la matrice du rôle de la contribution foncière* ; on ne peut, sous aucun prétexte, se dispenser de remplir une disposition aussi formelle.

3. Il n'y a pas nullité par cela seul que l'extrait de la matrice du rôle désigne *en masse* et sans *détail* le revenu des biens saisis.

« Attendu que la loi prescrit seulement que la saisie « contienne l'extrait de la matrice du rôle de la contri- « bution foncière, pour *tous* les articles saisis, et non « pour *chacun* d'eux séparément.

Cour de Riom, arrêt du 12 mai 1808. (*S.* 15, 2, 180.)

Nota. Il nous semble que c'est là torturer la loi, et lui faire signifier le contraire de ce qu'elle a dit.

Elle veut que le procès-verbal contienne l'extrait de la matrice du rôle de la contribution foncière *pour tous les articles saisis*, c'est-à-dire qu'il n'y ait point d'omission, et que tous les articles soient fidélement énoncés. Il faut donc que chacun des objets saisis soit rappelé, et que son revenu soit fixé comme à la matrice du rôle, ou plutôt qu'un *extrait* ou copie relevée sur la matrice, soit inséré au procès-verbal. Nous pensons que c'est là le texte et le véritable esprit de la loi.

4. Si les biens saisis sont situés dans plusieurs communes, il ne suffit pas d'insérer extrait de la matrice du rôle d'une commune ; il faut que la saisie contienne les extraits de matrices des diverses communes dans lesquelles les biens saisis sont situés.

Cour de Bordeaux, arrêt du premier mai 1816. (*S.* 17, 2, 71.)

V. au présent art. *D.* 2.

5. Il ne peut résulter un moyen de nullité de ce que
la date des extraits de la matrice du rôle, produits à
l'appui du procès-verbal de saisie, est postérieure à celle
de ce procès-verbal.

Cour de Rennes, arrêt du 4 avril 1810. (*S. 15, 2, 10.*)

6. Par arrêt du 6 frimaire an 13, (*S.* 5 , 2 , 54.) la
Cour de cassation a rejetté le pourvoi contre un arrêt
de la Cour d'Agen, qui avait validé l'adjudication de
certains immeubles , encore que dans l'affiche on n'eut
pas indiqué *l'année* dont les rôles avaient servi à l'évaluation du revenu.

On remarque que cet arrêt a été rendu sous l'empire
de la loi du 11 brumaire an 7.

Cette loi exigeait seulement que l'affiche contint
l'évaluation des revenus dans la matrice du rôle ,
c'est-à-dire une simple *mention* de l'évaluation du
revenu , et non un *extrait* ou *copie exacte.*

Le motif de cet arrêt est que « la loi n'exige pas que dans
« l'affiche on exprime par quelle année on a fixé le revenu
« net dans la matrice du rôle. » Il est à croire que dans
l'espèce, le saisi ne prétendait pas que la matrice eut
été renouvelée, que la nouvelle matrice eut porté son
revenu à un taux plus élevé , et qu'il y eut eû impru-
dence ou même malice de la part du saisissant, à ne
mentionner que l'évaluation du revenu de l'ancienne
matrice, pour faire adjuger à vil prix les biens saisis.

Voyez ci-dessus lettre *J* ; la 1re. citation du No. 1er.

Mais sous l'empire du Code de P. C. qui exige que
la saisie contienne *l'extrait* (et non mention) de la
matrice du rôle , il est hors de doute que cet extrait
doit être celui de la matrice actuelle , c'est-à-dire de

676. celle qui a servi à la confection des derniers rôles, parce qu'elle est la seule qui doive être regardée comme réellement existante, les anciennes matrices ne pouvant plus être considérées que comme simples renseignemens.

Ce principe vrai à l'égard du saisi, l'est aussi à l'égard des tiers.

Voici comme s'expliquait, sur ce point important, M. le conseiller d'état, dans son exposé des motifs de cette partie du Code de procédure (11 avril 1806.)

« Aux moyens exigés jusqu'à ce jour pour procurer une « désignation précise des objets saisis, nous avons cru « devoir ajouter que le procès-verbal de saisie contiendra « *l'extrait de la matrice de rôle de la contribution* « *foncière, pour tous les objets saisis.* Cette dispo- « sition donne aux propriétaires une sécurité qu'aucune « loi ne leur avait encore pu procurer ; elle remplace « pour eux, avec beaucoup d'avantage, même le bail « judiciaire, et la publicité que donnait l'expropriation « qui en était le résultat.

« Dans notre système...... le propriétaire n'a pas « besoin d'être troublé, n'a pas même besoin d'être « averti, il suffit, pour sa *parfaite sécurité, qu'il* « *fasse porter son nom sur le rôle des contributions;* « et par cette précaution bien simple. qu'on ne peut « l'empêcher de prendre, il se met lui-même hors « d'atteinte de tout trouble, de toute perte, de toute « surprise. »

De ces observations il faut conclure que c'est bien de la dernière matrice de rôle que la loi veut parler, de celle qui a servi à la confection des derniers rôles ; qu'il n'est pas permis de se servir d'une ancienne

matrice réformée par une plus récente, et notamment **676.**
que s'il y avait une différence importante entre l'ancienne
annulée de fait, et la nouvelle qui seule est en vigueur,
le créancier serait inexcusable d'avoir inséré dans l'exploit
de saisie, extrait de cette ancienne matrice, et qu'il
n'aurait pas véritablement rempli le vœu de la loi.

(*K*) La délivrance des copies du procès-verbal de
saisie, et les visas prescrits par cet article, peuvent
avoir lieu le lendemain du procès-verbal (il n'est pas
nécessaire qu'ils aient lieu le jour même) pourvu toutefois que ce soit *avant l'enregistrement* de la saisie.

Cour de Rouen, arrêt du 19 mars 1815. (*S.* 15, 2, 224.)

Il est ainsi motivé :

« Attendu qu'il a été procédé à la délivrance des
« copies du procès-verbal de saisie, et à l'apposition des
« visas le lendemain, et par suite du même procès-verbal
« de saisie et avant l'enregistrement, conformément à
« l'article 676 du Code de P. C. *et que l'acte qui le*
« *constate, ne fait qu'un seul et même acte avec*
« *ledit procès-verbal.* »

(*L*) 1. Lorsque l'immeuble saisi est situé dans une
ville divisée en plusieurs justices de paix, il n'est pas
nécessaire que copies du procès-verbal de saisie soient
laissées à chacun des greffiers, et que l'original soit visé
par chacun d'eux ; il suffit que ces formalités soient
remplies à l'égard du greffier de la justice de paix dans
le ressort de laquelle l'immeuble est situé.

Il en est de même des maires ou adjoints, si la ville
est divisée en plusieurs mairies ou arrondissemens.

Cour de Bruxelles, arrêt du 13 juin 1809. (*S.* 10,
2, 562.)

676. 2. Sur la formalité du visa par les maires ou adjoints, voyez 1º. à l'art. 673, la note (*J*) Nº. 2 ; 2º. et à l'art 681, la note (*D*) Nº. 2, et principalement cette dernière note.

3. Le greffier de la justice de paix du lieu de la situation de l'immeuble saisi, ne peut viser le procès-verbal de saisie et en recevoir copie, s'il est parent du saisissant à un degré qui le rende suspect. Nul, a dit la Cour, ne peut-être *auctor in rem suam*. Il fallait faire nommer, par le juge de paix, un commis - greffier *ad hoc*.

Nota. Le greffier *était beau-fils du saisissant.*

Cour de Besançon, arrêt du 18 juillet 1811. (*S.* 15, 2, 181.)

4. Par arrêt du 9 juillet 1811 (*S.* 15, 2, 183.) la Cour de Bruxelles a annullé un procès-verbal de saisie, par lequel l'huissier avait dit à la clôture : « et *seront* « laissées, par moi huissier, copies du présent procès- « verbal, tant au greffier . . . . qu'au maire . . . . lesquels « viseront l'original. »

De fait, le greffier et le maire l'avaient visé, et avaient fait mention des copies à eux laissées.

Cette Cour a pensé que c'est l'huissier exploitant qui doit faire mention de l'observation de ces formalités, et qu'il doit déclarer les avoir *remplies*, et non se borner à dire qu'il les *remplira*.

Mais la Cour de cassation a, par arrêt du 12 janvier 1815 (*S.* 15, 1, 175.) décidé au contraire qu'une saisie n'est pas nulle parce que l'huissier, au lieu d'exprimer que copies du procès-verbal ont été laissées au maire et au greffier du juge de paix, a dit seulement qu'il leur

laissera copies , si d'ailleurs il est constant que les 676.
copies ont été remises , et les visas obtenus avant l'enregistrement.

Nota. La loi porte : « l'original (du procès-verbal de
« saisie) fera mention des copies qui auront été laissées. »

Il est dès-lors plus régulier et plus conforme à la loi ,
que l'huissier certifie avoir rempli ces formalités , sans
se borner à dire qu'il les remplira.

Sur la formalité du visa , voyez art. 673 , J. 2 ; et art.
681 , D. 2.

ART. 677.

N*

La saisie - immobilière sera transcrite dans un registre à ce destiné [A], au bureau des hypothèques de la situation des biens , pour la partie des objets saisis, qui se trouve dans l'arrondisse- ment. [B]

3e. Acte.
Trans-
cription
de la
saisie au
bureau
des hypo-
thèques.

677.

A. Dans quel délai cette transcription doit elle avoir
lieu ? c'est ce que la loi ne dit pas ; voila encore une
des nombreuses lacunes qui démontrent son imperfection.

La loi du 11 brumaire an 7 voulait également que les
procès-verbaux d'apposition de l'affiche, qui tenaient lieu
de saisie , fussent transcrits au bureau des hypothèques,
sans indiquer de délai précis pour cette transcription;
mais l'affiche et les procès - verbaux d'apposition ,
devaient être notifiés tant au saisi qu'aux créanciers ,
cette notification devait avoir lieu cinq jours au plus
tard , à compter de la date du dernier procès-verbal;

677. enfin, il ne pouvait y avoir plus d'un mois entre cette notification et le jour indiqué pour l'adjudication ; et comme la transcription devait nécessairement avoir lieu avant l'adjudication, il s'en suivait que le saisissant devait y faire procéder dans le délai d'un mois, environ.

Le Code de procédure civile ayant adopté des formes différentes, et exigé un procès-verbal de saisie sujet à la transcription, indépendamment des procès-verbaux de notification, le législateur, qui sans doute avait sous les yeux la loi de brumaire an 7, ne s'est pas aperçu que ce changement, apporté aux actes de poursuite, lui faisait un devoir de fixer le délai dans lequel la saisie serait transcrite.

Du reste la loi étant muette à cet égard, et les Tribunaux ne pouvant pas fixer arbitrairement un délai quand le Code n'en détermine pas, il s'en suit que la transcription peut toujours avoir lieu, tant que le procès-verbal de saisie n'est pas anéanti par la péremption; c'est l'avis de M. Tarrible.

Nota. On a vu que cette péremption s'opère par le laps de trois mois.

V. art. 674 *B.*

(*B*) 1. Si les immeubles saisis sont situés dans plusieurs arrondissemens, la saisie doit être transcrite dans les différens bureaux d'hypothèques, pour la partie des objets saisis qui se trouve dans l'arrondissement de chaque bureau.

2. Le receveur de l'enregistrement peut enregistrer et transcrire lui-même une saisie faite à sa requête, ainsi que les actes ultérieurs : aucune loi ne le défend.

Cour de Riom, arrêt du 12 mai 1808. (*S.* 15, 2, 1807)

3. Les anciennes saisies-réelles commencées avant la loi du 11 brumaire an 7, ont dû être reprises dans le délai de six mois, pardevant les Tribunaux de la situation des biens; à défaut de reprise dans les six mois, les biens qui sont restés dans les mains du domaine sans être réclamés ni par les saisis, ni par les saisissans, doivent être vendus en justice avec les formalités prescrites pour la vente des immeubles dépendans des successions bénéficiaires ou vacantes, et le prix de la vente reste déposé à la caisse des consignations. — 677.

Décret du 11 janvier 1807. (*B*, 345.)

Nota. Nous avons cru inutile d'insérer ici ce décret en entier, vu que les opérations qu'il prescrit doivent depuis long-tems être déterminées.

ART. 678.

Si le conservateur ne peut procéder à la transcription de la saisie, à l'instant où elle lui est présentée, il fera mention sur l'original, qui lui sera laissé, des heure, jour, mois et an auxquels il lui aura été remis; et, en cas de concurrence, le premier présenté sera transcrit. — 678.

ART. 679.

S'il y a eu précédente saisie, le conservateur constatera son refus en marge — 679.

679. de la seconde ; il énoncera la date de la précédente saisie, les noms, demeures et professions du saisissant et du saisi, l'indication du Tribunal où la saisie est portée, le nom de l'avoué du saisissant, et la date de la transcription.

N *

4ᵉ. Acte.
Trans-
cription
de la
saisie au
greffe du
Tribunal.

680.

ART. 680.

La saisie-immobilière sera en outre transcrite au greffe du Tribunal où doit se faire la vente [*A*], et ce dans la quinzaine du jour de la transcription au bureau des hypothèques, outre un jour pour trois myriamètres de distance entre le lieu de la situation des biens et le Tribunal. [*B*]

(*A*) 1. Le Tribunal de la situation des biens saisis.

Voyez ci-dessus art. 2210. du C. C.; et art. 673, C. P. C. note (*G.*)

2. L'article 472 du Code de procédure civile, dispose en général que si le jugement, dont est appel, est infirmé, l'exécution appartiendra à la Cour d'appel qui aura prononcé, ou à un autre Tribunal qu'elle aura indiqué.

Mais cet article ajoute, sauf les cas.... *d'expropriation forcée...* et autres dans lesquels la loi attribue

juridiction. Il suit delà que dans tous les cas la 680.
procédure se poursuit, et l'adjudication a lieu devant
le Tribunal de la situation des biens.

(*B*) Par arrêt du 12 mai 1808 (*S.* 15, 2, 180.) la
Cour de Riom a jugé que la transcription de la saisie
a pu être valablement faite au greffe un jour de dimanche.

« Attendu que l'article 1037 du Code de procédure
« civile, *qui est le seul qu'on puisse invoquer en*
« *pareille circonstance*, parle simplement des signi-
« fications et exécutions ; qu'une transcription ne peut
« être rangée dans cette classe ; qu'au surplus cet article
« ne prononçant pas dans ce cas la nullité, il n'appartient
« pas au juge de la prononcer lui-même, d'après la
« prohibition faite par l'article 1030 du même Code ;
» qu'ainsi la transcription est régulière. »

Un tel arrêt et de semblables motifs nous paraissent
bien plus faits pour induire en erreur, que pour pro-
pager les véritables principes.

1°. Il n'est pas exact de dire que l'article 1037 du C.
P. C. fut le seul article de loi que l'on put invoquer,
pour établir l'irrégularité de la transcription faite un jour
de dimanche. Il fallait se reporter aux articles 1er. et 2
de la loi du 17 thermidor an 6 ; à l'art. 2 de l'arrêté du
gouvernement, du 7 thermidor an 8 ; au concordat
qui a rétabli les dimanches et certaines fêtes conservées ;
et au décret du 18 germinal an 10, organique du concordat, portant art. 57 : « le repos des fonctionnaires
« publics est fixé au dimanche. »

Consultons d'ailleurs le Code de procédure, il porte,
art. 781, « que le débiteur ne pourra être arrêté *les jours*

680. « *de fête légale* ; » il dit encore à l'art. 1037 « qu'aucune
« signification , etc. ne pourra être faite *les jours de fête*
« *légale.* « Il reconnaît donc , ou plutôt il proclame
l'existence de ces *fêtes légales* que les lois précédentes
avaient déjà consacrées.

Du reste, d'après la loi formelle du 18 novembre
1814, sur la célébration des fêtes et dimanches, la
nécessité de leur stricte observation ne peut plus faire
la matière d'un doute.

2°. Le rétablissement légal des fêtes et dimanches a
imposé à tous les citoyens, et principalement aux Tribunaux le devoir de les observer.

3°. Leur inobservation entraîne la nullité radicale de
tous les actes et jugemens faits et rendus en contravention, car, *nullus major dèfectus , quam dèfectus
potestatis.*

La loi romaine disait, *lites et judices quiescant.*
C. *de feriis ;* et elle voulait que si le juge prononçait
un jour de fête , sa décision ne fut pas réputée jugement,
et que le condamné ne fut pas tenu d'y obéir.

Adoptant les mêmes principes, la Cour de cassation
a jugé , par arrêt du 10 janvier 1815, (*S.* 15, 1, 69.)
qu'un état de collocation réglé par le juge-commissaire,
un jour de dimanche, était nul ; (mais que la nullité
avait été couverte par les actes ultérieurs.) Elle a jugé
de même par arrêt du 13 juin 1815 (*S.* 15, 1, 375.)
» que lorsque les juges négligent l'observation des *féries*
« et vacations , ils prononcent irrégulièrement. »

C'est ici une nullité substantielle et radicale , qui vicie
l'acte dans son essence.

4°. La loi offrait un moyen de régulariser cette
transcription,

transcription ; il fallait, vu le péril en la demeure , 680.
obtenir la permission du juge. (C. P. C. Art. 1037.)

Cette permission n'ayant pas été obtenue, il nous paraît constant que la transcription avait été irrégulièrement faite un jour de dimanche, qui est un jour de *férie légale.*

ART. 681.

N *

La saisie - immobilière , enregistrée comme il est dit aux articles 677 et 680, sera dénoncée au saisi [*A*] dans la quinzaine du jour du dernier enregistrement, outre un jour pour trois myriamètres de distance entre le domicile du saisi et la situation des biens [B]. ELLE (lisez, *l'acte de dénonciation*) contiendra la date de la première publication [*C*]. L'original de cette dénonciation sera visé dans les vingt-quatre heures par le maire du domicile du saisi [*D*]. Et enregistré dans la huitaine, outre un jour pour trois myriamètres, au bureau de la conservation des hypothèques de la situation des biens [*E*] ; et mention en sera faite en marge de l'enregistrement de la saisie-réelle.

6e. Acte. Dénonciation au saisi du procès-verbal de saisie.

681.

7e. Acte. Transcription de l'acte de dénonciation au bureau des hypothèques.

8

681.

OBSERVATIONS.

Dans notre *discours préliminaire*, nous avons re-proché à la loi, notamment des *interpositions des cumulations*, et des *expressions* tout-à-fait *impropres*, elle offre ici la réunion de deux de ces vices.

1°. INTERPOSITION.

En suivant le législateur pas à pas, nous nous trouvons dans cette position où le commandement légal a été fait, la saisie a eu lieu, elle a été transcrite au bureau des hypothèques, elle l'a de même été au greffe du Tribunal où doit se faire la vente. Parvenus à ce point de la procédure, la loi dit au présent article 681, « que dans *la quinzaine* du jour de la dernière transcription, outre un jour par trois myriamètres de distance, etc. ; la saisie immobilière sera dénoncée au saisi.

On se persuade dès-lors qu'entre la transcription au greffe, et la dénonciation au saisi, aucune autre formalité ne doit avoir lieu ; cependant à l'article suivant (682) on lit que dans les *trois jours* du dernier enregistrement, le greffier du Tribunal sera tenu d'insérer au tableau placé dans l'auditoire, un extrait de ladite saisie contenant, etc.....

L'insertion de cet extrait, est donc le 5e. acte de la procédure, celui dont le législateur devait s'occuper, immédiatement après la double transcription prescrite par les articles 677 et 680. L'article 682 aurait donc dû précéder l'article 681.

Observons encore que l'exploit de dénonciation pres- 681.
crit par cet article 681, doit, suivant le même article, être
enregistré *dans la huitaine*, outre un jour par trois
myriamètres, au bureau des hypothèques de la situation
des biens. Cet enregistrement est un acte ou formalité qui
ne doit avoir lieu que bien long-tems après l'insertion
au tableau dans l'auditoire, prescrite par l'article 682.

Comment dès-lors cette formalité, qui n'est que la
7me., se trouve-t-elle prescrite par la loi, avant l'insertion au tableau dans l'auditoire, qui est la 5me.
formalité ?

2°. CUMULATIONS.

Le présent article n'offre pas d'imperfection de ce
genre, mais que l'on se reporte notamment à l'article
687, on y trouvera cumulées deux dispositions tellement
étrangères l'une à l'autre, que la première est le complément des formalités d'un acte déjà prescrit par l'art.
685, et la 2e. est relative aux formes d'un autre acte
que prescrit cet article. Que l'on consulte aussi l'article
684 relatif à l'original du placard, qu'il suppose sans
le prescrire formellement, et l'article 703, relatif à
l'adjudication préparatoire, qu'il suppose également,
et qu'il ne prescrit pas ; ces articles et plusieurs
autres *cumulent* les actes, que d'autre *divisent* sans
motifs.

La seule apposition de placards, a donné lieu à quatre
articles, les 685, 686, 687 et moitié du 688. Cette
marche de la loi est inégale et bizarre ; elle fatigue
l'attention qu'elle aurait dû au contraire soulager par
une disposition méthodique et régulière.

681.

3°. EXPRESSIONS IMPROPRES.

Le législateur avait dit aux art. 677 et 680 que la saisie serait *transcrite* au bureau des hypothèques, et également qu'elle serait *transcrite* au greffe, pourquoi au présent article 681, parle - t - il du dernier *enregistrement* ? il aurait fallu dire , de la dernière *transcription*.

Après avoir parlé de la saisie-immobilière , le législateur dit *elle* contiendra la date de la 1ʳᵉ. publication. Dans le sens grammatical , ce mot *elle* , s'applique bien *à la saisie* , et cependant il faut l'appliquer à la dénonciation , expression qui n'est employée qu'après , et qui ne peut jamais réclamer un *pronom* qui la *précéde*.

Voyez ci-après, à la lettre (*C*).

Il dit que l'original de dénonciation doit être visé par le *maire* ; sans ajouter ou *l'adjoint* , comme il avait fait aux articles 673 et 676 , ce qui prouve incohérence dans les idées, ou négligence impardonnable dans le style.

Voyez ci-après, à la lettre (*D*).

Il dit que cet original de dénonciation sera *enregistré au bureau* des hypothèques de la situation des biens.

D'abord cet acte *s'enregistre* au bureau de l'enregistrement , et il se *transcrit* au bureau des hypothèques , ensuite l'article 676 , ayant dit que copies de la saisie seraient laissées aux greffiers des juges de paix et aux maires ou adjoints , ... *avant l'enregistrement* , et cette expression devant s'appliquer à la formalité ordinaire que reçoivent tous les exploits dans les bureaux de l'enregistrement ; pourquoi avoir employé ici le mot très-

impropre d'enregistrement , pour signifier la formalité 68I.
que l'acte reçoit au greffe et dans les bureaux d'hypothèques, laquelle se nomme *transcription* ? C'est employer la même expression pour signifier deux choses
différentes ; c'est embarrasser le lecteur , et créer des
difficultés , la où il était si simple de les éviter.

Enfin pourquoi ne parler que d'un bureau , lorsque
les biens saisis peuvent être situés dans le ressort de
plusieurs bureaux , ainsi qu'il a été prévu par l'article
677 ? et pourquoi dans ce cas, ne pas augmenter le délai
à raison du nombre des bureaux, dans lesquels la
transcription doit avoir lieu ?

Le législateur dit que mention (de cette transcription)
sera faite en marge de *l'enregistrement* de la saisie-
réelle. Pourquoi encore le mot *enregistrement* quand
il s'agit de *transcription*, et pourquoi cette expression
saisie-réelle, lorsqu'on ne veut plus de ce mot, qu'il
eut été si simple et si sage de conserver? ces inexactitudes
d'expressions ces cumulations et interventions de formes,
sont autant d'imperfections qui , jointes aux autres vices
de la loi , fatiguent et quelquefois rebutent l'officier
ministériel , chargé de la mettre à exécution.

Tout étant d'une extrême rigueur dans cette matière ,
on conviendra que le législateur aurait dû apporter une
attention plus scrupuleuse à la rédaction d'une loi tellement grâve , que l'orateur du gouvernement (M.
Treilhard) en présentant au corps - législatif la loi sur
les hypothèques , et parlant en même - tems de celle
relative à l'expropriation-forcée , disait : « l'hypothèque
« et l'expropriation forment le complément du Code ;
« ce sont les vrais garans de l'exécution de toute espèce

681. « de contrat, de toute transaction, de toute obligation,
« c'est *la clef de la voûte qui couronne cet immense*
« *édifice.* »

Combien il sentait dignement l'importance de cette loi,
et quelle influence elle devait avoir sur l'exécution de
tous les contrats !

(*A*) 1. L'acte de dénonciation de la saisie doit, à
peine de nullité, contenir copie littérale et textuelle du
procès-verbal de saisie ; il ne suffit pas d'un simple
extrait.

Cour de cassation, arrêt du 5 août 1812. (*S.* 13, 1, 88.)

2. On n'est pas tenu, par l'acte de dénonciation, de
réitérer la constitution d'avoué déjà portée au procès-
verbal de saisie.

Cour de Rennes, arrêt du 4 avril 1810. (*S.* 15, 2, 10.)

(*B*) La Cour de Paris a jugé, par arrêt du 27 août
1811, (*S.* 15, 2, 190.) que le délai de quinzaine, fixé
par le présent article pour la dénonciation, est susceptible
de l'application de la règle générale *dies termini, non
computantur in termino*, consacrée par l'article 1033.
C. P. C. Ainsi une saisie-immobilière, dont la dernière
transcription est sous la date du 19 novembre, aurait
été valablement dénoncée le 5 décembre suivant.

L'article 703 ci-après, dit que *huit jours au moins*
avant l'adjudication préparatoire, outre un jour par
trois myriamètres de distance, etc. ; de nouvelles annonces seront insérées au journal.....

La même Cour de Paris, a jugé, par arrêt du 6
juillet 1812, (*S.* 15, 2, 152.) que ce délai de huitaine
n'est pas susceptible de l'application de la règle générale
dies termini, etc. qu'au contraire le jour de l'insertion

au journal, compté pour le délai de huitaine, fixé par 681
le présent article, et qu'ainsi une annonce avait été
valablement faite le *vingt*, lorsque l'adjudication préparatoire devait avoir lieu le *vingt-huit*, c'est-à-dire
qu'il avait suffi de *six* jours francs, au lieu de *huit*,
entre l'annonce et l'adjudication; tandis que pour la
dénonciation, on peut dépasser la quinzaine, et se
retrancher dans la règle *dies termini*; c'est-à-dire
encore que cette règle est applicable ou inapplicable
suivant le besoin de la cause et le caprice du juge.

Une semblable jurisprudence nous paraît intolérable,
on ne doit pas torturer la loi pour la faire ployer à toutes
les circonstances; il faut au contraire l'exécuter littéralement, surtout quand elle parle un langage aussi clair
et aussi précis.

Il n'est pas question d'appliquer ici les dispositions de
l'article 1033 du C. P. C., qui ne s'occupe que du
délai accordé au *défendeur* pour se présenter sur une
demande, une citation, une sommation; ce délai n'a
rien de commun avec celui fixé au titre des saisies-
immobilières, pour les actes d'exécution du poursuivant.
Quand la loi dit quinzaine et huitaine, c'est une quinzaine ou une huitaine qu'il faut entendre, et non dix-
sept jours ou six jours. Ainsi la dernière transcription de
la saisie ayant eu lieu, par exemple, le 19 novembre,
ce jour ne compte pas, c'est donc le 4 décembre qui
est le dernier jour utile pour la dénonciation, puisqu'elle doit avoir lieu *dans la quinzaine*.

De même l'annonce exigée par l'article 703, devant
avoir lieu huit jours au moins *avant* l'adjudication; si
cette adjudication a lieu le 28 janvier, il faut que l'annonce

681. àit été faite au plus tard le 19, autrement elle n'aurait pas eu lieu *huit jours avant*. Dans aucuns cas on ne pourra dire raisonnablement que le vœu de la loi ait été rempli, lorsque l'insertion ayant été faite le 20, l'adjudication a lieu le 28.

L'article 730 dit de même que l'appel du jugement rendu sur une demande en distraction, sera interjetté.... dans la quinzaine du jour de la signification..... outre un jour par trois myriamètres..... etc.

La Cour de Besançon a jugé, par arrêt du 27 décembre 1807, (*S.* 15, 2, 19...) que ce délai était fixe, et non susceptible de l'application de la règle *dies termini*, etc. consacrée par l'article 1033.

Un jugement sur demande en distraction, avait été signifié le 19 novembre; l'appel était du 5 décembre, ainsi quinze jours francs s'étaient écoulés; l'appel a été déclaré non-recevable.

Les motifs de l'arrêt sont: « que l'article 730 du Code « P. C. contient une disposition particulière pour les « saisies-immobilières, que c'est à cette disposition qu'il « faut se conformer, et non à l'art. 1033 qui est inap- « plicable dans la circonstance; que la quinzaine fixée « par la loi, étant de *jours certains*, n'est pas franche, « d'où il suit que le délai était échu le 4 décembre, qui « est le quinzième jour après celui de la signification « du jugement, et par suite que l'appel émis le 5 dé- « cembre était tardif et nul. »

Cet arrêt, plein de sagesse, explique la loi avec une clarté qui ne laisse rien à désirer, et fait de plus en plus ressortir le mal jugé aux deux arrêts de la Cour de Paris, que nous avons précédemment cités.

Enfin l'article 734 veut que l'appel du jugement qui a 681,
statué sur les nullités proposées, etc. ne soit pas reçu,
s'il n'a été interjetté avec intimation dans la quinzaine
de la signification du jugement à avoué.

Par arrêt du 8 août 1809 (S. 9, 1, 406.) la Cour de
cassation a jugé de même qu'il n'y avait pas lieu d'appliquer l'article 1033. M. Thuriot S. P. G., disait que
ce dernier article ne devait s'entendre que des délais
accordés aux parties citées ou assignées pour leur comparution personnelle ; et en adoptant cette opinion, la
Cour a motivé son arrêt sur ce que l'article 1033 n'impose
la nécessité d'une addition de délai, proportionnel aux
distances, que *dans le cas des comparutions sur les
ajournemens* et autres actes de cette nature.

La Cour d'Orléans, par son arrêt du 2 février 1809,
(S. 9, 1, 406.) contre lequel il y avait pourvoi rejeté
par celui de cassation précité, avait jugé de même,

« 'Que le titre 13 du Code de P. C., est entièrement
« et exclusivement consacré à régler la procédure des
« incidens sur la poursuite de saisie-immobilière ; et que
« l'article 1033 du même Code, statuant sur *des points
« généraux*, est sans application au cas *spécialement*
« réglé par l'article 734. »

Il faut donc tenir pour constant que le délai de quinzaine, fixé par le présent article, pour la dénonciation
au saisi, est un délai de rigueur, et non susceptible
d'extension. Au surplus voyez à l'article 703 la note (*A*);
à l'art. 710, la note (*B*) N°. 1er.; à l'art. 711 ; la note (*A*)
et à l'art. 723, la note (*A*), N°. 6.

(*C*) Le législateur s'est expliqué d'une manière extrêmement vicieuse, en disant, *elle* contiendra, etc.

581. Ce pronom *elle*, dans le sens grammatical de la phrase, s'applique au mot saisie - immobilière qui précède, et non au mot dénonciation qui se trouve plus bas.

M. Pigeau, l'un des rédacteurs du Code de P. C., dit dans son traité de la procédure, tom. 2, pag. 210, que c'est la dénonciation (et non la saisie) qui doit contenir la date de la première publication. Aussi dans le modèle de saisie qu'il donne (page 206) ne fait - il aucune mention de la date de la première publication, tandis qu'il a soin de l'insérer dans le modèle de dénonciation. (pag. 210.) Du reste, malgré l'avis de quelques commentateurs, et surtout contre l'opinion très-imposante de M. Tarrible, toutes les cours qui ont eu à juger la question, ont unanimement décidé que c'est l'acte de dénonciation du procès-verbal de saisie-immobilière, et non le procès-verbal de saisie lui-même, qui doit contenir la date de la première publication.

Cour de Turin, arrêt du 6 décemb. 1809. (*S.* 10, 2, 240.)
Cour de Bruxelles, arrêt du 25 fév. 1810. (*S.* 10, 2, 248.)
Même Cour, autre arrêt du 14 juillet 1810. (*S.* 11, 2, 41.)
Cour de Paris, arrêt du 21 août 1810. (*S.* 14, 2, 196.)
Même Cour, arrêt du 10 janv. 1811. (*S.* 12, 2, 12.)
Cour de cassation, arrêt du 17 juin 1812. (*S.* 12, 1, 314.)
Même Cour, arrêt du 10 septemb. 1812. (*S.* 13, 1, 228.)

Ces deux derniers arrêts, émanés de la Cour suprême, ont fixé la jurisprudence d'une manière tellement invariable, que la question ne paraît pas s'être représentée.

Voici les motifs extrêmement lumineux qui précèdent l'arrêt du 17 juin 1812;

« Attendu que l'article 675, du Code de procédure, « énonce toutes les formalités qui doivent être remplies

« dans le procès-verbal de saisie-immobilière ; que l'art. 681.
« 681 parle ensuite de la saisie - immobilière qui est
« transcrite aux termes des articles 677 et 680 , et con-
« séquemment d'une saisie qui est déjà faite ; qu'ainsi
« lorsque cet article 681 dit que la saisie , déjà transcrite,
« sera dénoncée au saisi , et ajoute qu'elle contiendra la
« date de la 1re. publication , il est clair que cette date
« ne doit pas se trouver dans le procès-verbal même de
« la saisie-immobilière ; qu'en effet l'article 681 ajoute
« encore immédiatement , que l'original de cette dénon-
« ciation sera visé , ce qui prouve que le législateur vient
« de s'occuper de la dénonciation de la saisie , et qu'il
« l'a eue spécialement en vue dans ce qui précède , d'où
« il résulte encore très-évidemment , que c'est dans cette
« dénonciation que le législateur a ordonné l'insertion
« de la date de la publication , et non dans le procès-
« verbal de saise qui est déjà fait , déjà transcrit ; que
« cette explication , tirée du texte même de l'article , fait
« cesser l'équivoque qui pourrait se trouver dans le
« pronom elle ; que c'est à la dénonciation , et non à
« la saisie que ce pronom doit être appliqué ; que c'est
« d'ailleurs la seule manière raisonnable d'entendre
« la disposition de l'article , et qu'autrement cette dis-
« position , en ce qui concerne la date de la première
« publication , serait souvent inexecutable et inutile ;
« qu'enfin le législateur a dit expressément dans l'article
« 641 , relatif à la saisie des rentes constituées , que la
« notification du jour de la première publication , sera
« faite dans la dénonciation de la saisie , d'où l'on peut
« encore induire par analogie , qu'il a eu la même
« intention , quant à la saisie-immobilière , puis qu'il

681. « n'y a pas de motif qui puisse déterminer à cet égard
« une différence entre la saisie-immobilière et la saisie
« des rentes constituées. ;

« Par ces motifs, la Cour rejette le pourvoi. »

Nota. Il est pénible, sans doute, de voir que les
magistrats soient obligés de faire tant d'efforts, pour
justifier une expression vicieuse de la loi; ou plutôt pour
que la *raison*, comme ils le disent eux-mêmes, l'emporte sur *l'erreur* du législateur.

(D) 1. Lorsque la dénonciation de saisie, prescrite
par le présent art. 681, est faite à la personne du débiteur
trouvé hors de son domicile, et à une distance qui ne
permet pas à l'huissier de revenir dans le jour prendre
le visa du maire du domicile de la partie saisie ; ce
visa est valablement donné par le maire du lieu où le
commandement est fait.

Cour de cassation, arrêt du 12 janvier 1815. (*S.* 15.
1, 175.)

Les motifs de cette décision sont :

« Attendu que la formalité du *visa*, substituée à
« l'assistance des records ou témoins, a eu pour objet
« principal, ainsi que s'en est expliqué l'orateur du
« gouvernement, en présentant la loi, d'assurer la
« réalité du transport de l'huissier à l'endroit où il exploite;
« que *les lois ne doivent s'entendre* que *dans un sens*
« *raisonnable*, et *suivant un mode d'exécution*
« *possible*; que l'officier ministériel qui remet un exploit
« à personne trouvée à cent lieues du domicile du dé-
« biteur, ne peut être obligé de le faire viser dans le
« jour par le maire de ce domicile, puisque cette con-
« dition serait impossible; qu'ainsi le vœu de la loi a

« été rempli, du moment que le commandement n'a   68r
« pas été fait au domicile du débiteur, mais à sa
« personne trouvée à Valogne, dont le maire ou l'adjoint
» a mis dans le jour le visa requis par l'art. 68r du
« Code de procédure civile. »

Il faut le dire, toujours de la sagesse de la part du
magistrat, et toujours de l'imprévoyance de la part du
législateur.

Les rédacteurs du Code de procédure avaient perdu
de vue la disposition de l'art. 68, portant :

« Tous exploits seront faits à personne ou domicile. »

En assujétissant l'huissier à faire viser son exploit, le
législateur n'a parlé que du maire du domicile, et il a
oublié d'indiquer l'autorité qui donnerait le visa, lorsque
l'exploit serait fait à personne trouvée hors de son domicile. Cependant il fallait de deux choses l'une, ou
interdire au créancier la faculté de signifier les actes à
la personne du débiteur, en ce cas rapporter l'art. 68 ;
ou ajouter au présent article une disposition qui autorisat
l'huissier à faire viser son acte par le maire du lieu où
le débiteur serait trouvé.

En attendant que cette défectuosité de la loi ait été
rectifiée, et surtout pour éviter tout *arbitraire* sur la
question de fait ; si l'huissier a pu, dans le jour, faire
viser son acte par le maire du domicile réel ; il paraît
prudent de notifier tous les actes à ce domicile, *et de
s'abstenir*, autant que possible, d'en signifier à la personne du débiteur, trouvée dans une autre commune.

Que penser d'une loi qui mène forcément à de tels
résultats ?

2. En examinant avec attention tous les articles du

681. C. P. C., relatifs à la procédure de saisie-immobilière, on voit que quatre actes seulement sont assujettis au visa des maires ou adjoints ;

1°. Le commandement, (art. 673.)

2°. Le procès-verbal de saisie, (art. 676.)

3°. L'acte de dénonciation au débiteur, du procès-verbal de saisie, (art. 681)

4°. Le procès-verbal ou plutôt les procès-verbaux d'apposition de placards, (art. 687, 703, 704, 705, 732, 739 et 742.)

Et d'abord, on se demande pourquoi les autres actes, tous aussi importans, sont exempts de cette formalité du visa, tels notamment que l'acte de notification du placard à tous les créanciers inscrits, (art. 695.) Les actes d'appel autorisés par les art. 723 et 730, et spécialement ce dernier qui doit être interjetté à personne ou domicile ; la signification du jugement qui prononce sur une demande en distraction, (art. 730) etc. etc ? On se demande encore pourquoi répéter à chaque article et prescrire à chaque fois la même formalité pour chaque acte ? n'eut-il pas été plus simple et plus convenable de généraliser cette règle, de l'appliquer à tous les actes qui en sont susceptibles, et dès-lors de disposer que tous les actes signifiés à personne ou domicile réel ou élu, seraient assujettis à la formalité du visa ?

En second lieu, on voit que le commandement doit être visé *dans le jour* par *le maire* ou *l'adjoint* ; que la saisie doit être visée aussi par les *maire* ou *adjoint, avant l'enregistrement* ; que lors de ces visa, l'huissier doit laisser une copie à celui qui vise ; que l'acte de dénonciation doit être visé dans les 24 *heures,* par *le maire* du domicile du saisi ; (il n'est plus question de copie à lui laisser.) enfin, que l'original du procés-verbal d'apposition de placards doit être visé par *le maire*, (il n'est pas dit dans quel délai ; il n'est également pas question de copie.)

Si donc on cherche quelle est l'*autorité* qui doit donner le visa, on voit que sur deux actes, ce sont les maire ou adjoint, et sur deux autres le maire seul ; et précisément l'acte le plus important de la procédure, le procès-verbal de saisie, peut être visé par l'adjoint, tandis que d'autres, bien moins importans, ne peuvent l'être que par le maire.

Si on cherche le *délai* dans lequel cette formalité doit être remplie, on voit tantôt dans le jour, tantôt avant l'enregistrement, tantôt dans les 24 heures, et tantôt un silence absolu sur ce point. Enfin doit-on laisser copie de l'acte à celui qui le vise ; *oui*, pour deux actes, *non* pour deux autres.

Ces bigarrures, dans les dispositions de la loi, sont vraiment inexplicables ; encore une fois, pourquoi n'a-t-elle pas prescrit la forme du visa par une disposition générale qui eut été applicable à tous les actes, et qui dès-lors eut indiqué pour tous la même autorité, le même délai, la même délivrance de copies ?

Nous avouerons que, pour applanir les difficultés que présente une loi, il ne suffit pas d'en faire remarquer les imperfections, il nous semble néanmoins que c'est avoir fait le premier pas dans la carrière ; il nous reste à en faciliter l'*exécution*.

AUTORITÉ.

Lorsque la loi dit que le visa sera donné par le maire

681. où l'adjoint, il est hors de doute que l'huissier peut s'adresser indifféremment à l'un ou à l'autre.

Voyez à l'article 673, la note (*J*) N°. 2.

Lorsqu'elle porte que l'acte sera visé par *le maire*, sans doute si l'huissier trouve ce fonctionnaire, c'est à lui seul qu'il faut s'adresser; mais s'il n'y en a pas, ou s'il est absent ou empêché, il nous paraît hors de doute que l'huissier doit s'adresser à l'adjoint; toutefois il doit constater l'absence ou l'empêchement du maire, parce qu'alors l'adjoint aura agi comme remplaçant le maire.

Ainsi jugé par la Cour de Riom, arrêt du 12 mai 1808 (*S.* 15, 2, 180.) dont voici les motifs :

« Considérant que quand la loi a exigé que le procès-
« verbal d'apposition de placards fut visé par le maire
« de la commune où l'apposition est faite, elle n'a pas
« entendu que ce serait le maire seul qui donnerait le
« visa; qu'en principe, les fonctions administratives étant
« gratuites, le législateur n'a pas voulu exiger du maire
« qu'il fut permanent à la maison commune; que dès
« qu'il lui a donné un adjoint, celui-ci a le droit de
« faire tous actes d'administration ainsi que lui; que
« dès-lors l'adjoint du maire de Montluçon avait bien eu
« celui d'apposer son visa sur le procès-verbal dont il
« s'agit, et que dès-lors encore ce procès – verbal est
« régulier. »

C'est en adoptant le même principe, que le 26 juillet 1810 (*S.* 10, 2, 373.) son Excellence le grand-juge a décidé que « le commandement qui précède la saisie im-
« mobilière, doit être visé par le plus ancien (en réception
« et non d'âge) membre du conseil municipal, lorsque
« le maire et son adjoint se trouvent absens ou empêchés.»

Cette *J*

Cette décision s'applique aux visas à obtenir sur tous 681.
les autres actes, tout aussi bien qu'à celui prescrit pour
le commandement; bien entendu que l'huissier doit, par
son procès-verbal, constater l'absence ou l'empêchement
des maire et adjoints.

DÉLAI.

Le commandement doit être visé le jour même de sa
date.

Le procès-verbal de saisie doit l'être avant l'enregistrement.

L'acte de dénonciation de la saisie doit être visé dans
les vingt-quatre heures.

Telles sont les règles applicables à chacun de ces trois
actes. La loi eut pu régler un délai uniforme, elle ne
l'a pas fait, il faut exécuter littéralement ce qu'elle
prescrit.

On conçoit qu'il est toujours prudent de faire viser les
actes le jour même de leurs dates, par là on prévient
toutes difficultés.

Quant aux procès-verbaux d'apposition de placards,
la loi ne s'expliquant pas, nous pensons que ce silence
doit s'interpréter en faveur du saisi, et que nul délai
n'étant accordé pour l'obtention du visa, il doit être
apposé dans le jour, ainsi qu'il a été prescrit pour le
commandement.

DÉLIVRANCE DE COPIES.

On doit délivrer à l'autorité, qui donne le visa, copie
du commandement et copie de la saisie. On ne doit pas

681. donner copie de l'acte de dénonciation de la saisie, non plus que des procès-verbaux d'apposition de placards. Telles sont les règles auxquelles, ou le répète, il faut strictement se conformer.

Ces observations s'appliquent, comme l'on voit, aux différens articles du C. P. C. qui prescrivent la formalité du *visa* dont nous ne nous occuperons plus à l'avenir.

(*E*) Si les biens saisis sont situés dans différens arrondissemens et ressorts de plusieurs bureaux d'hypothèques, la formalité de la transcription doit être remplie dans chacun de ces bureaux.

ART. 682.

N*.

5e. Acte. Insertion dans l'auditoire du Tribunal, d'un extrait de la saisie.

682.

Le greffier du Tribunal sera tenu, dans les trois jours de l'enregistrement (*A*) mentionné en l'article 680, d'insérer dans un tableau placé à cet effet dans l'auditoire , un extrait contenant ,

1°. La date de la saisie et des enregistremens (*B.*);

2°. Les noms , professions et demeures du saisi et du saisissant , et de l'avoué de ce dernier;

3°. Les noms de l'arrondissement, de la commune , de la rue , des maisons saisies;

4°. L'indication sommaire des biens 682. ruraux, en autant d'articles qu'il y a de communes, lesquelles seront indiquées, ainsi que les arrondissemens ; chaque article contiendra seulement la nature et la quantité des objets, et les noms des fermiers ou colons, s'il y en a ; si néan-moins les biens situés dans la même commune sont exploités par plusieurs personnes, ils seront divisés en autant d'articles qu'il y aura d'exploitations (*C*);

5°. L'indication du jour de la première publication (*D*);

6°. Les noms des maires et greffiers des juges de paix, auxquels copies de la saisie auront été laissées.

Nota. On remarque que cette formalité, qui est réel-lement la cinquième, ne se trouve qu'*après* les 6e. et 7°. qui sont prescrites *cumulativement* par l'article 681.

(*A*) Le mot impropre *enregistrement*, veut dire *transcription*.

(*B*) Le mot *enregistremens* plus impropre encore cette seconde fois que la première, signifie en même-tems *enregistrement* de l'acte, dans le bureau où il reçoit

682. celte formalité, et *transcription* tant au bureau des hypothèques, qu'au greffe du Tribunal.

C 1. Le présent article (682) qui veut que les biens soient divisés en autant d'articles qu'il y a d'exploitations, ne s'oppose pas à ce qu'après les adjudications partielles de chaque lot, il soit procédé à de nouvelles enchères, pour les biens être adjugés en un seul lot, surtout si l'intérêt général le commande.

Cour de cassation, arrêt du 14 janvier 1816. (*S.* 16, 1 , 390.)

2. La nullité de l'extrait prescrit par cet article, ou celle du placard, dont parle l'article 695, n'entraîne point la nullité de la saisie ; ces actes seuls sont nuls.

Cour de cassation, arrêt du 4 octobre 1814. (*S.* 16, 1 , 78.)

(*G*) Ici se manifeste toute l'imprévoyance du législateur.

Par les articles 675 et 676 , il a prescrit les formes de la saisie.

Par l'article 681 , il a prescrit celles de la dénonciation, qui doit avoir lieu *dans la quinzaine* de la dernière transcription , outre un jour par trois myriamètres de distance , etc.

Par le présent article (682) il prescrit la formalité de l'insertion au tableau , dans l'auditoire du Tribunal, d'un *extrait de la saisie*. Cet extrait, est - il dit, doit contenir l'indication du jour de la première publication , tandis que la désignation de ce jour doit être faite non par la saisie , mais par la dénonciation , et cette dénonciation n'existe pas encore , puis qu'elle ne doit avoir lieu que *dans la quinzaine*, etc. tandis

que l'insertion au tableau dans l'auditoire , doit être 682.
faite *dans les trois jours.*

Mais le législateur qui , par une interposition évidente, venait de s'occuper de la dénonciation , dans laquelle il avait prescrit l'indication du jour de la première publication, prescrivant ensuite l'insertion d'un extrait de la saisie au tableau dans l'auditoire , a cru pouvoir exiger que cet extrait contint l'indication sus-énoncée, et il en a fait un devoir absolu au greffier (*il sera tenu*), perdant de vue que ce greffier ne pouvait pas extraire dans la saisie , une indication qui n'y était pas contenue , mais que la loi elle-même avait renvoyée à un acte bien postérieur.

Dès-lors il est évident , ou que le législateur aurait dû prescrire la formalité de l'insertion au tableau, postérieurement à celle de la dénonciation , et alors dans l'extrait à afficher, le greffier aurait pû rappeler toutes les indications exigées par le présent article ; ou que s'il voulait qu'elle eut lieu avant la dénonciation , il fallait supprimer de l'extrait à insérer au tableau , une mention qui n'existait pas dans la saisie, et qui ne devait se trouver que dans un acte postérieur.

Pour réparer cette incohérence , l'article 104 du tarif des frais et dépens , alloue un émolument à l'avoué du saisissant pour la rédaction de cet extrait. Ainsi ce n'est plus le greffier qui est chargé de le rédiger , il ne doit que l'afficher ; c'est l'avoué qui le prépare. Cet avoué devra dès-lors , avant que d'entamer la poursuite , rédiger son *tableau d'exécution* , et fixer d'avance les dates de tous les actes, autant du moins qu'il est possible de le faire , et sauf les incidens qui pourraient survenir.

682. On ne peut se lasser de le répéter, comment une loi si importante, offre-t-elle à chaque pas des vices aussi marquans?

ART. 683.

N *

9ᵉ. Acte.
1ᵉʳᵉ. In-
sertion
au jour-
nal , ou
1ᵉʳᵉ. an-
nonce.

683.

L'extrait prescrit par l'article précédent , sera inséré , sur la poursuite du saisissant, dans un des journaux imprimés dans le lieu où siège le Tribunal devant lequel la saisie se poursuit ; et s'il n'y en a pas , dans l'un de ceux imprimés dans le département , s'il y en a. Il sera justifié de cette insertion par la feuille contenant ledit extrait , avec la signature de l'imprimeur, légalisée par le maire.(*A*)

(*A*) 1°. L'insertion prescrite par le présent article, peut être justifiée par un imprimeur *non-patenté*, lorsque d'ailleurs il est notoire qu'il exerce sa profession, et que sa signature est légalisée à ce titre par le maire.

2°. L'insertion aux journaux , quoique prescrite par cet article (683) ne doit pas nécessairement précéder l'apposition d'affiches prescrite par l'article postérieur (684.) Le Code , en consignant ces deux formalités dans deux articles distincts , et immédiatement subséquens, n'a pas entendu pour cela assujettir le créancier à les remplir exactement dans l'ordre des articles.

Cour de cassation, arrêt du 5 octob. 1812. (*S.* 16, 1, 163.)

ART. 684.

Extrait pareil à celui prescrit par l'article précédent [*A*], imprimé en forme de placard (*B*), sera affiché,

8e. Acte: Premier original de placard.

1°. A la porte du domicile du saisi ;

2°. A la principale porte des édifices saisis ;

10e Acte. Première apposition de placards.

3°. A la principale place de la commune où le saisi est domicilié , de celle de la situation des biens , et de celle du Tribunal où la vente se poursuit ;

684

4°. Au principal marché desdites communes (*C*), et lorsqu'il n'y en a pas , aux deux marchés les plus voisins ;

5°. à la porte de l'auditoire du juge de paix de la situation des bâtimens ; et s'il n'y a pas de bâtimens , à la porte de l'auditoire de la justice de paix où se trouve la majeure partie des biens saisis;

6°. Aux portes extérieures des Tribunaux du domicile du saisi , de la situation des biens , et de la vente. (*D*)

684. (*A*) 1. Sous l'empire de la loi du 11 brumaire an 7, il n'était pas nécessaire, à peine de nullité, que l'affiche contînt le *prénom* du débiteur saisi.

Cour de Paris, arrêt du 12 ventôse an 12. (*S*. 7, 2, 950.)

2. De même il n'était pas nécessaire, à peine de nullité, que l'affiche énonçât la *profession* du débiteur saisi.

Même Cour, arrêt du 8 germinal an 13. (*S*. 7, 2, 1192.)

Mais sous l'empire du Code de P. C., il serait difficile de ne pas annuller un placard qui ne contiendrait pas la profession du saisi, puisque le présent article 684 veut que l'extrait imprimé en forme de placard, soit *pareil* à celui prescrit par l'article 682, lequel extrait doit contenir (à peine de nullité, art. 717) 1º....2º. *« les noms, « professions* et demeures du *saisi* et du *saisissant.»*

Quant aux *prénoms* la question n'est pas aussi simple.

Les noms des parties ont dû être extraits de la saisie (art. 682); cette saisie doit contenir les formalités communes à tous les exploits (art. 675), et ces formalités sont prescrites par l'article 61, lequel porte que l'exploit... contiendra 1º. la date..... *les noms*, profession et domicile du demandeur ; 2º. *les noms* et demeures du défendeur, etc.

Ces mots *les noms du demandeur, les noms du défendeur*, me paraissent synonimes de ceux-ci *les nom et prénoms* du demandeur ; *les nom* et *prénoms* du défendeur. Il n'y a en effet que cette manière d'expliquer raisonnablement ce qu'à entendu le législateur en disant *les noms* du demandeur, *les noms* du défendeur, chacun n'ayant qu'un nom, mais précédé de *prénoms*. Si le législateur n'eut voulu parler que du

nom propre, il aurait dit *le nom* du demandeur ; *le*
nom du défendeur; d'où la conséquence que les exploits
doivent en général , et autant que possible, contenir
les prénoms du demandeur et du défendeur.

L'omission du prénom de la partie saisie, pourrait
bien néanmoins ne pas entraîner la peine de nullité , si
le saisissant n'avait pas été à même de le connaître;
par exemple si étant porteur d'un billet , il avait obtenu
un jugement par défaut auquel il n'aurait pas été formé
opposition , ou si le débiteur, en formant son opposition,
n'avait pas mentionné son prénom , et enfin si la matrice
du rôle ne l'énonçait pas; en ce cas, le saisissant n'ayant
trouvé le prénom de son débiteur dans aucun acte qui
put le lui indiquer, nous pensons qu'on ne pourrait pas
lui imputer une omission qui ne serait pas de son fait.
Mais autrement et dans les cas ordinaires , le placard
doit , ainsi que tous les autres actes de la procédure,
contenir les *prénoms* du saisissant et du saisi.

3. Ce n'est pas une nullité dans des affiches ou des
cahiers de charges, parce qu'ils ne contiennent pas l'indication des biens en autant d'articles qu'il y a d'exploitations ; les juges peuvent ordonner que ces irrégularités
seront rectifiées, sans qu'il soit nécessaire d'apposer de
nouvelles affiches , ou de présenter un nouveau cahier
de charges.

Cour de cassation, arrêt du 14 janvier 1816. (*S.* 16 ,
1 , 390.)

(*B*) Lorsque l'avoué du saisissant fait imprimer le
placard, il doit avoir soin d'en faire tirer un premier
exemplaire au pied duquel il appose la date et sa signature,
et qu'il fait revêtir de la formalité de l'enregistrement;
c'est là l'original de placard.

684. Cet original est rapporté à l'imprimeur qui complette son travail par les mentions de la date, de la signature de l'avoué, et de la relation d'enregistrement, et tire ensuite le nombre d'exemplaires nécessaire tant pour être placardés, que pour être annexés à chaque original d'apposition, et notifiés au saisi et aux créanciers inscrits.

La loi ne prescrit pas formellement cet original de placard, mais d'une part, elle le suppose, puisqu'à l'article 686, elle parle des *originaux du placard*; de l'autre, l'art. 106 du tarif des frais et dépens, alloue un émolument à l'avoué du saisissant « pour l'extrait de « la saisie-immobilière qui.... *servira d'original....*

Cette loi additionnelle explique et au besoin complette la première, et ne laisse aucun doute sur la nécessité d'un original de placard. Du reste il faut bien un original pour recevoir la formalité de l'enregistrement, sans laquelle il ne serait pas un acte judiciaire régulier, et copies n'en pourraient être ni placardées ni notifiées aux créanciers inscrits et au saisi; mais pourquoi le législateur ne l'a t-il pas dit par une disposition claire et précise, et pourquoi, dans cet article, cumule t-il deux actes, lorsqu'il distribue en quatre articles, les formalités qui ne concernent qu'un seul acte, le procès-verbal d'apposition de placards ?

(C) 1. Un arrêt de la Cour de Caen, du 2 juillet 1811 (S. 11, 2, 383) avait jugé que le présent article exigeant que le placard fut affiché..... *au principal marché*, etc. ; cette disposition devait s'entendre en ce sens que le placard doit être affiché *le jour même du marché*, et non pas seulement *dans le lieu* où se tient

le marché. Par suite elle avait annullé une poursuite 684.
de saisie. Cette bisarre interprétation de la loi ne pouvait
être adoptée par les autres cours ; aussi un arrêt de
celle de Paris du 3 février 1812 (*S.* 14, 2, 23) a-t-il
jugé qu'il n'est pas nécessaire d'apposer les affiches
pendant la tenue du marché ni un jour de marché; et
que le présent article 684 ne dispose que sur l'endroit où
les affiches doivent être apposées.

Même décision par la Cour de Toulouse, arrêt du 17
février 1812 (*S.* 12, 2, 291.), dont voici les motifs :

« Considérant que le texte de l'art. 684, C. D. P.,
« ne peut être pris en ce sens qu'il faille afficher pendant
« la tenue du marché ; les expressions *au principal*
« *marché*, indiquent seulement le lieu. Ainsi, lorsque
« l'article a dit auparavant à la principale porte des
« édifices saisis, à la principale place de la commune
« où le saisi est domicilié, et qu'il a ajouté au principal
» marché, il n'a entendu parler que des lieux où l'ap-
« position devait être faite. L'art. 685 le démontre. On
« y voit que l'huissier doit attester que l'apposition a été
« faite *aux lieux* désignés par la loi, sans les détailler.
« Cet article ne parle pas de l'apposition pendant la
« tenue du marché; c'est donc le lieu du marché qui
« avait été désigné parmi tous les autres lieux détaillés
« par l'article 684 qui précède. «

La Cour de Douai, par arrêt du 9 décembre 1811,
(*S.* 13, 1, 225.) ayant jugé la question dans le même
sens, il y a eu pourvoi contre cet arrêt, et la Cour de
cassation a eu à s'expliquer. Elle a rejeté le pourvoi,
par arrêt du 19 novembre 1812 (*S.* 13, 1, 225.) dont
voici les motifs également concis et lumineux :

684.

« Attendu que l'article 684, du C. P. C., ordonne
« bien, sous peine de nullité, que l'extrait en forme
« de placards dont il s'agit, soit affiché au principal
« marché des communes désignées, et s'il n'y en a pas,
« aux deux marchés les plus voisins, mais qu'il ne dit
« pas que cette apposition sera faite les jour et heure
« même que le marché se tiendra ; que l'art. 685 qui
« suit, ne fait même un devoir à l'huissier que de cons-
« tater que l'apposition en a été faite *aux lieux* y est-
« il dit, désignés par la loi, sans les détailler, d'où il
« suit que les juges, en n'accueillant pas la nullité pro-
« posée, n'ont point violé ledit article 684 ; rejette le
« pourvoi. »

Nota. L'article 703 dit de même que des placards
seront réapposés *aux endroits* désignés par le présent
article 684.

D'après un tel arrêt, il n'était plus permis, sans doute,
de reproduire la question qui en effet ne s'est pas représentée.

On doit le dire, le législateur s'est expliqué clairement;
il a fallu aux praticiens une subtilité toute particulière,
pour pousser dans l'erreur la Cour de Caen.

2. Cette même Cour de Caen, a jugé, par arrêt du
21 juin 1814 (*S.* 14, 2, 397·), que le présent article
684, qui prescrit l'affiche de placards aux deux marchés
les plus voisins, ne doit pas être pris tellement *à la
lettre*, qu'une légère différence entre les distances, opère
une nullité, si d'ailleurs le marché où le placard a été
mis, quoique le plus éloigné, est le plus fréquenté.

Un tel arrêt est encore évidemment hors des principes;
quant la loi dit impérativement que le placard sera affiché

684.

aux deux marchés les plus voisins, une telle disposition ne souffre point de modification, autrement on tomberait dans l'arbitraire.

Aussi, par arrêt du 27 septembre 1814 (*S.* 14, 2, 440, f. 54.) la Cour de Rouen a-t-elle jugé qu'un procès-verbal d'apposition de placards était nul, lorsque ces placards n'avaient pas été apposés aux deux marchés les plus voisins, dans le cas prévu par le N°. 4 du présent art. 684 ; qu'il importait peu qu'au lieu d'une commune plus voisine, l'affiche eut été apposée dans une commune plus populeuse, plus riche, plus abondante en acquéreurs possibles. Cet arrêt est fondé en principes ; ce n'est pas aux Tribunaux à s'écarter de la règle tracée par la loi, sous le prétexte *spécieux* de l'avantage des parties. Leur avantage *réel* est dans l'accomplissement des dispositions de la loi ; elle commande, on doit lui obéir.

3. Cet arrêt veut que le placard soit affiché à la porte du domicile du saisi ; à la principale porte des édifices saisis ; à la principale place de la commune où le saisi est domicilié, de celle de la situation des biens, et de celle du Tribunal où la vente se poursuit ; enfin, au principal marché desdites communes, et lorsqu'il n'y en a pas, aux deux marchés les plus voisins. Ainsi le placard doit être affiché aux *principales places* de trois communes,

1°. Du domicile du saisi ;

2°. De la situation des biens ;

3°. Du Tribunal où la vente se poursuit.

Il n'est pas à présumer qu'il n'existe point de marché dans la commune où siège le Tribunal ; mais il peut facilement se faire qu'il n'y en ait point soit dans la

684. commune du domicile du saisi , soit dans celle de la situation des biens. C'est le cas prévu par le N°. 4 du présent art. qui porte : « au principal marché desdites « communes , et lorsqu'il n'y en a pas, aux deux marchés « les plus voisins ; » alors il faut afficher le placard aux deux marchés les plus voisins de celles desdites communes où il n'y en a pas.

Ainsi la Cour de Poitiers a jugé , par arrêt du 9 juin 1809 (*S.* 15 , 2, 205.) que lorsqu'il n'existe pas de marché dans la commune de la situation des biens saisis, on doit faire afficher le placard aux deux marchés les plus voisins , encore qu'il existe des marchés dans la commune du domicile du saisi , et dans celle du Tribunal devant lequel la vente se poursuit.

Mais s'il n'existe de marchés ni dans la commune du domicile du saisi , ni dans celle de la situation des biens, *quid ?* la loi n'a pas formellement prévu le cas, mais il nous paraît que sa disposition est assez claire pour mener a ce résultat, qu'alors il faut afficher aux deux marchés les plus voisins de la commune du domicile du saisi , et pareillement aux deux marchés les plus voisins de la commune de la situation des biens. L'apposition aux deux marchés les plus voisins , ne tenant lieu que de l'apposition au marché de la commune spécialement désignée, il suit que si deux communes n'ont point de marchés , il faut remplacer l'apposition qui devait s'y faire , par l'accomplissement de cette formalité , aux deux marchés les plus voisins de chacune de ces communes. Si ces deux marchés plus voisins l'étaient à la fois tant de la commune du domicile du saisi, que de celle de la situation des biens , il suffirait d'apposer à ces

684.

deux marchés ; de même que quand la loi dit qu'il faut afficher à la principale place de la commune où le saisi est domicilié, de celle de la situation des biens, et de celle du Tribunal où la vente se poursuit, si la même commune réunit ces trois circonstances, il suffit d'apposer à la principale place de cette commune.

(D) En analysant les art. 683 et 684, qui ont pour objet d'annoncer la vente au public, on voit que les formalités prescrites se réduisent à deux, 1°. l'insertion au journal; 2°. l'apposition de placards. Mais si dans le département il ne s'imprime point de journal, rien ne remplace cette formalité; il ne reste dès-lors que l'apposition de placards. Ces placards ne sont très-souvent qu'au nombre de cinq, savoir :

Un à la porte du saisi ; un à la principale place de la commune qu'il habite ; un au marché de la même commune ; un à la porte de l'auditoire du juge de paix, et un aux portes extérieures du Tribunal. C'est ce qui arrive dans un grand nombre de chefs-lieux de département, lorsqu'on saisit des propriétés situées dans la ville.

Or, le premier n'est jamais vu de personne, le débiteur saisi ou les personnes de sa maison, ayant ordinairement le soin de le faire disparaître, aussitôt qu'il a été apposé.

Les quatre autres peuvent facilement être altérés par le mauvais tems, ou lacérés par des malveillans; sans compter les négligences de quelques huissiers qui se dispensent de partie du travail, ou qui s'en rapportent à des recors, lesquels à leur tour négligent d'apposer tout ou partie des placards.

684. Lorsque le journal existe , la vente est connue , malgré la suppression des affiches ; mais s'il n'y a pas de journal, n'eut-il pas été sage de prescrire d'autres mesures pour obtenir la publicité que doit avoir l'adjudication de biens vendus en justice ?

Voyez à l'art. 683 la note (*A*)

N *.

ART. 685.

685. L'apposition des placards sera constatée par un acte auquel sera annexé un exemplaire du placard [*A*]: par cet acte, l'huissier attestera que l'apposition a été faite aux lieux désignés par la loi , sans les détailler. [*B*]

(*A*) 1°. Pourquoi annexer un imprimé d'une assez grande dimension , à un acte d'apposition qui ne contient que quelques lignes ? 2°. cette annexe se fait soit au moyen d'un petit lien que l'on peut détacher à volonté, soit d'une autre manière, tout aussi peu fixe ; la loi ne prescrit pas même à l'huissier de certifier le placard et d'y faire mention de l'annexe. Il n'existe dès-lors aucune garantie pour assurer l'identité du placard annexé ; 3°. lorsque la loi *permet* de rédiger un bordereau d'inscription au pied du titre , un acte de signification , au pied de la grosse d'un jugement , etc. etc. par quelle étrange bizarrerie défend-elle de rédiger le procès-verbal d'apposition , au pied du placard, précisément dans le cas où il était nécessaire de *l'ordonner* ?

(*B*) 1.

(*B*) 1. La défense faite à l'huissier de détailler les **685.**
lieux où il a apposé les placards , est encore bien étrange.
Quel en est le but ? est-ce pour empêcher que l'huissier
ne multiplie les frais? on ne pouvait pas le craindre ;
puisque l'acte d'apposition est taxé à un droit fixe. N'eut-
il pas dès-lors été beaucoup plus sage d'assujettir l'huissier
à détailler les lieux où il apposait les placards ? ce
devrait être au magistrat à juger si , d'après les faits
constatés par le procès-verbal , la loi a été exécutée ;
cet article rend au contraire l'huissier juge en cette partie,
c'est lui seul qui décide en quels lieux les placards
doivent être apposés , et quand il a certifié avoir fait ce
qu'exige la loi , le juge n'a rien à examiner.

Cet inconvénient est d'autant plus grâve , que le législateur n'a pas même formellement ordonné que l'huissier
certifierait les copies de placard par lui apposées , et
bien moins encore qu'il indiquerait , sur chacune d'elles ,
le lieu de l'apposition ; de manière qu'il est impossible
de prouver que l'huissier en impose. L'inscription de faux
ne l'atteindrait même pas , à moins que par un *alibi*
tellement positif, que l'huissier eut été dans l'impossibilité
physique de faire l'apposition. Aussi les huissiers, forts
de la faiblesse de la loi, se permettent presque toujours
d'apposer des copies de placard dénuées de toute
authenticité.

L'abus est tel que l'on pourrait, par exemple, placarder
des imprimés annonçant à une fausse date le jour de
l'adjudication , et dès-lors écarter tous enchérisseurs.
Vainement le saisi rapporterait-il un de ces placards à
fausse date ; on lui répondrait que ce n'est pas là un
des placards affichés.

10

685.

Cette supposition va loin sans doute , et nous ne pensons pas que l'on puisse pousser jusque là l'effronterie ; mais il n'en est pas moins vrai de dire que quand la porte est ouverte aux abus , on ne saurait prévoir quel en sera le terme.

V. art. 687 , la note (*B.*)

2. Quoique la loi se taise , nous pensons que l'huissier doit , dans cette circonstance , se conformer aux principes généraux qui veulent que les copies soient signées ainsi que les originaux ; et comme chaque exemplaire placardé , est une véritable copie , nous pensons que l'huissier doit la signer , et par suite rédiger au pied, un extrait de son procès-verbal d'apposition , avec indication sur chaque copie de placard , du lieu où elle a été apposée.

3. Son Excellence le Ministre des finances a décidé que *tout placard signé d'un huissier* était un *acte judiciaire*, et comme tel passible du timbre de dimension; ce qui est assez dire que les placards apposés par les huissiers , doivent être signés d'eux.

Décision du 18 juillet 1809. (*S.* 9 , 2 , 397.)

ART. 686.

686.

Les originaux du placard, et le procès-verbal d'apposition , ne pourront être grossoyés sous aucun prétexte. [*A*]

(*A*) A quoi bon une telle défense qui tout au plus aurait pu trouver place dans le tarif des frais ? dès que ces actes sont taxés à un émolument fixe , il n'y a pas à craindre qu'on les grossoye.

ART. 687.

L'original dudit procès - verbal sera visé par le maire [*A*] de chacune des communes dans lesquelles l'apposition aura été faite; et il sera notifié à la partie saisie, avec copie du placard. (*B*)

N *

11e. Acte. Notification au saisi, du premier placard, et du procès-verbal d'apposition.

Nota. 1°. Pourquoi distribuer et couper ainsi en quatre articles (984, 685, 686 et 687) les formalités relatives à un simple procès - verbal d'apposition de placards ? n'eut-il pas été bien plus convenable de les réunir en un seul.

2°. Pourquoi, surtout dans un même article, cumuler deux formalités, dont la première complète celles relatives au procès-verbal d'apposition de placards, et la 2e. prescrit l'acte de notification à la partie saisie (qui est le 11e. acte de la procédure) ?

(*A*) Sur la formalité du visa par le maire, voyez à l'art. 681, la note (*D*) N°. 2.

(*B*) Annexer une copie imprimée du placard, à un exploit de notification, ce n'est pas remplir le vœu du présent article, *si la copie annexée n'est pas signée de l'huissier.*

Cour d'Agen, arrêt du 5 mai 1809. (*S.* 15 , 2, 205.)

Nota. Il est indifférent sans doute, qu'une copie soit imprimée ou manuscrite; aussi l'arrêt a-t-il jugé, non pas que l'huissier n'avait pu délivrer une copie imprimée,

687. mais que *l'annexe* n'était pas la voie légale de délivrance d'une copie, et dans tous les cas, que la copie
annexée aurait dû être certifiée et signée.

La Cour a dès-lors été pénétrée de l'abus que nous
avons signalé à l'art. 685 (note *B.* 1.) et, dans le fait,
rien ne donnait l'existence judiciaire à une pièce
informe, annexée c'est-à-dire jointe à un autre acte, d'une
manière fugitive, et sans être revêtue d'aucun caractère
légal; par suite la loi qui veut que copie du placard
soit notifiée au saisi, n'avait pas été valablement exécutée.
Cet arrêt nous autorise de plus en plus à penser que
toute copie qui sort des mains de l'huissier, même pour
être placardée, doit être certifiée et signée de lui; cette
formalité nous paraît *substantielle*, et dès-lors son
omission doit entraîner la peine de nullité. Mais comment
constater cette omission, quand la loi dispense l'huissier
de désigner jusqu'aux lieux où il a apposé les placards,
et que son procès-verbal n'est plus qu'une espèce de
certificat, d'après lequel le magistrat n'a rien à juger?

De telles erreurs dans la loi sont toujours graves, mais
combien deviennent-elles plus fâcheuses encore, lorsqu'elles se trouvent dans la plus importante peut-être
de toutes les lois, celle qui est à la fois le type de
l'exécution de tous les contrats, et la sauve-garde de
toutes les propriétés !

ART. 688.

688. Si les immeubles saisis ne sont pas
loués ou affermés, le saisi en restera en

possession jusqu'à la vente , comme sé- 688.
questre judiciaire ; à moins qu'il ne soit
autrement ordonné par le juge , sur la
réclamation d'un ou plusieurs créanciers [*A*]. Les créanciers pourront
néanmoins faire faire la coupe et la
vente, en tout ou en partie, des fruits
pendans par les racines. [*B*]

(*A*) 1. Le séquestre des fruits , autorisé par cet art. ,
peut être exercé sur la tête des tiers-détenteurs, comme
sur celle des débiteurs originaires.

Cour de cassation, arrêt du 4 octob. 1814. (*S.* 16 , 1, 78.)

2. Pour exercer le séquestre sur le tiers - détenteur , il
n'est pas nécessaire d'avoir obtenu contre lui une condamnation personnelle ; le séquestre n'est point une saisie
mobilière proprement dite , mais uniquement une administration des fruits d'immeubles saisis.

Même Cour, même arrêt.

(*B.*) Voyez les notes sur l'art. 690 , ci-après.

ART. 689.

Les fruits échus depuis la dénonciation 689.
au saisi seront immobilisés , pour être
distribués avec le prix de l'immeuble
par ordre d'hypothèque. [*A*]

(*A*) A la différence de ceux échus depuis l'adjudication,

689. lesquels ne font pas masse, mais appartiennent à chaque créancier colloqué, au prorata du montant de sa collocation, par la force du principe que le jugement d'adjudication fixe les droits des parties, et dès-lors que le montant de l'adjudication devient à l'instant même la propriété des créanciers appelés à être utilement colloqués.

690.

ART. 690.

Le saisi ne pourra faire aucune coupe de bois ni dégradation, à peine de dommages et intérêts, auxquels il sera condamné par corps; il pourra même être poursuivi par la voie criminelle, suivant la gravité des circonstances. [A]

(A) 1. Lorsqu'au mépris de l'art. 8 de la loi du 11 brumaire an 7, le saisi commettait des dégradations pendant le cours des poursuites, l'adjudicataire ne pouvait se faire colloquer par privilège pour le montant de l'indemnité qui lui était due; dans ce cas, il n'avait qu'une action personnelle et la contrainte par corps, contre le saisi.

Cour de Paris, arrêt du 2 janvier 1808. (S. 9, 2, 37.)

Même décision, autre arrêt de la Cour de Paris, du 19 août 1808. (S. 7, 2, 950.).

2. En principe, lorsqu'il y a jugement et arrêt dans le même sens, c'est le jugement qui a fixé les droits des parties; l'arrêt n'a fait que lever l'obstacle qui s'opposait à son exécution.

La mutation , au cas. d'adjudication confirmée sur 690.
appel , a donc eu lieu dès le jour de l'adjudication.
Si durant l'appel il survient des accidens., notamment
que les bois soient dégradès par le saisi resté en possession,
et que les bâtimens soient incendiés , ces événemens
n'autorisent pas l'adjudicataire à demander une diminution
de prix.

Cour de cassation , arrêt du 18 août 1808 (*S*. 8 , 1 , 541.)
dont voici les motifs :

« Attendu que les fruits de l'immeuble dont il s'agit ,
« ont été adjugés. au demandeur à compter du jour de
« l'adjudication , et qu'en conséquence le demandeur
« s'est obligé, par le jugement d'adjudication , de payer
« l'intérêt du prix à compter du même jour ; que l'appel
« interjetté par la partie saisie , du jugement d'adju-
« dication , qui depuis a été confirmé., n'a point porté
« atteinte à ces clauses, qu'il en a suspendu les effets ;
« que l'arrêt confirmatif a levé l'obstacle , et ordonné
« l'exécution du jugement ; que ce jugement ne peut
« être exécuté , sans que la propriété des fruits ne soit
« acquise au demandeur , à compter du jour de l'adju-
« dication , ainsi que la propriété du surplus des biens
« adjugés. »

« Que si la partie saisie a recueilli les fruits , elle n'en
« est que dépositaire en séquestre ; que l'adjudicataire a
« une action pour se les faire restituer et pour se faire
« indemniser de tout préjudice qu'il aurait reçu ; qu'il
« ne peut avoir tout-à-la-fois la chose et le prix. »

Nota. Ce dernier arrêt est d'autant plus décisif ,
qu'il a été rendu sous l'empire de la loi actuelle.

691.

ART. 691.

Si les immeubles sont loués par bail dont la date ne soit pas certaine, avant le commandement, la nullité pourra en être prononcée, si les créanciers ou l'adjudicataire le demandent.

Si le bail a une date certaine, les créanciers pourront saisir et arrêter les loyers ou fermages; et dans ce cas, il en sera des loyers ou fermages échus depuis la dénonciation faite au saisi, comme des fruits mentionnés en l'article 689.

ART. 692.

692. La partie saisie ne peut, à compter du jour de la dénonciation à elle faite de la saisie, aliéner les immeubles [A], à peine de nullité, et sans qu'il soit besoin de la faire prononcer. (B)

(A) 1. Après la dénonciation de la saisie-immobilière, l'immeuble saisi est absolument inaliénable de la part du saisi. Ainsi est nulle la vente de l'immeuble saisi,

même dans le cas où cet immeuble , d'ailleurs indi- 692.
visible, étant déclaré appartenir pour partie à un tiers ,
la vente est consentie tant par ce tiers co-propriétaire ,
que par le saisi.

Cour de Lyon, arrêt du 28 décembre 1810. (*S*. 15 ;
2 , 154.)

2. La dénonciation de la saisie-immobilière modifie
bien l'exercice de la propriété dans les mains du débiteur
saisi , mais elle ne le dépossède pas ; ainsi , dès le moment
où le saisi est devenu militaire en activité de service , on
n'a pu continuer à son égard des poursuites incommencées , quoique la saisie lui eut été dénoncée antérieurement.

(Art. 4 de la loi du 6 brumaire an 5, qui ne permet
pas que les militaires soient expropriés pendant leur activité
de service.)

Cour de cassation , arrêt du 6 fév. 1815. (*S*. 15 , 1 , 282.)

Nota. Cet arrêt est si récent que nous avons cru
devoir le noter , quoiqu'il tienne à une législation abrogée;
du reste il nous a paru fixer un principe important à
recueillir.

(*B.*) Voyez art. 729 , (*A*) N°. 2.

ART. 693.

Néanmoins l'aliénation ainsi faite aura
son exécution , si avant l'adjudication (*A*)
l'acquéreur consigne somme suffisante 693.
pour acquitter , en principal , intérêts

693. et frais , les créances inscrites (*B*), et signifie l'acte de consignation aux créanciers.

Si les deniers ainsi déposés , ont été empruntés , les prêteurs n'auront d'hypothèque que postérieurement aux créanciers inscrits lors de l'aliénation.

(*A*) 1. Ces mots *avant l'adjudication* , veulent dire *adjudication définitive*.

La libération est toujours favorable , et ici le législateur a voulu la faciliter. Il est sensible que la faculté qu'il donne au débiteur, a lieu jusqu'à ce qu'il soit définitivement dépouillé, car autrement la loi aurait dit jusqu'à l'adjudication préparatoire seulement , restriction que le législateur n'a pas prononcée.

Du reste sa pensée se manifeste assez par la combinaison de cet art. avec l'art. 743, qui porte que si l'adjudicataire , sur lequel on poursuit la revente sur folle-enchère , justifiait de l'acquit des conditions de l'adjudication , et consignait la somme réglée par le Tribunal pour le paiement des frais de folle-enchère , il ne serait pas procédé *à l'adjudication* DÉFINITIVE , et que l'adjudicataire provisoire serait déchargé.

M. Pigeau , l'un des rédacteurs du C. P. C. est pleinement de cet avis.

(*B*) 1. M. Tarrible , dans son commentaire sur cet art. , établit que le créancier saisissant doit pareillement être désintéressé , lorsqu'il n'est pas hypothécaire ni dès

lors inscrit, par la raison qu'ayant mis l'immeuble sous 693.
la main de justice, et dénoncé la saisie au débiteur, ce
dernier ne peut plus vendre l'immeuble au préjudice des
droits de ce créancier diligent. Nous pensons de même
que c'est le sens dans lequel la loi doit être entendue,
et qu'autrement elle consacrerait une injustice révoltante.

Mais pourquoi le législateur ne l'a-t-il pas dit? et
pourquoi faut-il encore que l'équité l'emporte sur le
texte de la loi?

2. Au cas prévu par cet art. la vente devient volontaire, elle est sujette à la transcription et aux autres
formalités légales pour la purge des hypothèques non-
inscrites.

3. Les héritiers de la partie saisie doivent, pour la
perception du droit de mutation par décès, déclarer
l'immeuble saisi que leur auteur a aliéné, à moins que
l'aliénation n'ait été suivie de la consignation prescrite par
le présent article.

Décision du ministre des finances, du 7 juin 1808.
(S. 8, 2, 233.)

Art. 694.

694.

Faute d'avoir fait la consignation avant
l'adjudication, il ne pourra y être sursis
sous aucun prétexte.

Art. 695.

N *.

Un exemplaire du placard imprimé, 695.
prescrit par l'article 684, sera notifié

12e. Acte.
Etat des inscriptions grevant l'immeuble saisi.
13e. Acte. Notification du placard aux créanciers inscrits.
695.

aux créanciers inscrits , aux domiciles élus par leurs inscriptions , huit jours au moins avant la première publication de l'enchère , outre un jour par trois myriamètres de distance , entre la commune du bureau de la conservation , et celle où se fait la vente. [*A*]

(*A*) 1. Sous l'empire de la loi du 11 brumaire an 7, le créancier poursuivant n'était pas tenu d'insérer dans l'affiche les noms des créanciers inscrits qui auraient été omis dans le certificat délivré par le conservateur ; également il n'était pas obligé de notifier à ces créanciers omis , les procès-verbaux d'apposition d'affiches.

Cour de Besançon , arrêt du 25 nivôse an 13. (*S.* 5, 2 , 572.)

Nota. Le principe est le même sous le Code actuel. L'adjudication faite hors la présence du créancier, omis dans le certificat délivré par le conservateur des hypothèques , est valable , et elle a l'effet de purger l'hypothèque de ce créancier omis , sauf ses droits sur le prix de l'adjudication , et son recours contre le conservateur personnellement.

Mais si l'omission provenait du fait du poursuivant qui aurait négligé de notifier le placard à l'un des créanciers inscrits, compris dans l'état délivré par le conservateur, en ce cas, il est hors de doute que l'adjudication serait nulle au respect de ce créancier, qui aurait toujours le droit de suivre l'immeuble dans les mains du dernier détenteur.

2. Le saisissant n'est pas tenu , au respect des créanciers ayant une hypothèque légale dispensée d'inscription et de fait non inscrite , de leur notifier un exemplaire du placard.

Cour de cassation , arrêts des 27 novembre 1811 , et 5 décembre 1812. (S. 12 , 1 , 171.)

Ces deux arrêts sont rapportés par M. Merlin , dans son répertoire de jurisprudence , au mot saisie-immo-bilière , page 282.

Les motifs sont 1°. que la vente a été assez publique pour que ces créanciers non-inscrits aient pu se présenter et enchérir ; 2°. qu'ils ont à s'imputer de n'avoir pas fait connaître leurs droits par des inscriptions qu'ils étaient libres de prendre ; 3°. enfin , que le présent article (695) n'exigeant de notification qu'aux *créanciers inscrits* , et *aux domiciles élus par leurs inscriptions* , le poursuivant a fait tout ce qu'il devait faire , en se con-formant à la loi.

3. La Cour de Paris a jugé , par arrêt du 19 mai 1810, (S. 15 , 2 , 146.) que la nullité résultante du défaut de notification du placard aux créanciers inscrits , ou des irrégularités de cette notification , ne pouvait être in-voquée par le saisi , lorsque ceux-ci *comparaissaient*, et que loin de se plaindre , ils *adhéraient à la saisie*.

Nota. Mais si les créanciers ne s'étaient pas présentés, nous pensons que le saisi aurait pu se prévaloir de cette inobservation d'une formalité que la loi a prescrite à peine de nullité.

Les créanciers inscrits sont parties nécessaires dans la procédure , la vente ne peut se faire qu'en leur présence, ou eux dûment appelés , parce que dans le fait ils ont

695. droit à la chose *jus in re*. Leur droit est même quelquefois plus réel que celui du propriétaire, qui souvent n'a plus aucun intérêt, parce que la valeur de l'immeuble est absorbée et bien au-delà, par les créances inscrites ; et de même qu'un co-propriétaire peut s'opposer à la vente d'un immeuble, jusqu'à ce qu'on y ait appelé les autres co-propriétaires qu'il indique, de même le saisi peut se prévaloir de l'absence des créanciers inscrits, auxquels le placard n'a pas été notifié.

Au surplus la loi prescrit l'observation de cette formalité à peine de nullité, et elle n'a pas défendu au saisi de se prévaloir de cette nullité. Il est sensible au contraire qu'il a plus d'intérêt que tout autre de veiller à ce que les formes légales soient observées ; dès-lors il ne paraît pas douteux qu'il ait le droit de proposer le moyen.

C'est ce que la Cour de cassation a décidé du moins implicitement, par l'arrêt ci-après.

4. Encore que le saisissant doive notifier le placard à tous les créanciers inscrits, même à ceux dont les inscriptions frappent sur les anciens propriétaires, et que le saisi puisse se prévaloir de l'inobservation de cette formalité, la règle cesse, lorsque le défaut de notification peut être imputé au saisi, en ce qu'il a fait une fausse déclaration sur les hypothèques existantes, que dès-lors il est stellionataire, et que l'omission dont il veut se prévaloir, procède de son propre fait.

Cour de cassation, même arrêt du 27 novembre 1811, déjà cité au N°. 2. L'arrêt porte :

« Quoi qu'il soit vrai de dire, en *thèse générale*, que le débiteur saisi est recevable à exciper du moyen de

« nullité résultant de la contravention à cet art. 695

695.

« (c'est-à-dire du défaut de notification du placard aux
« créanciers inscrits), il en est autrement dans la cir-
« constance particulière.... où l'omission dont veut se
« prévaloir le saisi...., procède de son propre fait. »

Ainsi la Cour consacre formellement le principe. **Peu**
importe que dans la circonstance, il y ait fin de non-
recevoir admise ; cette exception même confirme la règle.

ART. 696.

N *.

La notification, prescrite par l'article
précédent, sera enregistrée (*A*) en
marge de la saisie (*B*), au bureau de la
conservation.

14e. Acte.
Trans-
cription
au bureau
des hypo-
thèques
de la noti-
fication
faite aux
créanciers
inscrits.

Du jour de cet enregistrement (*A*),
la saisie ne pourra plus être rayée que
du consentement des créanciers, ou en
vertu de jugemens rendus contre eux. (*C*)

696.

(*A*) Nous voilà familiers avec ces expressions
impropres, *enregistrer*, *enregistrement* ; elles signifient
transcrire, *transcription*.

(*B*) Par arrêt du 25 février 1809 (*S*, 15, 2, 181.)
la Cour de Bordeaux avait jugé qu'il n'était pas nécessaire
que la transcription au bureau des hypothèques, de l'acte
de notification du placard aux créanciers inscrits, fut
faite *en marge* du procès-verbal de saisie ; que pour
remplir le vœu du présent article, il suffisait de faire

696. transcrire cette notification sur le registre à ce destiné, et dans le délai fixé par la loi.

Sans doute cette décision était sage, car il y aurait presque toujours impossibilité réelle de transcrire sur une simple marge, un acte de dénonciation, qui, vu le nombre des créanciers inscrits, peut contenir plusieurs pages d'écritures ; mais la loi disait le contraire, et quelque peu réfléchie que fut sa disposition, elle devait être observée. Cette difficulté a été aplanie par un avis du Conseil d'état du 30 mai 1809, approuvé le 18 juin suivant. (*S.* 9, 2, 392.) et portant :

« Que pour l'entière exécution de cet article, il suffit
« qu'en marge de l'enregistrement des saisies, mention
« soit faite de l'enregistrement qui aura été fait des
« dénonciations et notifications sur un autre registre
« avec indication de la page et du numéro de chaque
« enregistrement. «

Dans les considérans qui précèdent cette décision, le Conseil d'état fait observer que l'art. 681, qui prescrit la dénonciation de la saisie au débiteur sur qui elle est faite, porte seulement que *mention* sera faite de cette dénonciation, en marge de la transcription de la saisie ; que cette mesure est la seule praticable, et qu'il faut dès-lors l'appliquer à la dénonciation aux créanciers.

Toutes les autorités, comme l'on voit, concourent à démontrer et à réparer autant que possible, l'imperfection de la loi.

(*C*) La disposition du présent article portant que du jour où la notification aux créanciers a été transcrite, la saisie ne peut plus être rayée que du consentement des créanciers, s'entend du cas où il s'agit d'une radiation
volontaire

volontaire et non d'une radiation forcée. Si donc le saisissant est déclaré sans qualité pour saisir, la saisie, quoique suivie de notification transcrite, doit être rayée, malgré l'opposition des créanciers.

Cour de Montpellier, arrêt du 18 février 1811. (*S.* 16, 2, 112.)

ART. 697. 697.

N *.

Quinzaine au moins avant la première publication, le poursuivant déposera au greffe le cahier des charges, contenant 1°. l'énonciation du titre en vertu duquel la saisie a été faite, du commandement, de l'exploit de saisie, et des actes et jugemens qui auront pu être faits ou rendus [*A*]; 2°. la désignation des objets saisis, telle qu'elle a été insérée dans le procès-verbal (*B*); 3°. les conditions de la vente (*C*); 4°. et une mise à prix par le poursuivant.

15e. Acte.
Dépôt au greffe de l'enchère ou cahier des charges.

(*A*) Le cahier des charges devant, aux termes du présent article, contenir l'énonciation de tous les actes faits, lors de sa remise au greffe, il est nul, s'il se borne à énoncer le titre et le commandement, et omet les actes et jugemens qui ont suivi.

Cour de Besançon, arrêt du 18 mars 1808. (*S.* 15, 2, 178.)

Même décision, Cour de Nismes, arrêt du 28 juin 1809. (*S.* 10, 2, 565.)

11

697.

(B) 1. Un cahier de charges n'est pas nul , parce qu'au lieu de contenir une indication sommaire des biens saisis, aux termes des art. 682 et 697 , il en contient une désignation entière et détaillée ; mais il y a lieu à réduction de taxe.

Cour de cassation , arrêt du 12 janvier 1815. (S. 15; 1 , 175.)

Nota. Nous ne concevons pas bien ce que signifie cette décision.

L'art. 682 , ne parle que de l'extrait de la saisie à insérer au tableau placé dans l'auditoire , il ne dispose rien sur le cahier des charges.

Le présent art. 697 , qui seul prescrit les formes de cet acte, dit qu'il contiendra « la désignation des objets saisis, « *telle qu'elle a été insérée dans le procès - verbal* « (*de saisie*) ; » ce n'est donc pas un simple extrait que doit contenir le cahier des charges, ni une désignation sommaire , c'est une désignation entière et conforme en tout à celle portée au procès - verbal de saisie. Du reste la décision de la Cour suprême , dont nous venons de rendre compte , est noyée dans beaucoup d'autres solutions relatives à la même affaire , et il est possible qu'elle n'ait pas obtenu une attention bien particulière.

2. Voyez à l'art. 684 , lettre (*A*) N°. 3.

(C) 1. Sous l'empire de la loi du 11 brumaire an 7, l'adjudicataire était non-recevable à quereller de nullité la clause de son adjudication qui l'obligeait au remboursement des capitaux de rentes constituées , et d'autres dettes non exigibles.

Cour de Bruxelles, arrêt du 11 therm. an 13. (S. 5, 2, 546.)

2. Le Code civil et le Code de procédure ont abrogé 697.
la loi du 11 brumaire an 7 , et spécialement l'art 15 de
ladite loi, d'après lequel la vente forcée de l'immeuble
ne rendait pas exigibles les capitaux aliénés ; ainsi le
créancier d'une rente constituée peut demander le remboursement du capital , en cas de vente sur saisie-
immobilière de l'immeuble hypothéqué , si tel était .
le droit statutaire à l'époque de la constitution de rente.
(C. C. art. 1912 et 1913.)

Cour de Bruxelles , arrêt du 27 septem. 1809. (*S.* 12 ,
2 , 350.)

3. Un étranger peut intervenir pour faire ajouter
au cahier des charges , celle d'une servitude sur l'immeuble saisi et mis en vente ; parce que c'est là un
droit réel , qui donne *jus in re.* (M. Lepage., pag. 540.)

4. Après la publication du cahier des charges , et lors
de l'adjudication définitive , il ne peut être ajouté aucune
condition nouvelle , qui , par son importance , puisse
influer sensiblement sur le sort et le prix de l'adjudication.
La condition nouvelle de cette nature est nulle , et
entraîne la nullité de l'adjudication ; il peut même y
avoir lieu à des dommages et intérêts contre le poursuivant , s'il apparait qu'il ait agi de mauvaise foi , dans
l'intention d'éloigner les enchérisseurs , et d'acheter à
vil prix.

Cour de Rouen , arrêt du 7 août 1813. (*S.* 15,2, 113.)

Nota. Dans l'espèce , le poursuivant qui voulait se
rendre adjudicataire , ajouta au cahier des charges , le
jour même de l'adjudication définitive , la clause exhor-
bitante de payer le prix de l'adjudication , nonobstant
les inscriptions dont les biens étaient grevés , inscriptions

697. que ledit adjudicataire serait tenu de souffrir, sauf son recours de garantie sur les biens personnels du poursuivant qui les y affectait.

Une telle clause éloigna évidemment tous acquéreurs, et le poursuivant obtint l'adjudication à vil prix.

C'est cette fraude que la Cour de Rouen a déjouée par son arrêt sus - énoncé, par lequel elle a annullé l'adjudication, et condamné le poursuivant en quinze cents francs de dommages et intérêts.

V. art. 733 (*A*) 12.

Par ce même arrêt, la Cour ordonna qu'il serait sursis pendant six mois, à toutes poursuites.

Cette dernière disposition contient, ce nous semble, un excès qui ne trouve son excuse que dans la conduite répréhensible du poursuivant, mais en règle générale, nous ne pensons pas que les tribunaux puissent paralyser l'effet de *titres exécutoires*.

Nous savons que l'art. 1244 du C. C. permet aux juges, lorsqu'il y a demande en condamnation, d'accorder des délais modérés pour le paiement, en considération de la position du débiteur, et en usant de ce pouvoir avec une grande réserve ; nous savons que ce même article permet encore de surseoir *l'exécution des poursuites, toutes choses demeurant en état.* Ces expressions indiquent assez qu'il s'agit d'une exécution ordinaire, c'est-à-dire mobilière, *saisie tenante* ; mais nulle part la loi n'autorise le juge à *prévoir* des poursuites, et à défendre qu'elles ne soient commencées ; nulle part encore, en matière de saisie-immobilière, la loi n'a autorisé le juge à surseoir, parce que cette sorte de procédure, à raison de ses formes particulières et du bref délai

prescrit pour chaque acte, ne comporte pas de sur- 697.
séance.

Voyez un arrêt de la Cour de Paris, du 13 août
1810 (*S.* 15, 2, 166.) rendu en ce sens, art. 747,
note (*B*) N°. 3.

ART. 698.

Le poursuivant demeurera adjudica- 698.
taire, pour la mise à prix, s'il ne se
présente pas de surenchérisseur. (*A*)

(*A*) Les lois qui assujettissent les établissemens publics
à ne pouvoir se rendre propriétaires, sans une autorisation préalable du Gouvernement, ne sont point applicables au cas de saisie-immobilière.

Décret du 12 septembre 1811. (*B* 391.)

ART. 699.

699.

Les dires, publications et adjudications, N *
seront mis sur le cahier des charges, à
la suite de la mise à prix.

ART. 700.

700.

Le cahier des charges sera publié, N *
pour la première fois, un mois au moins 16e. Acte.
après la notification du procès - verbal Première
publica-
d'affiches à la partie saisie. (*A*) tion du
cahier des
charges.

(*A*) Dans le langage de la loi, le délai d'un mois,

700. en matière de saisie-immobilière, n'est pas toujours une révolution uniforme de trente jours francs, mais bien le tems variable qui s'écoule entre le quantième d'un mois et le quantième correspondant du mois suivant, conformément au calendrier grégorien. Ainsi la notification du procès-verbal d'affiches à la partie saisie, ayant eu lieu le 13 février 1811, la première publication du cahier de charges avait été valablement faite le quinze mars suivant.

Cour de Paris, arrêt du 9 août 1811. (S. 11 , 2, 444.)

701.

ART. 701.

N *. Il ne pourra y avoir moins d'un mois, ni plus de six semaines de délai, entre ladite notification et la première publication. (*A*)

(*A*) Il faut dès-lors que le mois soit franc, au lieu que les six semaines ne doivent pas l'être.

702.

ART. 702.

N *. Le cahier des charges sera publié à

17e. Acte.
2e publi-
cation du
cahier des
charges.

l'audience successivement de quinzaine en quinzaine (*A*), trois fois au moins avant l'adjudication préparatoire. (*B*)

18e. Acte.
3e. publi-
cation du
cahier des
charges.

(*A*) 1. Le délai de quinzaine qui doit avoir lieu entre chacune des trois publications du cahier des charges, ne s'entend point de quinze jours francs; ou doit , dans les quinze jours , compter celui de la date et celui de l'échéance. Ainsi lorsque la première publication a eu lieu le 13 février , la seconde doit , à peine de nullité , se faire le 27 du même mois. 702.

La nullité résultante de l'inobservation du délai légal , entre chaque publication , peut être invoquée même par le saisi.

Cour de cassation , arrêt *qui casse* , du 18 mars 1812. (*S.* 12, 1 , 335.)

Même Cour , autre arrêt du 10 septembre 1812 , (*S.* 13, 1 , 228.)

(2.) L'orateur du Gouvernement , en présentant la loi au corps-législatif, s'expliquait ainsi : « Trois publi-
« cations au moins de quinzaine en quinzaine , doivent
« précéder l'adjudication préparatoire. Il a paru superflu
« de faire un article pour expliquer que , par ces
« expressions *de quinzaine en quinzaine*, on entend
« ce qui se pratique journellement ; c'est-à-dire que la
« publication faite , par exemple , un des jours de la
« première semaine du mois , doit être renouvelée à
« pareil jour de la troisième semaine. »

D'après de telles explications et des arrêts aussi précis , le sens de la loi est irrévocablement fixé.

(*B*) Le défaut de publication du cahier des charges au jour indiqué (ce jour étant férié,) ne vicie pas de nullité les publications précédentes , et ne peut entraîner la nullité de la saisie ; mais il y a lieu de procéder ainsi qu'il est réglé par l'art. 732.

Cour de cassation , arrêt du 4 octobre 1814. (*S.* 16 , 1 , 78.)

ART. 703.

703.

N*.

Pour le premier alinea, et non pour le second.

19e. Acte.
2e. origi nal de placard.

20e. Acte.
2e. Inser- tion au journal ou 2e. an- nonce.

21e. Acte.
2e. appo- sition de placards.

Huit jours au moins (*A*) avant cette adjudication , outre un jour pour trois myriamètres de distance entre le lieu de la situation de la majeure partie des biens saisis , et celui où siège le Tri- bunal , il sera inséré dans un journal , ainsi qu'il est dit en l'article 683 , de nouvelles annonces : les mêmes pla- cards [*B*] seront apposés aux endroits désignés en l'article 684 ; ils contiendront en outre la mise à prix et l'indication du jour où se fera L'ADJUDICATION PREPARATOIRE. (*C*)

Cette addition sera manuscrite ; et si elle donnait lieu à une réimpression de placards , les frais n'entreront (*D*) pas en taxe.

(*A*) Puisque le délai ainsi fixé est de huit jours *avant l'adjudication* , il faut entendre huit jours francs. Si donc l'adjudication doit avoir lieu le 12 , il faut que l'insertion soit faite au plus tard le 3 , autrement il n'y aurait pas huit jours entre l'insertion et l'adjudication,

mais l'adjudication aurait lieu le 8ᵐᵉ. jour après l'in- 703.
sertion , c'est-à-dire *dans la huitaine* , et non *après
la huitaine.*

Voyez à l'art. 681 la note (*B.*)

(*B*) 1. Expression vicieuse ; ce ne sont pas les *mêmes
placards* qu'on appose une seconde fois , mais de
nouveaux exemplaires du même placard , avec les additions manuscrites exigées par le présent article. Lors de
l'impression , on laisse des blancs préparés à cet effet.

2. Pour cette 2ᵉ. apposition , l'avoué du saisissant
rédige , comme pour la première , un original qu'il
date et signe, et qu'il fait enregistrer ; toutes les copies
font mention de la date , de la signature et de l'enregistrement.

Voyez ce que nous avons dit concernant le premier
placard , à l'art. 684 , note (*B.*)

(*C*) ADJUDICATION PRÉPARATOIRE.

1. On voit à l'art. 702 , que le cahier des charges
doit être publié trois fois au moins *avant l'adjudication
préparatoire.*

Le présent article 703 prescrit certaines formalités qui
doivent être remplies huit jours au moins *avant l'adjudication préparatoire.*

L'art. 704 en prescrit d'autres qui doivent avoir lieu dans
les quinze jours *de cette adjudication préparatoire.*

Enfin , l'art. 706 veut qu'il soit procédé à l'adjudication
définitive , au jour indiqué *lors de l'adjudication
préparatoire.*

Voilà donc 4 articles qui parlent de cette adjudication
et qui la supposent. Comment se fait-il qu'aucun ne
l'ordonne , et n'en trace les formes ? étrange oubli dans

703. une loi de cette importance. C'est par *induction*, par *voie de conséquence* que l'on arrive à ce résultat, *qu'il doit y avoir une adjudication préparatoire;* mais on ne trouve dans la loi aucune disposition qui la prescrive. Comment le législateur a-t-il pu rédiger une telle loi avec une négligence aussi marquée? il est vraiment pénible de revenir sans cesse sur cette idée; mais ici l'omission est si palpable, qu'elle frappe le moins clairvoyant.

2. Lorsqu'en procédant à la dernière publication du cahier des charges, le Tribunal fixe à quinzaine le jour de l'adjudication préparatoire, le changement de ce jour ainsi indiqué, n'emporte pas la nullité des poursuites, pourvu que les placards apposés, l'insertion au journal et les autres actes prescrits, aient indiqué le véritable jour de l'adjudication.

Cour de Paris, arrêt du 1er. juillet 1813. (*S.* 14, 2, 259.)

3. Sur l'appel du jugement d'adjudication préparatoire, voyez à l'article 723, la note (*A*), N°. 4.

(*D*) C'est là une faute de langue. Pour parler correctement il eut fallu dire n'*entreraient.* Nouvelle incurie du législateur.

704.

N *.

23e. Acte. 3e. et dernier original de placard.
24e. Acte. 3e. et dernière insertion au journal, ou 3e. et dernière annonce.

Art. 704.

Dans les quinze jours de cette adjudication, nouvelles annonces seront insérées dans les journaux, et nouveaux placards [*A*] affichés dans la forme ci-dessus, contenant en outre, la mention de l'adjudication préparatoire , du prix moyennant lequel elle a été faite , et indication du jour de l'adjudication définitive.

704.

25°. Acte. 3°. et dernière apposition de placards.

(*A*) Voyez à l'art. 703 la note (*B*) N°. 2.

ART. 705.

705.

L'insertion aux journaux, des 2e. et 3e. annonces, et les 2e. et 3e. appositions de placards, seront justifiées dans les mêmes formes que les premières. (*A*)

N *.

(*A*) Quelle a été l'intention du législateur, en disant que les 2e. et 3e. appositions de placards, seraient *justifiées* dans *les mêmes formes* que la première ? a-t-il voulu dire que le saisissant observerait toutes les formalités prescrites relativement à cette première apposition, et notamment la formalité de la notification au débiteur saisi; ou bien a-t-il voulu dire simplement que l'apposition des 2e. et 3e. placards, serait constatée par des procès-verbaux assujettis aux mêmes formalités que le premier, mais sans aucune nécessité de les dénoncer au saisi, avec copies des nouveaux placards ?

Deux arrêts , l'un de la Cour d'Aix , du 5 janvier 1809 (*S.* 9, 2, 251.), l'autre de la Cour de Toulouse, du 20 novembre 1809 (*S.* 14, 2, 80.) ont jugé que les 2e. et 3e. placards et les procès-verbaux d'apposition d'iceux, devaient, à peine de nullité, être notifiés au saisi.

705.   Voici les motifs qui ont déterminé la Cour d'Aix, et que celle de Toulouse a adoptés.

    « Considérant qu'aux termes de l'article 687 du Code « de procédure , l'original du procès-verbal constatant « l'apposition des premiers placards , doit être visé par « le maire de chacune des communes dans lesquelles « l'apposition aura été faite, et notifié à la partie saisie, « avec copie du placard; l'omission de ces formalités « emporte nullité d'après l'art. 717.

    « Il résulte bien clairement de ces dispositions , que « ce procès-verbal est irrégulier et manque de deux « formalités essentielles et nécessaires à sa perfection, « s'il n'a été visé par les maires et notifié au saisi ; le « visa et la notification au saisi , sont deux formalités « distinctes , mais également indispensables.

    « Considérant que d'après l'art. 705 du même Code, « les 2e. et 3e. appositions de placards , doivent être « justifiées dans la même forme que la première, d'où « il suit que tout ce qui a été fait pour justifier l'apposition « des premiers placards , doit , sans aucune exception, » être pratiqué pour justifier de l'apposition des 2e. et » 3e. Le procès-verbal constatant l'apposition des pre- « miers , étant nul d'après les articles 687 et 717 , s'il « n'est pas visé par les maires et notifié au saisi , la « même nullité frappe nécessairement les 2e. et 3e. « placards , si les procès-verbaux qui constatent leurs « appositions , n'ont été ni visés par les maires , ni « notifiés au saisi , ou même s'ils manquent de l'une de « ces deux formalités ;

    » Considérant que le système du saisissant , d'après « lequel il faudrait , en interprétant l'art. 705 , distinguer

« les formalités relatives à l'apposition des 2e. et 3e.
« placards, de celles relatives à la notification de cette
« apposition au saisi, est également contraire au texte
» et à l'esprit de la loi, d'après lesquels cette notification
« n'est pas une formalité distincte et séparée, mais le
« complément nécessaire, indispensable du procès-verbal
« constatant l'apposition des placards ;

« Considérant que lorsque le législateur a voulu pres-
« crire cette notification d'une manière isolée, et en faire
« un acte distinct et séparé, il s'est exprimé d'une
» manière bien différente. Lorsqu'il s'agit de la noti-
« fication du placard aux créanciers inscrits, notification
« qui ne doit avoir lieu qu'une seule fois, l'art 695 dit
« tout simplement, que le placard leur sera notifié aux
« domiciles élus dans leur inscription. Rien n'indique
« dans cet article la moindre corrélation, le moindre
« rapport avec le procès-verbal qui constate l'apposition
« des placards et doit être signifié au saisi. Lorsqu'il
« s'agit au contraire de cette notification au saisi, le
« législateur l'identifie en quelque sorte avec le procès-
« verbal constatant l'apposition des placards ; cette noti-
« fication au saisi n'est pas un acte séparé, c'est une
« partie, un accessoire nécessaire au procès - verbal
« d'apposition......

« Considérant que la présence du débiteur saisi, à la
« publication du cahier des charges, n'est pour lui
« d'aucun intérêt, et cependant le jour de la première
» publication lui est dénoncé d'une manière directe, à
« deux reprises différentes, 1°. par l'exploit contenant
« dénonciation de la saisie, d'après l'art. 681 ; 2°. par
« la notification du premier placard, lequel contient

705. « également l'indication du jour de la première publi-
« cation ;

« Considérant qu'il est bien plus important pour le
« saisi, de connaître d'avance le jour des adjudications
« préparatoire et définitive ; d'après l'art. 7⁵3 , c'est
« avant l'adjudication préparatoire seulement que peuvent
« être proposés les moyens de nullité contre la pro-
« cédure qui l'a précédée ; d'après les articles 735 et 736,
« le saisi doit proposer, vingt jours avant l'adjudication
« définitive , les moyens de nullité contre les procédures
« postérieures à l'adjudication préparatoire , et il ne
« peut faire valoir en appel que les moyens présentés
« en première instance ;

« Considérant qu'en l'état de pareilles dispositions ,
« il n'est pas permis de supposer que le saisi , averti
« par deux exploits différens, du jour auquel doit être
« faite la première lecture du cahier des charges , qui
« n'est pour lui d'aucun intérêt, ne doive pas également
« être averti , d'une manière directe , des jours auxquels
« doivent être faites les adjudications préparatoire et
« définitive ; connaissance qui est pour lui du plus haut
« intérêt , et qu'il ne peut acquérir que par la notification
« faite à sa personne , des procès-verbaux constatant
« l'apposition des 2ᵉ. et 3ᵉ. placards. »

Mais quatre arrêts ,

Le premier , de la Cour de Nismes , du 4 avril 1810,
(*S.* 14 , 2 , 73.)

Le deuxième , de la Cour de Paris , du 3 février 1812,
(*S.* 14 , 2 , 23.)

Le troisième , de la Cour de Riom , du 25 février
1814. (*S.* 15 , 1 , 111.)

Et le quatrième et dernier, de la Cour de cassation, 705.
du 12 octobre 1814, (*S.* 15, 1, 111.)

Ont jugé au contraire qu'il n'était pas nécessaire que les 2e. et 3e. placards et les procès-verbaux d'apposition d'iceux, fussent notifiés au saisi, et qu'il suffisait que les 2e. et 3e. appositions de placards, fussent justifiées par le rapport de procès-verbaux réguliers.

Par son arrêt du 4 avril 1810, dont les motifs sont très-développés, la Cour de Nismes considère qu'aucune disposition du Code de procédure n'impose au saisissant l'obligation de dénoncer au saisi les 2e. et 3e. placards, non plus que les procès-verbaux d'apposition, qu'ainsi les Tribunaux ne peuvent suppléer ou plutôt créer une formalité que la loi n'ordonne pas, et encore moins appliquer la peine de nullité qu'elle ne prononce pas; que le saisi a d'ailleurs été suffisamment prévenu; que les créanciers ne le sont de même que par une seule notification, et que s'il ne se présente pas, la loi n'a aucun tort à son égard, puisqu'il a été suffisamment mis en demeure.

La Cour de Paris, par son arrêt du 3 février 1812, (*S.* 14, 2, 23.) s'est bornée à dire « que la loi n'exige « pas la notification des 2e. et 3e. placards. »

La Cour de Riom ayant jugé dans le même sens, par son arrêt du 25 février 1814, et cet arrêt ayant été attaqué par le pourvoi en cassation, la Cour suprême a eu à s'expliquer sur la question si fortement controversée. Voici le texte de son arrêt, du 12 octobre 1814.

« Attendu..... que l'art. 685 du Code de procédure, « règle la constatation ou justification qui doit être faite « par l'huissier, de l'apposition des placards dont il est

705. « question ; que l'article 687, qui vient après, prescrit
« en outre, quant à cette première apposition de placards,
« la notification du procès-verbal à la partie saisie, avec
« la copie du placard ; mais que quant aux 2ᵉ. et 3ᵉ.
« appositions dont il est parlé dans les articles subséquens,
« l'art. 705 dit seulement qu'il sera justifié de leur
« apposition dans la même forme que les premiers ; mais
« qu'il ne parle plus de la notification particulière à faire
« au saisi, avec copie des placards et annonces ; d'où
« il suit qu'en se renfermant dans le sens strict de la
« disposition de l'art. 705, il ne peut y avoir de nullité
« encourue, ni de contravention. » La Cour rejette le
pourvoi.

Sur le tout, on conviendra que les moyens présentés
par la Cour d'Aix, sont séduisans, que même ils sont
fondés *en raison*; mais il ne s'agit ni de parler à la
raison, ni de faire une loi ; il faut se borner à exécuter
celle qui existe, toute vicieuse qu'elle soit. Nul doute
dès-lors que la Cour de cassation ait dû juger, comme
elle l'a fait, « que la loi ne prescrit pas la notification
« au saisi, des 2ᵉ. et 3ᵉ. placards, non plus que des
« procès-verbaux d'apposition. »

Concluons dès-lors que quelque raisonnable, quelque
juste qu'il put être de prévenir le saisi des jours auxquels
doivent avoir lieu les adjudications préparatoire et définitive, le poursuivant ne doit pas le faire, à peine
de voir rejetter de la taxe, des actes qui seraient réputés
frustratoires.

Concluons encore qu'une loi aussi peu réfléchie, appelle
une prompte réforme.

ART. 706.

Art. 706.

Il sera procédé à l'adjudication définitive, au jour indiqué lors de l'adjudication préparatoire (*A*) : le délai entre
les deux adjudications ne pourra être
moindre de six semaines. (*B*)

N *

26ᵉ. Acte.
Adjudi-
cation dé-
finitive.

(*A*) 1. Une saisie-immobilière peut-elle être jugée
en vacation ? en d'autres termes , est-ce une matière
urgente et sommaire ?

Le Code de P. C. dispense du préliminaire de la
conciliation les demandes qui *requièrent célérité*.…. et
en général les saisies. Sous ce premier rapport, la
compétence des Chambres de vacations n'est pas
douteuse.

En second lieu , il ne s'agit , au respect du saisissant
et du saisi , que de l'exécution d'un titre paré , et dès-
lors l'affaire est sommaire à leur égard. Si des tiers in-
terviennent , notamment pour demander la distraction
de tout ou de partie des biens saisis , leurs demandes
incidentes suivent nécessairement le sort de l'action
principale. Telle est la règle générale , et telle est surtout
la disposition de l'art. 718 du C. P. C. , lequel porte :
« toute contestation incidente à une poursuite de saisie-
« immobilière , sera jugée *sommairement*. » Sous ce
second rapport , la compétence des Chambres de vacations
est encore certaine; aussi a-t-elle été reconnue par un grand
nombre d'arrêts qui tous ont jugé dans le même sens.

Cour de cassation, arrêt du 18 prairial an 11. (*S*. 3, 2, 444.)

12

706. Même Cour , arrêt du 16 floréal an 13. (*S.* 5 , 2 , 126.)

Cour de Bordeaux, arrêt du 8 mai 1811. (*S.* 11 , 2 , 441.)

Cour de Paris , arrêt du 27 août 1811. (*S.* 15 , 2 , 190.)

2. Lorsque la partie saisie élève plusieurs incidents qui empêchent que l'adjudication ne soit faite au jour indiqué , elle peut être renvoyée au lendemain, sans qu'il soit besoin de nouvelles affiches.

Cour de cassation , arrêt du 28 ventôse an 13. (*S.* 7, 2 , 949.)

3. Les Tribunaux peuvent valider une adjudication faite sur le débiteur décédé , si le décès n'avait pas été notifié au créancier poursuivant , à l'époque de l'adjudication.

Cour de cassation , arrêt du 23 ventôse an 11. (*S.* 3, 1 , 223.)

Nota. Il est bon de remarquer que le saisi avait avoué en cause , et que cet avoué n'avait pas déclaré le décès.

(Voyez l'article 344 C. P. C.)

4. L'art. 342 du C. P. C. , suivant lequel le jugement d'une affaire *en état*, n'est point différé par la mort de l'une des parties, s'applique aux instances de saisie immobilière ; en conséquence , l'adjudication définitive ne peut être suspendue, lorsque tous les actes ont été faits avant le décès survenu ou même notifié.

Cour de Paris, arrêt du 11 juillet 1812. (*S.* 13, 2 , 197.)

5. La loi du 11 brumaire an 7 , ne s'oppose point à l'adjudication *en masse* des biens de débiteurs solidaires, alors surtout que ces débiteurs ne réclament pas contre ce mode d'expropriation.

Cour de cassation, arrêt du 20 frim. an 12. (*S.* 4, 2 , 83.)

6. Sous le régime de la loi du 11 brumaire an 7, on 706. doit, à peine de nullité, entendre le ministère public, lorsqu'il s'agit d'exproprier des mineurs.

Cour de cassation, arrêt du 26 avril 1809 (S. 9, 1, 248.)

La question ne paraît pas s'être présentée sous le Code de P. C., mais si elle s'offrait, elle recevrait sans doute la même solution. L'arrêt ci-dessus cité, porte :

« Considérant que l'art. 3, titre 8 de la loi du 24 août
« 1790, appelle le concours du ministère public dans
« toutes les affaires où des mineurs sont intéressés, et
« qu'il n'y a pas de circonstance qui intéresse plus
« essentiellement un mineur, que lorsqu'il s'agit de la
« surveillance qui peut rendre cette opération moins
« désastreuse pour lui, ou d'empêcher qu'elle n'ait lieu
« sans nécessité ; considérant que la loi du 11 brumaire
« an 7, n'a aucune disposition contraire à celle du 24
« août 1790, qu'ainsi on ne peut pas dire qu'elle y ait
« dérogé sur ce point. »

Le Code de procédure civile renouvelle les dispositions de la loi de 1790. Il porte art. 83 : « seront communiquées
« au procureur du Roi, *les causes des mineurs*, et
« généralement toutes celles où l'une des parties est
« défendue par un curateur. »

Le titre du même Code, qui traite des saisies-immobilières, loin de contenir aucune exception à cette règle générale, porte au contraire, art. 747, que « lorsqu'un
« immeuble aura été saisi, il sera libre aux intéressés,
« s'ils sont tous *majeurs* et maîtres de leurs droits, de
« demander que l'adjudication soit faite aux enchères,
« devant notaire, etc. » et l'art. 748, ajoute.... « si un
« mineur ou interdit est créancier, le tuteur pourra,

706. « sur un avis de parens, se joindre aux autres parties inté
« ressées pour la même demande; et si le mineur ou interdit
« est débiteur, les autres parties intéressées ne pourront
« faire cette demande, qu'en se soumettant à observer
« toutes les formalités pour la vente des biens des mineurs.

La loi ne perd donc jamais de vue les formes protectrices des droits des mineurs, et par tout elle en prescrit la rigoureuse observation.

D'après cela, il ne nous paraît pas douteux que le
ministère public doive être entendu dans les causes de
saisies-immobilières, toutes les fois que des mineurs ou
des interdits y sont intéressés, soit comme parties saisies,
soit même comme créanciers.

7. Un avis du Conseil d'état du 18 octobre 1808
décide, 1°. que les adjudications d'immeubles, faites en
justice, doivent être enregistrées dans les vingt jours
de leur date et sur la minute, soit qu'on ait ou non
interjetté appel ; 2°. que le droit perçu est restituable
lorsque l'adjudication est annullée par les voies légales.

(*B*) 1. Cette disposition, ainsi que plusieurs autres
articles du C. D. P., relatifs aux saisies-immobilières,
ont été modifiés par le décret suivant.

DÉCRET.

Sur le mode des demandes en nullité de saisies-
immobilières.

Du 2 février 1811. (*B*. 351.)

« Considérant que depuis la publication de notre Code
« de procédure civile, il s'est introduit dans les pro-
« cédures relatives aux saisies-immobilières, de nouveaux
« abus qu'il est nécessaire de réprimer par des dispositions

nouvelles ; notre Conseil d'état entendu , nous avons 706.
« décrété et décrétons ce qui suit :

» Art 1er. En cas de saisie-immobilière , le délai entre
« l'adjudication préparatoire et l'adjudication définitive
» sera au moins de deux mois.

» Art. 2. Aucune demande en nullité de procédures
» postérieures à l'adjudication préparatoire, ne sera reçue,
» 1°. si le demandeur ne donne caution suffisante pour
» le paiement des frais résultans de l'incident ; 2°. si
» ladite demande n'est proposée quarante jours au moins
» avant le jour fixé pour l'adjudication définitive.

» Art. 3. Nous enjoignons à nos juges de statuer sur
» ladite demande , trente jours au plus tard avant l'ad-
» judication définitive ; si leur jugement est par défaut,
» la partie condamnée ne pourra l'attaquer que par la
» voie de l'appel.

» Art. 4. Il sera statué sur l'appel , dans la quinzaine
» au plus tard, à dater de la notification qui en aura
« été faite , aux termes de l'art. 736 de notre Code de
» procédure civile ; si l'arrêt est rendu par défaut, la
» voie de l'opposition est interdite à la partie condamnée.

» Art. 5 et dernier. Notre grand-juge ministre de la
» justice est chargé de l'exécution du présent décret ,
» qui sera inséré au bulletin des lois. «

Aux termes de ce décret, le délai entre les deux
adjudications est, comme l'on voit, de deux mois *au
moins.*, ce qui veut dire deux mois *francs.*

2. Le jugement d'adjudication définitive est susceptible
d'appel ; le saisi peut en appeler , encore bien qu'il ne
se soit pas opposé à la vente , et qu'il n'ait proposé
aucuns moyens de nullité contre la procédure.

706. Cour de Pau, arrêt du 20 novembre 1813. (S. 16, 2, 81.

3. Est nulle et non susceptible de faire courir les délai d'appel, la signification d'un jugement d'adjudicatio sur saisie-immobilière, faite par un huissier qui s'es rendu adjudicataire. (Art. 66 du Code de procédure.)

Cour de Pau, arrêt du 7 juillet 1813. (S. 16, 2, 105.)

ART. 707.

707.

N.

Les enchères seront faites par le mi nistère d'avoués et à l'audience : aussitô que les enchères seront ouvertes, il ser allumé successivement des bougies pré parées de manière que chacune ait un durée d'environ une minute. (A)

L'enchérisseur cesse d'être obligé, s son enchère est couverte par une autre lors même que cette dernière serait dé clarée nulle.

(A) 1. L'art. 13 de la loi du 11 brumaire an 7 voulait que les bougies durassent environ cinq minutes le Code de P. C. réduit cette durée à une minute.

Le jugement d'adjudication doit-il mentionner cett durée des bougies ?

Un jugement du Tribunal des Sables-d'Olone, du 6 vendémiaire an 10, avait bien constaté qu'une expro priation forcée n'avait eu lieu qu'après l'extinction d'u certain nombre de bougies, mais il avait gardé le silence sur leur durée.

Arrêt de la Cour de Poitiers, du 3o floréal an 10, 707.
qui, sur ce motif, annulle l'adjudication. Mais le 10
Pluviôse an 13 (*S.* 5 , 2 , 90.) arrêt de la Cour suprême
qui casse et annulle, » attendu que la mention faite
« dans le jugement d'adjudication du 6 vendémiaire an
« 10, du nombre des bougies qui ont été allumées aux
« enchères, prouve suffisamment que les formalités
« prescrites par l'art. 13, de la loi du 11 brumaire an 7,
« ont été remplies ; que cet article, en indiquant la
« manière dont les bougies seront préparées, n'impose
« pas aux juges l'obligation de faire mention de cette
» préparation dans le jugement d'adjudication. »

2. Sous l'empire du Code de P. C., la Cour de Lyon a
jugé de même, par arrêt du 2 août 1811 (*S.* 12 , 2 , 20.)
qu'il n'est pas nécessaire que le jugement d'adjudication
mentionne la durée des bougies ; que s'il constate qu'elles
ont été allumées, il y a présomption suffisante qu'elles
ont eu la durée prescrite.

Nota. Toutefois observons que l'accomplissement des
formalités exigées par la loi, et plus spécialement encore
de celles qu'elle prescrit à peine de nullité, doit se
vérifier par le jugement même, et qu'ainsi il est convenable de mentionner que les bougies ont été préparées
de manière à durer environ une minute , comme l'exige
le présent article.

Voyez à l'art. 714, la note (*A*), N°. 1ʳ.

ART. 708.

Aucune adjudication ne pourra être 708.
faite qu'après l'extinction de trois bougies N*
allumées successivement.

708.   S'il y a eu enchérisseur lors de l'adjudication préparatoire, l'adjudication ne deviendra définitive, qu'après l'extinction de trois feux sans nouvelle enchère.

Si, pendant la durée d'une des trois premières bougies, il survient des enchères, l'adjudication ne pourra être faite qu'après l'extinction de deux feux sans enchère survenue pendant leur durée.

ART. 709.

709.

27e. Acte. Déclaration de l'adjudicataire et son acceptation, ou dépôt de son pouvoir.

L'avoué dernier enchérisseur sera tenu, dans les trois jours de l'adjudication, de déclarer l'adjudicataire, et de fournir son acceptation ; sinon de représenter son pouvoir, lequel demeurera annexé à la minute de sa déclaration faute de ce faire, il sera réputé adjudicataire en son nom. (*A*)

(*A*) 1. L'avoué de l'adjudicataire n'a aucune notification à faire à la régie ; ce n'est pas *un tiers* qui fait

une déclaration de command ; l'avoué est le mandataire 709.
forcé du client qu'il représente ; lui et sa partie ne font
qu'un. L'acte contenant déclaration de l'adjudicataire
ou dépôt de son pouvoir, n'est passible que du droit
simple d'un franc.

L'adjudicataire ainsi déclaré, peut même faire sa
déclaration de command, sans donner lieu au droit
proportionnel, lorsque l'avoué en a fait la réserve dans
l'adjudication.

Cour de cassation, arrêts des 3 septembre 1810, 9.
et 24 avril 1811.

Décision du ministre des finances, du 20 août 1811,
et instruction de M. le directeur général de l'enregistrement et des domaines, du 27 dudit mois d'août.
(Pailliet.)

2. L'avoué qui, en cette qualité, se rend dernier
enchérisseur d'un immeuble adjugé aux enchères, n'est
réputé que simple *mandataire* du client, si toutefois
il se met en règle. Il n'est pas nécessaire qu'il fasse
dans le procès-verbal d'adjudication, aucunes réserves
relatives au *mandat présumé*.

Si l'avoué fait, dans les trois jours, la déclaration du
mandant, il n'est pas dû de droit proportionnel de
mutation. C'est le mandant qui est adjudicataire direct
et immédiat, en telle sorte qu'il a lui-même le droit de
faire élection d'ami et déclaration de command, dans le
délai de la loi, lorsque l'avoué en a fait la réserve.

Cour de cassation, arrêt du 23 avril 1816. (*S.* 16,
I, 285.)

V. art. 713, (*A*), N°. 3.

ART. 710.

Toute personne (*A*) pourra, dans la huitaine (*B*) du jour où l'adjudication aura été prononcée, faire au greffe du Tribunal, par elle - même ou par un fondé de procuration spéciale, une sur-enchère (*C*), pourvu qu'elle soit du quart au moins du prix principal de la vente. (*D.*)

(*A*) 1. La surenchère, dont parle cet article, n'a rien de commun avec la surenchère *sur aliénation volontaire*, dont parle l'art. 2185 du Code civil, et dont les formes sont réglées par l'art. 832 et suivans du Code de procédure.

Cette dernière surenchère ne peut avoir lieu que de la part d'un créancier inscrit, auquel extrait du contrat de vente a été notifié, et elle est soumise à plusieurs conditions, notamment *de donner caution*; le créancier qui l'a fait, n'est tenu que de porter le prix à *un dixième* en sus de celui stipulé dans le contrat.

Ici au contraire toute personne indistinctement peut faire une surenchère, pourvu qu'elle soit *du quart* au moins du prix principal de la vente. La loi n'exige point de caution, mais à défaut de paiement, et en cas de revente sur folle-enchère, elle veut que l'imprudent sur-enchérisseur soit tenu *par corps* de la différence de son prix, d'avec celui de la vente.

Ces différences notables, dans les deux espèces de 710.
surenchères, veulent être bien saisies, pour qu'en com-
pulsant les arrêts, on se tienne en garde contre toute
fausse application.

V. à l'art. 712 (*A*), N°. 2, et au présent art. (*C*),
N°. 1.

2. La surenchère après adjudication sur saisie-immobilière, diffère de la surenchère après vente volontaire,
en ce que si le surenchérisseur se désiste, sans que les
créanciers se fassent subroger, l'adjudicataire peut écarter
toutes enchères, et conserver effet à son adjudication,
en en élevant le prix au taux où l'a portée la surenchère.

Cour de cassation, arrêt du 8 novembre 1815. (*S.* 16,
1, 170.)

3. Est nulle la surenchère faite sur les immeubles du
mari, par une femme qui ne possède que des biens
dotaux et inaliénables. (C. C. Art. 1554.) Elle est
comprise dans la prohibition prononcée par l'art. 713,
contre les personnes notoirement insolvables.

Cour de Lyon, arrêt du 27 août 1813. (*S.* 13, 2, 367.)

V. art. 713 (*A*), N°s. 1. et 2.

4. L'incapacité de l'un des surenchérisseurs, n'est pas
un motif d'annuller la surenchère à l'égard du co-enché-
risseur capable, surtout s'il a déclaré s'obliger solidai-
rement.

Cour de Bruxelles, arrêt du 15 avril 1809. (*S.* 14, 2, 62.)

(*B*) 1. Les jours fériés étant comptés dans le délai
de huitaine, accordé pour la surenchère, et ce délai
étant de rigueur, il ne souffre point d'extension, dans
la circonstance où le huitième jour se trouve un jour de
dimanche. Dans ce cas, comme dans tout autre, la

710. surenchère ne peut être faite le neuvième jour ; il fallait mettre à profit les dispositions de l'art. 1037 du Code de P. C. et obtenir la permission du juge.

Cour de Rouen, arrêt du 14 janv. 1815. (*S.* 15, 2, 220.)

V. art. 681, la note (*B.*)

2. Il peut être fait de nouvelles surenchères , tant qu'il ne s'est pas écoulé plus de huit jours depuis l'adjudication, lors même qu'un premier surenchérisseur aurait déjà fait son acte au greffe , signifié sa surenchère aux avoués en cause et poursuivi l'audience.

Cour de Turrin, arrêt du 30 janv. 1810. (Pailliet.)

3. L'état de blocus est une force majeure qui peut relever des déchéances prononcées par la loi. Ainsi les Tribunaux peuvent admettre à la surenchère , après l'expiration du délai fixé par le présent article, les créanciers qui , par l'effet du blocus, se sont trouvés dans l'impossibilité de surenchérir dans la huitaine du jour de l'adjudication.

Cour de Colmar, arrêt du 9 nombre 1814. (*S.* 15, 2 , 139.)

Nota. La prescription ne court pas contre les mineurs et les interdits , parce qu'ils ne peuvent agir par eux-mêmes. (C. C. art. 2252.) A plus forte raison ne doit-elle pas courir contre celui qui se trouve dans l'impossibilité absolue d'agir, suivant cet axiome, *contra non valentem agere, non currit prescriptio.*

(*C*) 1. l'adjudication de l'immeuble d'un failli, est soumise à la surenchère *du quart* pour toutes personnes, aux termes du présent article. Cette faculté, qui appartient à tous , est indépendante de celle accordée par l'article

565 du Code de commerce, aux créanciers seulement, **710.**
de surenchérir *d'un dixième.*

Cour d'Aix, arrêt du 10 juin 1813. (*S.* 14, 2, 64.)

2. Lorsque l'un des créanciers a fait une surenchère, et qu'elle a été déclarée nulle avec lui, les autres créanciers ne peuvent, sans attaquer le jugement qui l'a annullée, faire revivre la surenchère, sous le prétexte que le jugement a été l'effet de la collusion.

Cour de cassation, arrêt du 8 mars 1809. (*S.* 9, 1, 328.)

3. L'acquéreur qui, par un contrat judiciaire, pour s'affranchir d'une surenchère, s'est obligé de payer au surenchérisseur ses créances inscrites, ne peut ultérieurement contester la légitimité de ces créances, ou la validité des inscriptions prises par le créancier qui a surenchéri.

Cour de cassation, arrêt du 12 juillet 1809. (Pailliet.)

(*D*) Lorsqu'un immeuble a été vendu un prix déterminé, et qu'en outre l'acquéreur a été chargé du service d'une rente foncière assise sur cet immeuble, le créancier n'est pas tenu de surenchérir sur le capital de la rente ; ce capital, ou plutôt la charge du desservissement de la rente, ne fait pas *prix principal de la vente.*

Cour de Nismes, arrêt du 12 janv. 1809. (*S.* 9, 2, 270.)

ART. 711.

711.

N*.

Dénonciation de la surenchère.

La surenchère permise par l'article précédent, ne sera reçue qu'à la charge par le surenchérisseur d'en faire, à

711. peine de nullité , la dénonciation dans les vingt-quatre heures [*A*] aux avoués de l'adjudicataire , du poursuivant et de la partie saisie, si elle a avoué constitué [*B*] , sans néanmoins qu'il soit nécessaire de faire cette dénonciation à la personne ou au domicile de la partie saisie qui n'aurait pas d'avoué.

La dénonciation sera faite par un simple acte contenant avenir à la prochaine audience [*C*], sans autre procédure.

(*A*) Le dimanche compte-t-il pour le délai de vingt-quatre heures, prescrit par cet article; en d'autres termes, une surenchère faite le samedi , peut-elle être utilement dénoncée le lundi? deux arrêts que nous allons citer, ont prononcé l'affirmative.

Ier. ARRÊT.

Une adjudication avait eu lieu le 26 février 1808.

Le samedi 5 mars, il fut fait une surenchère ; c'était le dernier jour de la huitaine , et dès-lors le dernier jour utile. (Art. 710.)

Cet acte de surenchère ne fut signifié que le lundi 7 mars.

On oppose la nullité résultante de ce que cette signification n'a pas été faite dans le délai de 24 heures ;

prescrit par le présent article. Le Tribunal de première **711.**
instance juge en ces termes :

« Attendu en droit, que l'art. 711 du Code de procédure
« veut, à peine de nullité, que la dénonciation de la
« surenchère soit faite dans les 24 heures, et que cette
« surenchère ne soit reçue qu'à cette condition ;

« Attendu en fait, que la surenchère dont il s'agit,
« faite le 5, n'a été dénoncée que le 7 de ce mois,
« qu'ainsi cette dénonciation n'a été faite que le troisième
« jour ; que ce retard ne peut être autorisé par la cir-
« constance que le 6, lendemain de cette surenchère,
« jour prescrit pour la dénonciation, était un dimanche,
« puisque ce cas était prévu par les art. 63 et 1037 du
« Code P. C. et qu'avec la permission du président du
« Tribunal, l'acte de dénonciation pouvait être fait ce
« jour ; qu'ainsi le moyen de nullité doit être adopté.
« Le Tribunal déclare la signification nulle...... , etc. »

Sur l'appel, la Cour de Paris, par arrêt du 4 août
1808 (*S.* 8, 2 ; 283.) réforme et déclare la surenchère
bonne et valable ;

« Attendu que la loi, en exigeant que la surenchère
« soit signifiée dans les 24 heures, a entendu parler
« *d'un jour utile.* »

2me. ARRÊT.

La Cour de cassation a jugé de même, par arrêt du
28 novembre 1809, qu'une surenchère faite la veille
d'un jour de fête légale, peut, dans ce cas, être dénoncée
après les 24 heures. (Pailliet.)

Nota. Nous sommes loin d'opposer nos faibles lumières
à celles des Cours supérieures, mais il nous semble que

711. ces décisions ne sont pas en harmonie avec la loi. Sans doute il y a beaucoup de rigueur de la part du législateur, qui, *sans exception*, n'accorde que 24 heures pour la dénonciation de la surenchère; on pourrait même raisonnablement critiquer une telle disposition de loi, mais ne doit-on pas obéir, quand elle commande?

Celui qui a huit jours pour faire un acte, et 24 heures pour le dénoncer, doit combiner sa marche de manière à utiliser les délais que la loi lui accorde.

C'est un principe constant que les jours non-utiles ou fériés, intercalés dans les délais fixés par la loi comptent ainsi que les jours utiles. L'art. 7 du titre 3 de l'ordonnance de 1667, porte : « tous les jours seront « *continus* pour les délais des assignations et des pro- « cédures, même *les dimanches, fêtes solennelles*, « et les jours de vacations et autres auxquels il ne se « fait aucune expédition de justice. »

Le Code de procédure civile n'a pas abrogé cette disposition qui s'observe au contraire dans la supputation des délais.

La loi, par exemple, en accordant huit jours pour la confection d'un acte, n'a pas entendu huit jours *utiles* comme le dit la Cour de Paris, mais une révolution diurne de huit journées continues. Lors même que dans ces huit journées il se trouverait deux dimanches et une ou plusieurs fêtes, le délai fixe de huit jours ne serait pas susceptible de prolongation.

Pourquoi dès-lors n'en serait-il pas de même du délai fixe de 24 heures, surtout lorsque ce délai fait suite à un autre délai de huitaine auquel il se rattache?

C'est à celui qui veut surenchérir, à profiter des délais

de

de la loi; s'il éprouve des difficultés pour dénoncer sa surenchère dans les 24 heures , il ne peut s'en prendre qu'à lui-même ; c'est parce qu'il a attendu au dernier moment à faire un acte qu'il pouvait faire plutôt. Du reste il ne peut imputer aucun tort à la loi , puisqu'en ce cas elle l'autorise à acter un jour de fête ou de dimanche , en obtenant la permission du président du Tribunal. La loi a donc fait tout ce qu'elle pouvait faire, et tout le tort retombe sur le créancier négligent.

Nous n'hésitons pas dès-lors à nous ranger à l'opinion du Tribunal de première instance , dont le jugement motivé est rappelé ci-dessus (page 157.) , et à penser qu'il faut ou changer la loi , ou l'exécuter.

Ce qui nous confirme de plus en plus dans notre opinion, c'est que la Cour suprême a elle-même jugé , par arrêt solennel du 6 juillet 1812 (*S*. 14 , 1 , 366.) , que les jours de fêtes légales , sont compris dans le délai de huitaine , accordé par l'article 157 du Code de P. C. , pour former opposition aux jugemens par défaut , et que *ce délai ne peut être prorogé au neuvième jour , parce que le huitième est un dimanche*. Cet arrêt , bien postérieur à celui ci-dessus cité (de 1809) consacre les vrais principes , et nous autorise à penser qu'en général les délais fixés par la loi pour la confection des actes , ne sont dans aucuns cas , susceptibles d'extension.

(*B*) Si la partie saisie a un avoué en cause , la surenchère doit lui être dénoncée au domicile de cet avoué ; autrement le surenchérisseur est dispensé à son égard de dénonciation. La règle est si clairement tracée , qu'il est difficile de concevoir que son application ait pu donner lieu à un débat.

13

711.

Voici l'espèce.

Dix mai 1810 , adjudication d'un immeuble vendu sur saisie-immobilière.

Dix-sept *idem* surenchère.

Idem. Dénonciation aux avoués de l'adjudicataire et du poursuivant.

Aucune dénonciation ne fut faite à l'avoué de la partie saisie.

Sur ce motif , demande en nullité de la surenchère.

Question de savoir si la partie saisie avait ou non *avoué constitué.*

Dans le fait , la partie saisie avait formé demande en nullité de poursuites de saisie , mais par jugement du 11 février 1808 , elle avait été déboutée de sa demande , et par suite l'adjudication préparatoire avait eu lieu le 22 mars, et l'adjudication définitive le 10 mai suivant.

Le Tribunal de première instance décida que la partie saisie ayant eu avoué en cause , lors de la demande par elle formée en nullité de poursuites , sur laquelle il avait été statué par jugement du 11 février , et cet avoué n'ayant point été révoqué , elle avait dès-lors avoué en cause ; en conséquence le Tribunal annulla la surenchère.

Sur l'appel , le ministère public conclut à la confirmation du jugement , par le motif que quelques soient les incidens qui s'élèvent dans le cours de la poursuite d'une saisie-immobilière, l'instance sur cette saisie , est une et indivisible ; que si dans le cours de la poursuite, il y a eu avoué constitué pour le saisi , cet avoué , s'il n'est révoqué , demeure constitué jusqu'à l'adjudication définitive , sans qu'il soit besoin de renouveler sa constitution sur chacun des incidens qui peuvent s'élever ; que

les adjudications préparatoire et définitive, des 22 mars 711.
et 10 mai, n'étaient que la suite de tous les actes qui
constituaient la saisie-immobilière et que, postérieurement à ces actes, il y avait eu, par le saisi, demande
en nullité, et par suite avoué constitué, lequel *de plein
droit* avait continué de l'être jusqu'à l'adjudication
définitive.

Malgré ces motifs qui nous paraissent décisifs, la
Cour de Paris, par arrêt du 23 août 1810, (*S.* 10, 2,
157.) a réformé le jugement de première instance et
validé la saisie.

« Considérant (porte cet arrêt) que la poursuite de
« saisie-immobilière *ne constitue pas une instance*;
« qu'elle n'est qu'une voie d'exécution dans laquelle le
« saisi n'est partie que lorsqu'il forme une demande,
« et jusqu'au jugement définitif qui y statue ; qu'ainsi le
« ministère de l'avoué constitué par le saisi, sur sa
« demande en nullité de la procédure, ayant cessé par
« le jugement intervenu sur cette demande, la suren-
« chère n'a pas dû lui être notifiée. »

Nota. Cet arrêt nous paraît encore en opposition
formelle avec la loi. En effet, il est évident que dès
le moment où le cahier des charges reçoit sa première
publication, à laquelle toutes les parties intéressées (le
saisi et les créanciers) ont été appelées, il s'engage au
Tribunal, devant lequel l'affaire est portée, *une instance générale, qui devient commune à toutes les
parties présentes ou mises en demeure*; que si dans
le cours de cette instance, le saisi constitue avoué,
notamment pour proposer des moyens de nullité, cet
avoué reste nécessairement en cause jusqu'à révocation,

711. ou jusqu'en fin de la poursuite qui se termine par l'adjudication définitive.

Dans tout autre système, la loi serait sans aucune application possible.

En effet, si une poursuite de saisie-immobilière ne constitue pas *une instance*, si l'avoué de la partie saisie n'occupe précisément que sur les incidens qu'elle élève, et si ces incidens vuidés, cette partie saisie n'a plus d'avoué en cause, que veut dire la loi lorsqu'elle dispose que la surenchère sera dénoncée à l'avoué de la partie saisie, si elle a avoué constitué? Certes le saisi n'a pas d'avoué constitué sur la surenchère, et ce n'est pas là le sens de la loi, mais il a avoué constitué *sur l'instance de saisie*, toutes les fois qu'il demande la nullité des poursuites, et s'oppose à l'adjudication.

C'est donc par une erreur palpable que la Cour de Paris a validé une enchère évidemment illégale. Quand la loi prescrit une formalité, il n'est pas permis aux Tribunaux, par des tournures plus ou moins évasives, de paralyser sa disposition impérative ; ils ne sont au contraire institués que pour la faire respecter, ils en sont les organes et les ministres. Quelle grande et noble fonction, quand elle est dignement sentie!

Voyez à l'art. 681, la note (*B.*)

(*C*) Par *prochaine* audience, il ne faut pas entendre nécessairement la *première* ou *plus prochaine* audience, par exemple, celle qui aurait lieu le jour même ou le lendemain de la dénonciation, mais celle qui laisse aux parties un intervalle de tems suffisant pour comparaître.

Cour de Paris, même arrêt du 23 août 1810. (*S.* 15, 2, 157.)

ART. 712.

'Au jour indiqué , ne pourront être admis à concourir que l'adjudicataire et celui qui aura enchéri du quart (*A*), lequel , en cas de folle-enchère , sera tenu par corps de la différence de son prix, d'avec celui de la vente (*B.*)

(*A*) 1. Si l'enchérisseur devient adjudicataire définitif, il doit restituer au précédent adjudicataire les frais et loyaux coûts de son adjudication. (Art. 2188 du Code civil.)

2. Les personnes notoirement insolvables , peuvent être empêchées d'enchérir , même en cas de surenchère. La responsabilité établie contre les avoués , ne fait pas qu'on doive laisser enchérir des personnes insolvables ; leur insolvabilité peut être discutée préalablement , et avant qu'il ne soit procédé à la nouvelle adjudication des biens.

Cour de cassation, arrêt du 6 fév. 1816. (*S.* 16, 1, 365.)

(*B*) 1°. Une vente sur adjudication n'est pas précisément annullée par le fait d'une surenchère ; il n'y a que suspension de son effet , jusqu'à décision sur la validité , soit de la surenchère , soit de la seconde adjudication.

2°. Lorsqu'après une adjudication définitive il y a surenchère et adjudication nouvelle au profit du surenchérisseur, s'il arrive que la nouvelle adjudication soit

712. inefficace pour inexécution des charges de l'adjudication; en ce cas, il n'y a pas lieu de procéder à une troisième adjudication ; la nullité ou inefficacité de la seconde adjudication et de la surenchère , rend un plein effet à la première adjudication definitive.

Cour de Turin, arrêt du 13 juin 1812. (*S.* 14 , 2 , 283.)

Nota. Cette décision nous paraît en opposition avec l'art. 707 , portant que l'enchérisseur cesse d'être obligé si son enchère est couverte par une autre , *lors même que cette dernière serait déclarée nulle* ; et encor avec l'article 739 et les suivans , qui veulent qu'en cas de vente sur folle-enchère , il y ait de nouvelles adjudications, tant préparatoire que définitive.

713.

ART. 713.

N*. Les avoués ne pourront se rendre adjudicataires pour le saisi [*A*] , les personnes notoirement insolvables (*B*), les juges, juges suppléans , procureurs généraux , avocats-généraux , procureurs du Roi , substituts des procureurs-généraux et du Roi , et greffiers du Tribunal où se poursuit et se fait la vente [*C*] , à peine de nullité de l'adjudication, et de tous dommages et intérêts.

(*A*) 1. Par arrêt du 26 mars 1812. (*S.* 14 , 2 , 78.) la Cour de Bruxelles a jugé qu'une femme mariée sous

le régime de communauté, ne pouvait pas se rendre 712.
adjudicataire des biens vendus sur son mari, parce
qu'elle acquérerait pour le compte de la communauté ;
qu'aux termes de l'art. 2208 du C. C., l'expropriation
des immeubles, qui font partie de la communauté,
se poursuit contre le mari débiteur seul, quoique la
femme soit obligée à la dette ; et que dans le fait, c'etait
le saisi lui-même qui devenait adjudicataire, puisque
l'immeuble rentrait dans sa main.

(Voyez à l'art. 710, la note (*A*), N°. 1ʳ.)

Par arrêt du 23 février 1807 (*S.* 15, 2, 158.) la
Cour d'Aix a jugé au contraire que la femme créancière
de son mari, ayant pris inscription sur ses biens, et
en sa qualité de créancière inscrite, ayant été appelée à
l'instance où elle comparaissait au soutien de ses droits,
pouvait, avec l'autorisation légale (de son mari ou de
justice) se rendre adjudicataire des biens saisis sur son
mari ; que sa créance (celle de sa dot qui, dans l'espèce,
était de 103,000 fr.) était suffisante pour répondre de
ses faits.

Dans l'espèce, la femme étant primée par d'autres
créanciers, ne pouvait sauver une partie de sa dot, qu'en
faisant porter les biens à une valeur utile pour elle.

Nota. Ces deux arrêts qui d'abord offrent une contradiction apparente, se concilient facilement. Si une
femme mariée sous le régime de communauté, ne vérifie
pas qu'elle ait, comme *créancière*, intérêt d'enchérir
les biens de son mari, certes elle ne saurait être admise
à le faire ; parce que n'ayant point de droit personnel,
elle se trouverait véritablement agir dans l'intérêt
du saisi, et que les biens rentrant par son fait

713. dans les mains de son mari, sur qui il faudrait de
nouveau les faire vendre, ce serait paralyser l'action de
la justice, et consommer en frais le gage des créanciers.

Mais si la femme vérifie sa qualité de créancière, que
même elle soit inscrite, que comme telle elle ait intérêt
de faire valoir les biens saisis et d'empêcher qu'ils ne
se vendent à vil prix, alors elle a qualité suffisante pour
enchérir; elle n'est point insolvable, puisque sa dot
répond, et il n'existe aucune raison de l'excepter des
autres créanciers qui figurent en cause et peuvent enchérir pour améliorer le prix de la vente. Pourquoi
serait-elle la seule parmi eux qui verrait adjuger à vil
prix le gage de sa créance, sans pouvoir faire le bien
commun des créanciers, en enchérissant? en ce cas, il
n'est pas vrai de dire qu'elle acquiert pour le compte
de la communauté. Si sa dot a été constituée en immeubles vendus par le mari, elle peut acquérir en remploi;
si sa dot n'a consisté qu'en argent, elle n'en acquiert pas
moins pour son compte personnel et en imputation sur
sa dot, sauf à rembourser les créanciers qui la priment.
Dans l'un et l'autre cas, elle a *intérêt*, elle offre garantie
suffisante, et dès-lors elle a *capacité* d'enchérir.

Voyez à l'art. 710, la note (*A*), N°. 1ʳ.

2. L'instance de saisie d'un immeuble *extradotal* de
la femme (mariée sous une constitution de dot particulière)
poursuivie contre elle et son mari, mais ce dernier
seulement pour l'autoriser, ne rend pas le mari partie
saisie; il n'assiste que pour la régularité de la procédure,
ou bien la justice autorise à son refus; ce n'est pas sur
lui que la vente se poursuit, dès-lors il peut se présenter
aux enchères, et y faire ses offres.

Cour d'Aix, arrêt du 27 avril 1809. (*S.* 9, 2, 257.)

3. Les avoués ne peuvent se rendre adjudicataires en 713. leur nom, des biens dont ils sont chargés de poursuivre la vente.

Cette question a été ainsi décidée dans l'espèce suivante, après les développemens les plus lumineux.

La veuve Thierry, tutrice de ses enfans mineurs, avait été autorisée à vendre certains immeubles en justice.

M. V****, avoué poursuivant, s'en rend personnellement adjudicataire.

La tutrice demande la nullité de l'adjudication ; le Tribunal de Versailles prononce cette nullité, par jugement du 8 août 1810.

Il se fonde sur ce que les avoués, chargés de vendre, sont de véritables mandataires, et comme tels compris dans la prohibition portée par l'art. 1596 du C. C.

Sur l'appel, arrêt de la Cour de Paris, du 7 janvier 1812 (*S.* 12, 2, 57.), qui décide que les avoués ne sont pas compris dans cette prohibition, et par suite réforme le jugement dont est appel et valide l'adjudication.

Sur le pourvoi contre cette décision, arrêt de la Cour suprême, du 2 août 1813, après partage d'opinions (*S.* 13, 1, 445.), qui casse et annulle celui de la Cour de Paris, et renvoie la cause et les parties devant la Cour de Rouen.

Nous nous dispensons de rappeler les motifs de l'arrêt de cassation, nous allons les retrouver dans l'arrêt de la Cour de Rouen.

Devant cette dernière Cour, la cause a reçu de nouveaux développemens.

Arrêt définitif du 6 mai 1815 (*S.* 15, 2, 223.) qui prononce en ces termes :

713. « Attendu que les avoués sont les mandataires de ceux
« qui les chargent de faire tous les actes de procédure
« nécessaires à l'instruction, poursuite et jugement des
« actions judiciaires, tant en demandant qu'en défendant;

« Attendu que l'art. 1596 du Code civil, qui défend
« aux mandataires de se rendre adjudicataires des biens
« qu'ils sont chargés de vendre, est conçu en des termes
« généraux qui comprennent toutes les sortes de man-
« dataires sans exception;

« Attendu que le magistrat ne peut faire, entre le
« mandataire *ad lites*, et le mandataire *ad negocia*,
» une distinction que ne fait pas le texte de la loi, et
« que son esprit repousse; puisque le mandataire *ad lites*,
« par ses opérations dans la poursuite d'une vente en
« justice qu'il dirige, pourrait, s'il lui était permis de
« se porter adjudicataire pour son propre compte, abuser
« de son mandat encore plus facilement que le simple
« mandataire *ad negocia*; attendu que l'application
« de l'art. 1596 aux avoués, n'implique nullement con-
» tradiction avec l'art. 709 du Code de procédure, con-
« cernant les enchères, parce que autre chose est d'être
« chargé d'enchérir, ou d'être chargé de vendre;
« qu'envain on argumente de la possibilité que l'avoué
« auquel est confiée la poursuite de la vente, soit en
» même-tems chargé d'enchérir pour un tiers, parce
« que comme la loi ne permet pas de faire indirectement
« ce qu'elle prohibe directement, il est manifeste qu'en
« ce cas, si l'avoué devenait adjudicataire au lieu de ce
» tiers, faute d'avoir fourni son acceptation dans les trois
« jours fixés par cet article, l'adjudication retomberait
« dans la nullité prononcée par l'article précité du Code

« civil ; attendu que la seule conséquence à tirer de l'art.
« 713 du Code de procédure, est que les avoués n'étant
« point compris dans l'exclusion établie pour les per-
« sonnes y dénommées , ils peuvent se rendre adjudi-
« cataires pour eux - mêmes , tant qu'ils ne sont pas
« chargés de la poursuite de la vente pour le compte
« d'autrui ; qu'ainsi le principe de l'article 1596 du
« Code civil , reste dans toute sa force contre les avoués,
« et s'applique spécialement à V***, qui , en sa qualité
« d'avoué des mineurs Thierry , était chargé de leurs
» intérêts dans la poursuite de la vente de leur maison
» de Saint-Germain-en-Laye, et de tous les actes pré-
« paratoires à l'adjudication publique qui en a été faite
« à son profit ; LA COUR... statuant sur le renvoi à elle
« fait par la Cour de cassation, déclare l'adjudication
« du 12 messidor an 12 , nulle et de nul effet , et renvoie
« les intimés en propriété, possession et jouissance de
« la maison dont il s'agit. »

Un arrêt ainsi motivé , fait loi ; la question ne doit
plus reparaître.

(*B*) Voyez à l'art. 712 la note (*A*), N°. 2.

(*C*) D'après les dispositions de l'art. 742 du Code de
P. C., les Cours royales ne connaissant pas de l'exécution
des arrêts par elles rendus en matière de saisie-immobilière , il s'en suit que la vente ne peut jamais se faire
devant elles , mais que cette vente a nécessairement lieu
devant le Tribunal de la situation des biens saisis.

(V. art. 2210 , C C. , et nos notes sur l'art. 680, C.
P. C. (*A*), Nos. 1 et 2.

Il ne peut donc y avoir ni procureurs ni avocats-généraux , etc. , près le Tribunal où se fait la vente , puisque

713. ces magistrats supérieurs appartiennent aux Cours royales dès-lors la loi s'est mal expliquée ; elle aurait dû dire que les avoués ne pourraient se rendre adjudicataires pour les juges , etc., tant du Tribunal où se fait la vente que de la Cour royale dont ce Tribunal ressort , et c'est ainsi qu'on doit l'entendre.

ART. 714.

714.

Le jugement d'adjudication ne sera autre que la copie du cahier des charges rédigé , ainsi qu'il est dit , dans l'article 697 ; il sera revêtu de l'intitulé des jugemens et du mandement qui les termine , avec injonction à la partie saisie de délaisser la possession aussitôt la signification du jugement , sous peine d'y être contrainte , même par corps. (*A*)

(*A*) 1. Sous l'empire de la loi du 11 brumaire an 7, il était nécessaire , à peine de nullité , que le procès verbal d'adjudication contint le détail des opérations qui avaient eu lieu , et par là prouvat que chacune des formalités prescrites par la loi , avait été remplie.

A cet égard, il ne suffisait pas de l'énonciation vague que les formalités avaient été observées.

Cour de Colmar ,

1er. Arrêt du 18 nivôse an 11. (*S.* 5 , 2 , 673.)

2e. Arrêt du 7 janvier 1806. (*S.* 6 , 2 , 987.)

Nota. Cette décision s'applique aux formalités pres- **714.**
crites par le Code de procédure.

Le jugement d'adjudication doit, à peine de nullité, vérifier l'accomplissement de toutes ces formalités.

2. Les adjudications sur saisie-immobilière ont leur forme réglée par des dispositions de lois particulières et indépendantes de celles relatives aux formes des procès ordinaires ; en conséquence on ne peut les assujettir aux formes réglées par les lois générales sur la procédure, ni les annuller sous le prétexte que leur rédaction ne contient pas les quatre parties exigées par la loi du 24 août 1790.

Cour de cassation .

1er Arrêt du 27 fructidor, an 10. (*S.* 3, 1, 24.)

2e. Arrêt du 18 vendémiaire an 12. (*S.* 4, 2, 649.)

Voyez à l'art. 706 la note (*A*), N°. 5.

3. En matière de saisie-immobilière , l'appel du jugement qui a prononcé l'adjudication définitive , ne peut être interjetté par acte signifié au domicile élu dans le commandement tendant à saisie ; cette élection de domicile cesse d'avoir effet au moyen du jugement qui termine la cause.

Cour de Paris, arrêt du 21 octob. 1813 (*S.* 14, 2, 267.)

4. L'appel d'un jugement d'adjudication doit être notifié non au domicile élu par la signification du jugement , mais au domicile réel.

Cour de cassation , arrêt du 14 juin 1813 (*S.* 13, 1, 410.)

Les motifs sont , « attendu que la Cour de Riom , en « regardant comme non-valable la signification de l'appel « du jugement d'adjudication , au domicile élu par les « créanciers poursuivans , loin d'avoir violé aucune loi ,

714. « s'est conformée à la règle établie dans l'art. 456 du
« Code de P. C. , règle à laquelle il n'a pas été fait
« exception par les articles 673 , 675 et 584 du même
» Code , pour le cas où il s'agit de la signification de
« l'appel d'un jugement d'adjudication rendu à la suite
« d'une saisie-immobilière. »

Un arrêt de la Cour de Turin , du 9 février 1810 (S 10
2 , 325.), avait jugé le contraire , et décidé que l'appel
d'un jugement d'adjudication pouvait être signifié soit au
domicile de l'avoué qui avait occupé , soit au domicile
élu par le poursuivant ; c'était là une double erreur.
En effet , 1°. les fonctions de l'avoué ont cessé par
l'adjudication définitive; son mandat est terminé.

2°. Le domicile élu a de même cessé d'avoir effet , par
la mise à fin de la poursuite.

Les deux arrêts précédemment cités de la Cour de
Paris et de celle de cassation , doivent donc servir de
régulateurs, et nous devons tenir pour constant que l'appel
n'est valable , qu'autant qu'il est signifié à personne ou
domicile , suivant la règle générale posée en l'article
456 , C. P. C.

Voyez à l'art. 723 la note (A) , N°. 3 , 1re. question.

5. Lorsque l'appel émis par le saisi , est nul au respect
du créancier poursuivant , il peut par cela même et
attendu l'indivisibilité , être déclaré nul à l'égard de
l'adjudicataire.

Cour de cassation , même arrêt du 14 juin 1813. (S. 13,
1 , 410.)

6. Lorsque de plusieurs créanciers inscrits sur un
immeuble exproprié , l'un interjette appel du jugement
d'adjudication et succombe , les autres créanciers peuvent

de interjetter un second appel du même jugement, s'ils sont 714.
fait encore dans les délais, et s'ils n'ont pas été parties dans
m le premier appel. Il n'y a pas contre eux *chose jugée ;*
de ils n'ont pas été représentés par le premier appelant, s'il
n'avait agi que dans son intérêt privé.

Cour de Paris, arrêt du 26 août 1814. (*S.* 13, 2, 245.)

ART. 715.

715.

Le jugement d'adjudication ne sera délivré à l'adjudicataire, qu'en rapportant par lui au greffier quittances des frais ordinaires de poursuites (*A*), et la preuve qu'il a satisfait aux conditions de l'enchère, qui doivent être exécutées avant ladite délivrance ; lesquelles quittances demeureront annexées à la minute du jugement, et seront copiées en suite de l'adjudication : faute par l'adjudicataire de faire lesdites justifications dans les vingt jours de l'adjudication, il y sera contraint par la voie de la folle-enchère (*B*), ainsi qu'il sera dit ci-après, sans préjudice des autres voies de droit (*C.*)

3re. et dernier Acte. Signification du jugement d'adjudication, tant au saisi qu'aux créanciers inscrits.

(*A*) On appelle *frais ordinaires* de poursuite, ceux

715. auxquels donnent lieu les formalités nécessaires pour
parvenir à la vente, et que l'adjudicataire peut facilement
calculer, du moins par aperçu.

On appelle *frais extraordinaires*, ceux occasionnés
par des incidens, et par conséquent indéterminés.

(Voyez Pigeau, vol. 2, pag. 133.)

Cette distinction des frais ordinaires, d'avec les frais
extraordinaires, nous paraît ici peu utile. Les incidens
suspendant la poursuite principale, il en résulte que
l'adjudication définitive ne peut avoir lieu, que quand
il n'existe plus de difficultés. Tous les frais alors sont
connus ; aussi est-il d'usage que l'avoué poursuivant en
dresse l'état général, qu'il le fasse taxer par le juge,
et qu'il annonce au public le montant de cette taxe,
immédiatement après la dernière lecture du cahier des
charges, et lorsqu'il va être procédé à l'adjudication,
pour mettre les enchérisseurs à même de connaître
l'étendue des engagemens qu'ils vont contracter.

(*B*) Sur la folle-enchère, les cas où elle a lieu, et
les questions qu'elle fait naître, voyez à l'art. 737 (auquel
le présent art. se rattache), note (*A*), N°. 1er.

(*C*) Nous voilà parvenus au point où l'adjudication
définitive ayant été tranchée, l'adjudicataire est porteur
du jugement qui contient cette adjudication.

Mais ce jugement ne devient véritablement définitif,
que quand les parties intéressées ne peuvent plus l'attaquer, c'est-à-dire lorsqu'il a été dûment signifié, et
que le délai de trois mois s'est écoulé sans appel, ou
que l'appel, s'il en a été émis, a été rejetté.

1°. Ici s'élèvent deux questions importantes ; l'adjudicataire doit-il signifier son jugement d'adjudication à
chaque

chaque créancier inscrit, et par copie séparée ? 2°. en cas d'affirmative, cet adjudicataire a-t-il le droit de prélever les frais de cette signification, sur le montant de son prix, par privilège et préférence à tous créanciers ?

Voici le langage d'un adjudicataire qui parlait dans son intérêt ;

» Sur la première question, l'affirmative ne saurait « faire la matière d'un doute. En effet, *dans le mois* « *de la signification* (porte l'art. 749, C. P. C.) *du* « *jugement d'adjudication*, s'il n'est pas attaqué; en « cas d'appel, dans le mois de la signification de l'arrêt « confirmatif, *les créanciers et la partie saisie seront* « *tenus de se régler entr'eux sur la distribution* « *du prix.*

« D'où l'on voit d'abord que la signification, dont parle « cet article, et qui est celle de l'espèce, est nécessaire « et même indispensable, puisqu'il l'établit positivement « qu'ensuite elle doit être faite à toutes les parties inté- « ressées, c'est-à-dire *aux créanciers inscrits et à la* « *partie saisie.* Autrement, comment serait-il possible « de supposer en droit, que ces parties intéressées, qui « doivent se régler entr'elles, sur la distribution du « prix, pussent le faire, si elles n'avaient pas connaissance « du jugement d'adjudication ; et comment pourraient- « elles avoir une telle connaissance, notamment les « créanciers inscrits, si ce jugement ne leur était pas « signifié? Assurément, d'après un tel système, tout « cela serait impraticable. Dans l'hypothèse, il y a donc « nécessité d'une signification du jugement d'adjudication; « il y a donc nécessité de la faire à toutes les parties « intéressées.

14

715. « Vainement prétend – on qu'elle ne doit être fait
« qu'*au saisissant* , au *saisi* et au *créancier premi*
» *inscrit*. La loi ne fait nulle part une semblable
» restriction ; ainsi vouloir établir une pareille doctrine
« c'est ajouter à la loi, c'est créer une disposition légis
« lative. D'ailleurs dans ce système , comment admett
» l'idée, que chaque créancier inscrit soit dans l'obl
« gation de sommer le créancier premier inscrit, d
« déclarer si le jugement d'adjudication lui a été signif
« et à quelle époque ? où cela est-il écrit dans la loi
« nulle part. C'est même contraire aux vrais principe
« d'après lesquels chaque créancier inscrit se repose , e
« doit se reposer tranquillement sur la foi de son ins
» cription , jusqu'à ce qu'il soit légalement prévenu d
« ce qui se passe, à l'occasion de la vente de l'immeubl
« qu'elle affecte.

» Quant à la 2e. question tendant à savoir si l'adju
« dicataire peut prélever, par privilège sur son prix , l
« coût de la signification dont il s'agit , l'affirmative n
« saurait non plus faire la matière d'un doute. Ell
« résulte en effet évidemment de l'art. 777 du C. P. C
» *L'acquéreur* , dit cet article , *sera employé par*
« *préférence pour le coût* , *etc.* et DÉNONCIATIONS AU
« CRÉANCIERS INSCRITS. Or , dans le mot *dénonciations*
« entre essentiellement et nécessairement la significatio
« du jugement d'adjudication , puisque ce mot es
» employé dans un sens général et absolu, et renferm
« sensiblement tous les actes que l'adjudicataire est ten
» de faire aux créanciers inscrits , actes parmi lesquel
« doit se trouver indispensablement, comme prescrit e
» important , une telle signification.

Ces moyens ont prévalu, et par arrêt du 12 janvier 715¢
1813 (*S.* 13, 2, 174.), la Cour de Paris a prononcé
en ces termes :

« La Cour..... en ce qui concerne la première question ;
« attendu que, par la règle générale, un jugement d'ad-
« judication doit, comme tout autre jugement, être
« signifié *en entier à tous* ceux qui sont parties dans
« l'instance, ou avec lesquels il doit être exécuté, ou
« enfin qui ont le droit d'en appeler ; que les créanciers
« inscrits sont tous, par la notification à eux faite du
« placard, constitués parties dans l'instance de poursuite
« immobilière, et conséquemment dans le jugement
« d'adjudication qui la termine ; que ce jugement doit
« recevoir son exécution avec eux, en ce qu'il fixe et
« détermine le prix qui est substitué à leur gage ; qu'ils
« ont tous le droit d'en appeler, s'il leur préjudicie ;
« qu'à tous ces titres, le jugement d'adjudication doit
« leur être signifié ; que le Code de procédure civile ne
« fait, à cet égard, aucune distinction, qu'au contraire
« il suppose manifestement dans les art. 749 et 750,
« que le jugement d'adjudication sera signifié à chacun
« des créanciers inscrits, lorsqu'il leur impose, par le
« premier de ces articles, l'obligation de se régler
« entr'eux et avec la partie saisie, sur la distribution du
« prix ; et par le second, celle de requérir la nomination
« d'un juge-commissaire pour procéder à l'ordre, le
« tout dans un délai donné, *à partir de la signification*
« *du jugement* d'adjudication, laquelle dès-lors doit
« être faite individuellement à chacune des personnes qui
« doivent être interpellées et mises en demeure ; *que*
« *cette signification peut sans doute avoir de graves*

715. « inconvéniens, et jetter les parties dans des frais
« excessifs, lorsque le jugement est volumineux et
« le nombre des créanciers considérable ; mais que
« la loi n'ayant point établi d'exception ni de mode
« particulier à cet égard, il n'appartient point aux juges
« de faire ce qu'elle n'a point fait, et de suppléer à
« ses dispositions.

« En ce qui concerne la deuxième question, attendu
« que l'on ne peut comprendre dans les frais ordinaires
« d'adjudication, que ceux qui sont nécessaires dans
« tous les cas, et indispensables pour y parvenir ; que
« les frais de signification, postérieurs à l'adjudication,
» et nécessités par le nombre plus ou moins grand des
« créanciers du vendeur, sont d'un autre ordre, et que
» par la disposition de l'art. 777 du Code civil, le
« privilège de l'acquéreur ou adjudicataire, pour ces
« sortes de frais, est assuré ;

« Ordonne que l'adjudicataire sera colloqué dans l'ordre
« dont il s'agit, par privilège et préférence, pour toute
« la somme à laquelle se trouveront monter, d'après la
» taxe, les frais de signification du jugement d'adju-
« dication aux créanciers inscrits et à la partie saisie, etc.

Nota. Dans l'état actuel de la législation, cet arrêt
peut être fondé en principes, mais on conviendra que
cette législation est bien vicieuse, puisque les magistrats
eux-mêmes annoncent que de semblables actes, ont de
graves inconvéniens, *et jettent les parties dans des
frais excessifs.* N'eut-il pas été et ne serait-il pas sage
de remédier à un tel abus, notamment en réduisant à
un simple extrait les copies à signifier, et en limitant
le nombre de ces copies qui pourraient, sans inconvéniens,

être signifiées aux créanciers poursuivans, et premier 715.
inscrit, comme représentant tous les autres?

ART. 716.

Les frais extraordinaires (*A*) de pour- 716.
suite seront payés par privilège sur le
prix (*B*), lorsqu'il en aura été ainsi
ordonné par jugement. (*C.*)

(*A*) Voyez à l'art. 715, la note (*A.*)

(*B*) Si ces frais sont connus et taxés avant l'adjudication, rien n'empêche, et même il est d'usage de les
mettre à la charge de l'adjudicataire.

(*C*) Cette disposition avertit assez l'avoué du saisissant
qu'il doit, lors du jugement des incidens, être attentif à
demander que ses frais passent en frais extraordinaires
de poursuite, et comme tels qu'ils soient payés, par
privilège, sur le prix provenu ou à provenir de l'adjudication; autrement le poursuivant courrait le risque de
ne pouvoir les recouvrer, vu l'insolvabilité assez ordinaire de la partie saisie qui ne conteste et n'élève
des incidens ruineux, qu'à raison de ce qu'elle n'a plus
rien à perdre.

ART. 717.

Les formalités prescrites par les 717.
articles . . . . . . 673.
674.
675.

717.

676.

677.

680.

681.

682.

683.

684.

685.

687.

695.

696.

697.

699.

700.

701.

702.

1^r. alinea de 703.

704.

705.

706.

707.

708.

Seront observées *à peine de nullité*. (A)

(*A*) Outre les 25 articles ci-dessus, deux autres prononcent encore la peine de nullité, en cas d'inobservation des formalités qu'ils prescrivent; ce sont les articles

711

et 713.

Tous ces articles ne s'appliquent qu'aux actes ordinaires de poursuite, et non aux incidens, dont les actes sont aussi frappés de nullités particulières.

Cette nomenclature, il faut en convenir, est effrayante; elle l'est d'autant plus, que la nullité ainsi prononcée, s'applique à *tout* ce que prescrivent les 27 articles ci-dessus énumérés, et dès-lors aux formalités les plus minutieuses.

En parcourant cette vaste carrière ouverte à la chicane, on dirait que le législateur a pris plaisir à semer les difficultés, et à les multiplier de manière que le saisi fut armé de moyens inépuisables, pour résister à l'attaque qui lui est portée.

Comment une idée si contraire à la justice a-t-elle pu trouver accès auprès du législateur, dont le but constant doit être de faire rendre à chacun ce qui lui appartient, et dès-lors de protéger le créancier, contre les ruses et la mauvaise foi du débiteur ?

Ce qu'il y a de non moins étrange, c'est que le législateur a fixé pour chaque acte, un si bref délai, que l'avoué le plus surveillant peut à peine éviter de se laisser surprendre, et que la vigilance même la plus attentive, est souvent mise en défaut.

Qu'importe au saisi qu'un acte de poursuite soit fait plus ou moins diligemment ? un plus long délai ne serait

717. il pas au contraire dans son intérêt ? ne lui offrirait-il pas une facilité de plus pour se libérer ? pourquoi dès lors annuller des actes, uniquement parce qu'ils ne sont pas faits dans un délai extrêmement bref, lequel souvent serait insuffisant, si le poursuivant n'avait recours à des voies extraordinaires et ruineuses ? Dans certains cas, notamment lorsque le débiteur demeure à une très grande distance du lieu de la situation des biens saisis, la poste elle-même ne serait ni assez sûre, ni assez diligente. Un paquet peut s'égarer en route ; il peut n'être pas remis assez à tems à sa destination ; la personne à qui on l'adresse, peut être malade ou absente ; combien de circonstances alors peuvent opérer un retard d'autant plus fatal, que le législateur, toujours imprévoyant, n'a pas même accordé un jour en sus par trois myriamètres de distance, et que le délai fixé est de rigueur absolue. Quand la loi dit, par exemple, (art. 704) que dans la quinzaine de l'adjudication préparatoire, de nouveaux placards seront apposés dans les communes désignées en l'art. 684, si ces communes sont à cent myriamètres de distance du lieu où se poursuit la vente, n'est-il pas indispensable alors d'expédier à grands frais des mandataires qui, jour et nuit occupés de remplir leur mandat, parviennent à faire apposer les placards dans le délai de rigueur ?

Enfin, une idée vraiment affligeante, est celle que presque toujours la procédure entière s'écroule, si un seul acte est entaché du plus léger vice. Dans les matières civiles ordinaires, et même dans les affaires criminelles où l'observation des formes est plus rigoureusement exigée, lorsque la Cour de cassation annulle un acte,

elle laisse subsister tout ce qui précède, et la procédure 717.
se reprend et se poursuit, à partir du dernier acte
conservé.

Mais ici les mesures ont été prises de manière qu'il
est rigoureusement vrai de dire que *qui cadit a sillaba,*
cadit a toto, par la raison que la procédure formant
un tout, dont chaque acte doit, à peine de nullité, être
fait dans un délai donné, si un seul acte est annullé,
tout l'édifice s'écroule à la fois.

Jusque-là, le législateur avait décélé de l'imprévoyance;
ici il va jusqu'à l'injustice; aussi dès le moment où le Code
parut, cet article frappa-t-il tous les membres du barreau;
chacun blâma hautement tant de rigueur, et jugea qu'une
loi, aussi mal combinée, entraînerait dans son exécution
des abus et des difficultés sans nombre; l'expérience n'a
que trop confirmé ce jugement.

Plus on examine la loi dans son ensemble comme dans
ses détails, plus on en sent l'imperfection, et plus
aussi tous les vœux se réunissent pour voir une loi sage
en remplacer une aussi vicieuse.

ADDITION
SUR L'ARTICLE 713.

Avant de passer à l'examen des articles de la loi, 713.
relatifs aux incidens sur la poursuite de saisie-immobilière,
nous placerons ici une addition importante.

Nous avons dit (pag. 201) qu'un avoué ne peut se
rendre personnellement adjudicataire des biens dont il
est chargé de poursuivre la vente; et à l'appui de cette
opinion, nous avons cité notamment un arrêt solennel
de la Cour de cassation.

713. Cette même Cour vient de décider, par arrêt du 10
mars 1817 (S. 17, 1, 203.), que le principe n'est
applicable qu'aux ventes volontaires, parce qu'alors
l'avoué est le mandataire du *propriétaire*, et comme
tel, *chargé de vendre* ; au lieu qu'en matière de vente
forcée, l'avoué n'est chargé que de *provoquer la vente* ;
il ne représente qu'un *créancier* du propriétaire, et
non le propriétaire sur qui l'on vend ; et de même que
le créancier poursuivant peut acquérir (article 698.)
de même le mandataire de ce créancier peut devenir
personnellement adjudicataire.

Nota. Nous prions le lecteur de noter cette addition
à la page où elle aurait dû se trouver.

TITRE 13.

Des incidens sur la poursuite de saisie-immobilière

ART. 718.

718. Toute contestation incidente à une
poursuite de saisie - immobilière, sera
jugée sommairement (*A*) dans les
Cours et dans les Tribunaux ; les demandes ne seront pas précédées de
citation au bureau de conciliation. (*B*)

(*A*) Ainsi elle peut l'être en vacations ; voyez à l'art.
706 la note (*A*), N°. 1er.

(*B*) 1. En matière de saisie - immobilière, et lors

même qu'il n'existe encore qu'un commandement préalable à la saisie, le Tribunal de la situation des biens hypothéqués, peut seul connaître de la validité des offres faites par le débiteur, au domicile élu par le commandement ; dès-lors on ne doit considérer ni le domicile réel du créancier, ni celui du débiteur.

Cour de cassation, arrêt du 10 décembre 1807. (*S. 8*, **1**, 94.)

2. 1°. L'appel d'un jugement de première instance relatif à un simple incident, ne désaisit pas les premiers juges de la connaissance du fonds ;

2°. L'inscription en faux incident ne suspend pas le jugement de la cause ; la loi n'accorde cette faveur qu'à l'inscription de faux principal ; cette décision s'applique même en matière de saisie-immobilière.

Cour de Cassation, arrêt du 1ᵉʳ. décembre 1813. (*S. 14*, **1**, 80.)

ART. 719.

Si deux saisissans ont fait enregistrer (*A*) deux saisies de biens différens, poursuivies dans le même Tribunal, elles seront réunies sur la requête de la partie la plus diligente, et seront continuées par le premier saisissant : la jonction sera ordonnée, encore que l'une des saisies soit plus ample que l'autre ; mais elle ne pourra, en aucun cas, être

719
et
720.

demandée après la mise de l'enchère a
greffe. En cas de concurrence, la pou
suite appartiendra à l'avoué du porteu
du titre plus ancien ; et si les titres' son
de même date , à l'avoué le plus ancien

ART. 720.

720.

Si une seconde saisie présentée à l'en
registrement (*A*) est plus ample que l
première , elle sera enregistrée (*A*) pou
les objets non compris en la premièr
saisie , et le second saisissant sera ten
de dénoncer sa saisie au premier saisis
sant, qui poursuivra sur les deux , s
elles sont en même état, sinon surseoir
à la première, et suivra sur la deuxièm
jusqu'à ce qu'elle soit au même degré
et alors elles seront réunies en une seul
poursuite , qui sera portée devant l
Tribunal de la première saisie. (*B*)

(*A*) C'est-à-dire *transcrire*, *transcription*, *trans*
crite.

(*B*) La loi trace ici la procédure à suivre, dans le

cas où il est établi à la fois deux saisies sur le même débiteur.

Elle prévoit d'abord le cas où les deux saisies comprennent *des biens différens*, mais sont poursuivies devant le *même Tribunal*; alors elles sont réunies, et la poursuite se continue par le premier saisissant.

La loi s'explique ensuite sur le cas où la 2e. saisie est *plus ample* que la 1re., c'est-à-dire lorsqu'elle contient tout ou partie des biens portés en la première saisie, et d'autres biens qui n'y sont pas compris.

Le second saisissant est tenu de dénoncer sa saisie au premier, et celui-ci poursuit sur les deux saisies.

Tout cela est facile lorsqu'elles n'ont encore été suivies d'aucuns actes de poursuite, et lorsqu'elles sont portées devant le même Tribunal; mais la loi veut que si les deux saisies ne sont pas au même état, il soit surcis à la première, que la seconde soit poursuivie, jusqu'à ce qu'elle se trouve au même dégré, et qu'alors les deux saisies soient réunies en une seule poursuite, laquelle sera portée devant le Tribunal de la première saisie.

Ici se présentent des difficultés d'exécution qu'il ne nous paraît pas possible de vaincre. On a remarqué que la jonction peut avoir lieu, tant que le cahier des charges n'a pas été déposé au greffe. Or, avant ce dépôt, le saisissant a dû dénoncer au débiteur le procès-verbal de saisie; lors de cette dénonciation, il a dû indiquer le jour de la première publication du cahier des charges; Il a dû rédiger, et faire apposer le premier placard, contenant la même énonciation; ce placard a dû être notifié au saisi et aux créanciers inscrits; enfin, le

719 et 720. jour de la première publication de l'enchère, a dû être annoncé au public par la voie du journal.

En cet état, s'il faut que le premier saisissant laisse dormir sa saisie, pour s'emparer de la 2e. et l'amener au même degré que la première, que deviendront les actes par lui faits sur la première saisie ? ils resteront sans effet, puisque la publication ne pourra plus se faire au jour indiqué, et qu'il faudra attendre que la deuxième saisie ait été mise en état.

En second lieu, s'il faut mettre la deuxième saisie au même degré que la première, c'est-à-dire s'il faut que le premier placard ait été apposé et notifié, avant que la jonction ne puisse être requise, ces actes resteront encore sans effet, puisque la jonction une fois ordonnée, le placard uniquement relatif à la deuxième saisie sera incomplet, et qu'il en faudra un nouveau, comprenant tous les biens portés aux deux saisies.

Enfin on se demande comment un premier saisissant peut aller devant un autre Tribunal que celui devant lequel il plaide, pour y poursuivre, sans titres ni pièces, une seconde saisie qui lui est étrangère, la mettre au même degré que sa propre saisie, et demander ensuite la jonction du tout ?

L'embarras redouble, lorsque l'on voit que la poursuite des deux saisies réunies, doit retourner, pour le tout, devant le juge de la première saisie, en sorte que le premier saisissant se trouve obligé de faire vendre au même Tribunal des biens situés dans différens arrondissemens, et qu'il est contraint d'employer en même-tems et à la fois le ministère d'huissiers de deux ressorts différens. Si même la deuxième saisie avait été faite en conformité des dispositions du paragraphe 2 de l'art. 2210 du Code civil , les deux saisies jointes pourraient se trouver comprendre des biens situés dans trois arrondissemens ; que l'on juge alors de l'embarras du créancier poursuivant ! 719 et 720.

La loi du 14 novembre 1808 (page 44.) qui permet au créancier de saisir en même-tems les biens de son débiteur, situés dans différens arrondissemens , est bien plus sage. Elle veut , en ce cas , que les procédures relatives tant à la poursuite de saisie-immobilière, qu'à la distribution du prix , soient portées devant *les Tribunaux respectifs de la situation des biens*. Là il n'y a point de cumulation de procédures , point d'entraves dans la marche, point de *ventillation* ou autres incidens , pour la distribution.

Le Code ne se trouve plus en harmonie avec cette loi ; les dispositions du Code sont irréfléchies et vraiment inexécutables; aussi les annales judiciaires ne mentionnent elles aucun arrêt applicable à ce cas , par la raison sans doute qu'aucun créancier n'a osé tenter une semblable procédure.

ART. 721.

Faute par le premier saisissant d'avoir poursuivi sur la deuxième saisie à lui dénoncée , conformément à l'article ci-dessus , le second saisissant pourra , par un simple acte, demander la subrogation. 721 et 722.

721
et
722.

ART. 722.

Elle pourra être également demandée en cas de collusion, fraude ou négligence de la part du poursuivant (*A.*)

Il y a négligence, lorsque le poursuivant n'a pas rempli une formalité, ou n'a pas fait un acte de procédure, dans les délais prescrits (*B*) ; sauf, dans le cas de collusion ou fraude, les dommages-intérêts envers qui il appartiendra.

Nota. Nous avons accolé ces deux articles, parce que tous deux posent les règles relatives à la *subrogation*, et que les décisions que nous aurons à citer, s'appliquent à l'un et à l'autre.

(*A*) 1. Si le créancier poursuivant se désiste ou suspend ses poursuites, un autre créancier inscrit peut lui être subrogé, et poursuivre l'adjudication en son lieu et place.

Cour de cassation, arrêt du 15 germinal an 11. (*S.* 3, 1, 284.)

Cour de Rouen, arrêt du 16 germinal an 11. (*S.* 3, 2, 224.)

(*A*) 2. Le désistement d'une première saisie, fait sur la provocation d'un second saisissant, est valable, quoique ce désistement n'ait été fait qu'à la barre, et en l'absence du saisi qui avait été légalement appelé.

Le créancier, second saisissant, qui a provoqué le désistement, et qui la accepté, peut être subrogé aux poursuites. En d'autres termes, le premier saisissant peut se désister au profit du second saisissant, lors même qu'il n'y aurait pas de négligence de la part de ce premier saisissant.

Cour de cassation, arrêt du 12 mai 1813. (*S.* 14, 1, 277.)

3. L'article 721 dit que « faute par le premier saisissant, « d'avoir poursuivi, etc. , le second saisissant pourra.... « demander la subrogation. » Cette faveur jusques-là, n'est accordée qu'au second saisissant.

L'article 722 ajoute :

« Elle (la subrogation) pourra être également de- « mandée, en cas de collusion, fraude ou négligence « de la part du poursuivant. »

Ici le législateur ne dit pas par qui elle pourra être demandée. Est-ce toujours uniquement par le second saisissant, ou peut-elle l'être par-tout ayant droit, c'est-à-dire par tout créancier inscrit ?

Par arrêt du 7 avril 1808 (*S.* 15, 2, 159.), la Cour d'Aix a jugé que la disposition de l'article 722, était générale, et non restreinte au second saisissant ; qu'ainsi tout créancier inscrit pouvait demander la subrogation. Voici les motifs de son arrêt, que nous croyons devoir recueillir, comme contenant les vrais principes de la matière.

« Considérant que , d'après l'art. 2190 du Code civil, « le désistement du créancier requérant la mise aux « enchères, ne peut, même quand le créancier paierait « le montant de la soumission, empêcher l'adjudication

15

722. « publique, si ce n'est du consentement exprès de tous
« les autres créanciers hypothécaires ; que d'après l'art.
« 692 du Code de procédure civile, le débiteur saisi ne
« peut, à compter du jour de la dénonciation à lui faite
« de la saisie, aliéner les immeubles, à peine de nullité,
« et sans qu'il soit besoin de le faire prononcer ; que
« cette prohibition n'est rapportée que dans le seul cas
« où, avant l'adjudication, l'acquéreur consigne une
« somme suffisante pour acquitter en principal, intérêts
« et frais, non pas seulement les créances du saisissant,
« mais toutes les créances inscrites (art. 693); que si
« cette consignation n'est pas faite avant l'adjudication,
« il ne peut y être sursis sous aucun prétexte. (art. 694)
  » Considérant qu'aux termes de l'art. 695 du même
« Code, un exemplaire du placard imprimé doit être
» notifié aux créanciers inscrits, huit jours au moins
» avant la première publication de l'enchère : d'après
« l'article 696, la notification prescrite par l'article pré-
» cédent, doit être enregistrée en marge de la saisie,
» au bureau de la conservation des hypothèques, et
« du jour de cet enregistrement, la saisie ne peut plus
« être rayée que du consentement des créanciers, ou
« en vertu de jugemens rendus contr'eux ; considérant
« que de ces divers textes, il résulte évidemment qu'une
« saisie - immobilière appartient à tous les créanciers
« inscrits ; et de même que leur inscription au bureau
« des hypothèques leur donne un droit sur le prix de
« l'immeuble qui est le gage commun de tous, suivant
« le rang de leurs privilèges ou hypothèques, de même
« les poursuites faites par l'un d'eux, et notifiées à tous
« les autres, leur deviennent communes, puisque ces

« poursuites ne sont que le moyen légal de parvenir à « l'adjudication publique de l'immeuble ; et à la distri- « bution de son prix. 722.

« Considérant que les dispositions des articles précités « du Code de procédure civile , seraient entièrement « oiseuses , s'il dépendait d'un créancier saisissant de « négliger ou d'abandonner entièrement les poursuites « en prenant des arrangemens avec le débiteur saisi , « si chaque créancier n'avait pas le droit d'être subrogé « à ces poursuites abandonnées ou négligées ; les règles « relatives à cette subrogation ; sont rétracées dans le « titre 13 ; livre 5 du Code de procédure civile.

« Considérant que ; d'après l'art. 721 ; si le premier « saisissant ne poursuit pas sur une 2me. saisie à lui « dénoncée ; le second saisissant pourra ; par un simple « acte ; demander la subrogation , et d'après l'art. 722 , « cette subrogation pourra être également demandée en « cas de collusion , fraude ou négligence de la part du « poursuivant ;

« Considérant qu'en combinant l'art. 722 ; avec les « articles précités , on voit clairement que le législateur « a voulu accorder la subrogation non pas seulement à « un créancier saisissant ; mais à tout créancier inscrit, « Restreindre l'article 722 ; au sens que lui donne la partie « saisie ; ce serait supposer une contradiction dans la loi , « puisqu'après avoir disposé ; pour la saisie notifiée aux « créanciers ; qu'elle ne pourrait pas être rayée sans leur « consentement , et l'avoir par conséquent rendue com- « mune à l'intérêt de tous ; elle aurait anéanti cet « avantage ; si la saisie impoursuivie ou abandonnée « par le poursuivant , ne pouvait pas être continuée par « tout créancier inscrit ;

722. « Considérant qu'il ne peut rester aucun doute sur le
« véritable sens de l'art. 722, si l'on se réfère à ce qui
» se pratiquait en matière de saisie-réelle dans les pays
« de décret ; que la saisie-immobilière, telle qu'elle est
« prescrite par le Code de procédure, est calquée sur la
« saisie-réelle usitée anciennement dans les pays de
« décret, sauf les modifications nécessitées par le nouveau
« régime hypothécaire. En saisie-réelle, lorsque les affiches
« avaient été posées, tout créancier qui avait privilège
« ou hypothèque sur les biens saisis, était obligé, pour
« conserver son droit, de faire opposition *afin de*
« *conserver* ; cette opposition rendait le créancier *sai-*
« *sissant*, elle donnait au créancier, en matière de
« saisie-réelle, le même droit que lui assurent aujourd'hui
« l'inscription et l'enregistrement de la saisie dénoncée
« à tous les créanciers. Sous la saisie-réelle, si le pour-
« suivant négligeait de poursuivre, tout créancier oppo-
« sant pouvait se faire subroger aux poursuites ; ce
« principe est attesté par Ferrière, Pigeau et divers
« auteurs qui ont écrit sur la saisie réelle ;

« Considérant que les lois du 11 brumaire an 7, sur
« le régime hypothécaire et les expropriations forcées,
« introductives d'un droit nouveau, ne contiennent
« aucune disposition relative à la subrogation ; ce droit
« n'en continue pas moins cependant d'être accordé à
« tout créancier inscrit, ainsi qu'il résulte de deux arrêts
» rendus par la Cour suprême, l'un le 15 germinal an
« 11, qui rejette le pourvoi de Giroust ; le second, le
« 10 pluviôse an 12, qui rejette le pourvoi de Levasseur.
« Il résulte, du texte de ces deux arrêts, que, pour avoir
« le droit de se faire subroger au poursuivant l'expro-

« priation forcée, il suffit d'être créancier direct du saisi, 722.
« et d'avoir hypothèque ou privilège sur l'immeuble ;

« Considérant que le bénéfice de la subrogation ayant
« dû être accordé sous l'empire de la loi du 11 brumaire
« an 7, qui était muette sur ce point , il doit l'être à
« plus forte raison sous le Code de procédure civile ,
« dont l'art. 722 , s'il pouvait présenter quelques doutes,
« serait suffisamment expliqué par la jurisprudence
« ancienne , et par les arrêts de la Cour suprême ;

« La Cour.... ordonne que le sieur Grevin (créancier)
« demeurera subrogé, etc. »

Nota. L'arrêt du 15 germinal an 11 , est rapporté dans
Sirey , tom. 3, 1re. part. , pag. 284.

Celui du 12 pluviôse an 12, est rapporté, tom. 4, 1re.
part. , pag. 219.

Enfin on trouve , dans le même sens, un arrêt de la
Cour de Rouen , du 16 germinal an 11 , tom. 3, 2me.
part. , pag. 224.

On voit que la Cour d'Aix combine avec effort toutes
les dispositions tant du Code civil que du Code de procédure , applicables à la question agitée , et qu'elle
s'étaye de la jurisprudence ancienne et nouvelle , pour
arriver à une solution sage sans doute, mais que l'on
aurait dû trouver dans la loi. Pourquoi en effet le
législateur n'a-t-il pas dit que la subrogation pourrait être
demandée *par tout créancier ayant privilège ou hypo-*
thèque ? il eut prévenu des débats qui l'accusent d'imprévoyance.

A cette décision de la Cour d'Aix , vient s'en joindre

722. une autre non moins grave, de la Cour de Riom, en voici les détails que nous avons recueillis.

Une instance de saisie-immobilière était poursuivie au Tribunal civil de Moulins (Allier) par le sieur De Boisville contre le sieur De Salbrune. Le poursuivant est désintéressé par acte notarié, et consent à la nullité de la poursuite ; un autre créancier, le sieur Favier, demande la subrogation.

Jugement du 8 janvier 1816, qui prononce ainsi :

« Considérant qu'aux termes de l'art. 696 du Code
» de procédure civile, lorsque la saisie-immobilière a
« été notifiée aux créanciers inscrits, et que cette noti-
« fication a été enregistrée en marge de la saisie, au
« bureau de la conservation des hypothèques, ladite
« saisie ne peut plus être rayée que du consentement
« des créanciers ; qu'ainsi dès ce moment, la procédure
« leur devient commune, et qu'elle leur profite, tel-
« lement qu'en cas de collusion, fraude ou même négli-
« gence, tout créancier inscrit peut demander la subro-
« gation, ainsi qu'il résulte des articles 721 et 722 du
« même Code ; considérant dès lors que le sieur De
« Boisville (poursuivant) n'a pas pu, par son fait,
« priver les autres créanciers d'un droit que la loi leur
» assure (celui de se faire subroger à la poursuite ;)

« Considérant qu'aux termes de l'art 722, C. P. C.
« la subrogation peut être demandée dans les cas y
« exprimés ; qu'à la vérité l'art. 721 qui précède, ne
« parle que du second saisissant, et que l'on pourrait
« en induire que ce second saisissant est le seul auquel
« profite ce bénéfice de la loi, mais qu'un tel système
« serait évidemment erroné.

« Qu'en effet : 1°. l'art. 722 est général et absolu, et 722 ne dit pas que le second saisissant ait seul droit d'user « de la faculté qu'il accorde ;

2°. Que ce même article doit être concilié avec l'art. « 696 , qui fait profiter tous les créanciers inscrits au « bénéfice de la poursuite ;

« 3°. Que la subrogation étant de droit commun , et « n'existant dans la loi aucun article qui en prive le « créancier inscrit , c'est le cas d'admettre l'action ;

« 4°. Enfin que les Tribunaux l'ont ainsi jugé , soit « avant, soit depuis le code de procédure civile ;

« Considérant qu'il importe peu que le créancier « saisissant ait abandonné ses poursuites par négligence « réelle , ou par défaut d'intérêt ; que c'est encore la « doctrine de Pigeau , *loco citato* , et la conséquence « des principes posés par les articles 696 et 722 du Code « de procédure ;

« Considérant enfin que la demande en subrogation « dont il s'agit , tend à économiser les frais , en ce « qu'elle évite de recommencer une procédure dispen- « dieuse , et dont les frais sont déjà faits.

Par ces motifs :

» Le Tribunal jugeant en premier ressort , donne acte » au sieur De Boisville de sa déclaration , qu'il a été « désintéressé et n'entend plus ni poursuivre ni prendre « aucune part à la poursuite de l'instance de saisie- « immobilière dont il s'agit ;

» En conséquence , faisant droit sur la demande en » subrogation formée par le sieur Favier.... sans s'arrêter « ni avoir égard aux fins et conclusions incidentes du « sieur De Salbrune , dont il est débouté , dit que le

722. « sieur Favier est et demeure subrogé à la poursuite
» de saisie-immobilière dont il s'agit, et qu'à sa requête
» et diligence, il sera passé outre à la continuation et
« mise à fin de ladite saisie, jusqu'à vente et adjudi-
« cation définitive des immeubles saisis.

« Par suite, ordonne qu'il sera à l'instant procédé à
« l'adjudication préparatoire desdits immeubles, s'il n'y
« a empêchemens légitimes, sous les offres et soumissions
» par lui faites, de prendre pour son compte personnel
« la mise à prix de 10,000 francs, outre les charges,
« portées au cahier d'enchères. »

Sur l'appel émis par le sieur De Salbrune, arrêt de la
Cour de Riom, du 21 mars 1816, en ces termes :

« Attendu que la subrogation exercée par le sieur
« Favier, est bien fondée, qu'elle n'a rien de contraire
« aux dispositions du Code de procédure, ni en la forme
« ni au fond; et au surplus, par les motifs exprimés audit
« jugement, LA COUR met l'appellation au néant, ordonne
« que le jugement dont est appel, sera exécuté selon sa
« forme et teneur, et condamne l'appelant en l'amende
« et aux dépens. »

M. Pigeau adopte les mêmes principes dans son traité
de la procédure civile, tom. 2, pag. 153.

Enfin l'article 119, du tarif des frais et dépens, dit
aussi, en termes généraux :

» Pour l'acte contenant demande en subrogation à la
« poursuite, soit faute par le premier saisissant de s'être
« mis en état sur la plus ample saisie, soit en cas de
« collusion, faute ou négligence de la part du pour-
« suivant. »

En marge il rappelle les articles 721 et 722 du Code 722. de procédure, sans les distinguer.

La généralité de ces expressions prouve assez que la faculté de former la demande en subrogation, n'est pas accordée au second saisissant seulement, mais bien à tous les créanciers inscrits qui ont intérêt à la chose, et dès-lors que la loi les embrasse tous, par cela seul qu'elle ne contient pas d'expression limitative ou exclusive.

4. De même que le paiement du créancier poursuivant n'empêche pas la continuation des poursuites de saisie-immobilière, s'il plaît à un autre créancier, non payé, de se faire subroger à ces poursuites ; ainsi le créancier qui est porteur de plusieurs créances, et qui poursuit à défaut de paiement de l'une d'elles, peut, s'il vient à être payé du montant de cette créance, continuer sa poursuite à raison des autres créances non payées, pourvu qu'elles soient inscrites sur les biens saisis.

Cour de Grenoble, arrêt du 14 juillet 1809. (*S.* 10, 2, 366.)

5. Un créancier en sous-ordre ne peut pas être subrogé aux poursuites d'expropriation forcée, commencées par un créancier personnel du saisi.

« Attendu que pour avoir le droit de se faire subroger « au poursuivant, il faut être créancier direct, et avoir « hypothèque ou privilège sur l'immeuble, par la « raison que ceux-là seuls peuvent poursuivre l'immeuble « qui ont un privilège ou une hypothèque sur icelui, « ce que n'a pas un créancier en sous-ordre. »

Cour de cassation, arrêt du 10 pluviôse an 12. (*S.* 4, 1, 219.)

Nota. C'est par la force du même principe que le

722. montant de la collocation d'un créancier direct, se sub-
divise au marc le franc entre ses créanciers en sous-
ordre, sans qu'il puisse être question entr'eux d'antériorité
ni d'hypothèque. (C. P. C. Art. 778.)

6. Si la demande en subrogation est portée à l'audience
indiquée pour l'adjudication préparatoire, et si la subrogation est accordée, il peut être passé outre de suite à
l'adjudication, nonobstant la faculté d'appel accordée
par l'article 723.

Argument tiré de l'article 733, qui veut que si les
moyens de nullité contre la procédure qui précède
l'adjudication préparatoire, sont rejettés, cette adjudication soit prononcée par le même jugement, nonobstant
la faculté d'appel accordée au saisi par l'article 734.

Jugement du Tribunal de Moulins, du 8 janvier 1816.

Arrêt confirmatif de la Cour de Riom, du 21 mars
1816, l'un et l'autre rendus dans l'affaire déjà citée du
sieur Favier, contre le sieur De Salbrune.

Voici les motifs du jugement du Tribunal de Moulins.

« Considérant que l'adjudication préparatoire étant
« indiquée à cejourd'hui, cette adjudication ne souffre
« pas de remise, et qu'en y procédant, ce ne sera pas
« nuire au sieur De Salbrune qui sera libre, si bon lui
« semble, d'interjetter appel dans le délai fixé par la
« loi, du jugement de subrogation, ensemble de tous
« jugemens et actes postérieurs ;

« Considérant qu'aux termes de l'art. 734 du Code
« de procédure civile, la partie saisie a de même la
« faculté d'interjetter appel dans la quinzaine de la
« signification à avoué, du jugement qui rejette les
« moyens de nullité contre la procédure qui précède

l'adjudication préparatoire, et cependant que malgré 722.
cette faculté d'appel, le même article ordonne qu'il
soit procédé de suite à ladite adjudication.

« Qu'il y a parité de raison, et dès-lors que le principe
posé par la loi doit recevoir son application. »

Les motifs de l'arrêt de la Cour de Riom, sont :

« Attendu qu'en rejettant l'exception dilatoire proposée
par le sieur De Salbrune, et en ordonnant qu'il serait
passé outre à l'adjudication préparatoire, les premiers
juges n'ont fait aucun préjudice réel audit sieur De
Salbrune, qui n'en conservait pas moins le droit
d'attaquer dans le délai fixé par le Code de procédure,
le jugement qui avait accordé la subrogation ; qu'au
surplus les premiers juges, en prononçant par suite
de leur décision qui admettait la subrogation, qu'il
serait procédé à l'adjudication préparatoire, au lieu
de violer aucune disposition du Code de procédure,
en ont au contraire bien saisi l'esprit. »

7. La demande en subrogation aux poursuites de
saisie-immobilière, doit parcourir deux degrés de juridiction ; ainsi cette demande ne peut être formée en
Cour d'appel, lorsqu'elle ne l'a pas été en première
instance.

Cour de Turin, arrêt du 24 juillet 1810. (S. 11, 2, 51.)

8. La nullité du titre en vertu duquel il a été procédé
à la saisie, entraîne la nullité radicale de toutes les
poursuites, en telle sorte que la subrogation ne peut
pas être prononcée en faveur d'un autre créancier.

La subrogation, en mettant un nouveau créancier au
lieu et place du poursuivant, laisse subsister la poursuite
en l'état où elle se trouve. Or, si cette poursuite est

722. radicalement nulle, un autre créancier ne peut se faire
subroger, pour y donner suite.

De même qu'une poursuite régulière profite à tous,
de même elle s'anéanti pour tous, si elle est radicalement nulle.

Cour de Paris, arrêt du 29 avril 1809. (*S.* 15, 2, 155.)

(*B*) On ne peut guère concevoir comment il est
possible de demander utilement la subrogation, lorsque
le poursuivant *n'a pas rempli une formalité, ou n'a*
pas fait un acte de procédure, dans les délais de
la loi, puisque ces formalités et ces actes sont prescrits
à peine de nullité.

Dès le moment où la formalité a été omise, ou que
l'acte n'a pas été fait dans le délai prescrit, la nullité
est acquise au saisi, personne ne peut plus l'en priver.

La première partie du 2me. *alinea* de cet article
devrait donc être supprimée; et dans le fait elle a échappé
au législateur, sans qu'il ait réfléchi sur l'impossibilité
réelle de la mettre à exécution, puisqu'elle ne saurait
se concilier ni avec l'ensemble de la loi, ni avec les
principes les plus familiers de l'ordre judiciaire.

S'il eut voulu déroger à ces principes et faire revivre
une procédure nulle, il eut fallu le déclarer par une disposition claire et précise, ce qu'il n'a pas fait; rien dès
lors ne saurait autoriser les Tribunaux à violer les règles
fondamentales de la justice.

ART. 723.

723. L'appel d'un jugement qui aura statué
sur cette contestation incidente, ne sera

recevable que dans la quinzaine du jour 723.
de la signification à avoué. (*A*)

(*A*) 1. En général la voie d'appel n'est pas ouverte
pendant le délai utile pour l'opposition (art. 443 . C. P.
C.), de même que le pourvoi en cassation ne peut être
exercé contre un jugement susceptible d'appel.

Le présent art. 723, limitant à quinzaine le délai
pendant lequel l'appel sera recevable , avant de s'occuper
des formes de cet appel, on se demande si , par déro-
gation aux principes généraux, il peut être interjetté
durant la huitaine accordée pour l'opposition , ou si
au contraire la voie d'opposition est interdite , par cela
même que la voie d'appel est ouverte.

Les Cours de Liège et de Turin , par arrêt des 19
février (*S.* 10 , 2 , 272.), et 26 mai 1810 (*S.* 10, 2, 281.),
ont jugé que l'opposition aux jugemens rendus par défaut,
en matière de saisie-immobilière, était recevable dans le
délai fixé pour l'opposition aux jugemens ordinaires ,
vu que la loi qui accorde la faculté d'opposition , est
générale et ne comporte aucune exception ; et que les
dispositions relatives aux saisies - immobilières étant
muettes à cet égard , le principe général restait dans
toute sa force.

Mais trois arrêts, le premier de la Cour de Paris , du
27 septembre 1809. (*S.* 10 , 2, 260.)

Le second , de la Cour de Bruxelles , du 20 décembre
1809. (*S.* 10 , 2 , 255.)

Et le troisième , de la Cour de Turin , du 6 juin 1810
(*S.* 10 , 2 , 281.) , ont jugé au contraire que la briéveté
des délais fixés par la loi pour se pourvoir par appel ,

723. ne comportait pas la faculté d'opposition ; que la loi ne
l'avait d'ailleurs autorisée par aucune disposition , et
qu'ainsi les jugemens par défaut n'étaient pas susceptibles
d'être attaqués par cette voie.

On remarquera que la Cour de Turin qui , par son
arrêt du 26 mai 1810, avait admis l'opposition , est
revenue de son erreur , et que par son arrêt du 26 juin
suivant , elle a proscrit cette voie.

L'arrêt de la Cour de Bruxelles , du 20 décembre
1809 , est fondé sur des motifs essentiels à recueillir :

« Attendu que le législateur a prescrit les procédures
« particulières pour les incidens sur la poursuite de
« saisie-immobilière , dont le but a été , en laissant une
« juste latitude à la défense des parties , d'employer
« cependant le moins de formalités qu'il était possible.

« Que notamment dans l'espèce présente , où il s'agit
« d'un incident élevé à raison d'une nullité postérieure
« à l'adjudication préparatoire , l'art. 735 exigeant que
« les juges statuent sur les moyens de nullité dix jours
« au moins avant celui fixé pour l'adjudication définitive,
« et l'art. 736 déclarant que l'appel de ce jugement ne
« sera plus recevable *après la huitaine de sa pronon-*
« *ciation* , ces délais seraient inconciliables avec la
« faculté de former opposition à ce jugement , s'il était
« rendu par défaut , la voie de l'appel et celle de l'op-
« position ne pouvant jamais être ouvertes dans la même
« huitaine.

« Qu'en général et d'après l'article 443 du C. de P.
« C. , l'appel d'un jugement par défaut n'est recevable
« que du jour où ce jugement ne peut plus être attaqué
« par la voie de l'opposition ; que cependant l'appel

« dans l'espèce particulière dont il s'agit , devant être « nécessairement interjetté dans la huitaine de la pro- « nonciation du jugement , il s'en suit que ces sortes de « jugemens ne sont pas susceptibles d'opposition. »

Tel était l'état de la jurisprudence , lorsque le décret du 2 février 1811 , est venu lever les doutes qui pouvaient encore exister sur le véritable esprit de la loi.

Voyez ce décret à la page 180 , il porte :

1°. Que si la partie saisie propose des moyens de nullité contre la procédure postérieure à l'adjudication préparatoire , et si le jugement qui prononce sur cette demande est rendu *par défaut*, la partie condamnée ne pourra l'attaquer *que par la voie d'appel.*

2°. Que si sur cet appel, l'arrêt est rendu *par défaut,* *la voie de l'opposition est interdite* à la partie condamnée.

En voilà assez sans doute pour fixer le sens de la loi, aussi depuis ce décret, la question ne s'est pas reproduite.

2. Le décret du 2 février 1811 , qui n'admet pas la voie d'opposition en matière de saisie-immobilière , est inapplicable au cas où l'opposition est fondée sur des moyens qui attaquent *le titre*, et *la substance même de la saisie.*

L'opposition ne doit être rejettée , qu'autant qu'elle repose sur des moyens de forme.

Cour de Bruxelles , arrêt du 30 janvier 1813. (*S.* 14, 2 , 17.)

3. L'art. 153 du C. P. C. , relatif aux défauts joints et à leur signification avec réassignation , n'est pas appli-

723. cable aux appels de jugemens rendus sur incidens de saisie-immobilière.

Dans ce cas, les arrêts rendus par défaut n'étant pas susceptibles d'opposition, il n'y a pas lieu d'ordonner que le profit du défaut sera joint.

Cour de Turin, arrêt du 19 avril 1811. (*S.* 13, 2, 190.)

4. L'appel autorisé par le présent article, n'est recevable que dans la quinzaine de la signification du jugement à avoué.

Ici se présentent plusieurs questions importantes :

1°. Où cet appel doit-il être signifié ?

2°. Le délai de quinzaine est-il susceptible de l'augmentation d'un jour par trois myriamètres de distance, conformément à l'art. 1033 du Code de procédure civile?

3°. Quel est en général l'effet de l'appel?

La solution de ces trois questions nous conduira à l'examen d'une 4.me, relative à l'appel particulier du jugement d'adjudication préparatoire.

Pour éviter de reproduire ces questions sur chacun des articles de la loi qui traitent de l'appel, nous allons les rappeler tous, et, par une seule discussion, résoudre l'ensemble des questions qu'ils peuvent faire naître.

1°. L'art. 723 dit que l'appel d'un jugement qui aura statué sur une demande incidente en subrogation, ne sera recevable que dans la quinzaine de la signification à avoué.

2°. L'art. 726, porte que si le débiteur interjette appel du jugement en vertu duquel on procède à la saisie, il sera tenu d'intimer sur cet appel, et de dénoncer et faire viser l'intimation au greffier du Tribunal devant lequel se poursuit la vente ; et ce, trois jours au

moins

moins avant la mise du cahier des charges au greffe , 723.
sinon l'appel ne sera pas reçu , et qu'il sera passé outre
à l'adjudication.

3°. L'art. 730 dispose que l'appel du jugement rendu
sur la demande en distraction , sera interjetté avec
assignation , dans la quinzaine du jour de la signification
à personne ou domicile , outre un jour par trois
myriamètres, en raison de la distance du *domicile réel*
des parties ; que ce délai passé , l'appel ne sera pas reçu.

4° L'art. 734 dit que l'appel du jugement qui aura
statué sur les nullités proposées contre la procédure qui
précède l'adjudication préparatoire , ne sera pas reçu ,
s'il n'a été interjetté avec intimation dans la quinzaine de
la signification du jugement *à avoué* ; que l'appel sera
notifié au greffier et visé par lui.

5°. L'art. 736 dit que l'appel du jugement qui aura
statué sur les moyens de nullité proposés contre les
procédures postérieures à l'adjudication préparatoire , ne
sera pas recevable après la *huitaine de la pronon-*
ciation , et qu'il sera notifié au greffier et visé par lui.

6°. Enfin l'art. 745 porte que les articles relatifs aux
délais et formalités de l'appel , sont communs à la
poursuite de la folle-enchère.

Ces 6 articles sont les seuls qui parlent d'appels sur
incidens , qui en règlent les délais . et qui en prescrivent
les formalités. Il est bien étrange qu'aucun ne désigne
positivement le lieu où l'acte d'appel doit être signifié ,
et qu'il faille découvrir l'intention du législateur, par de
simples inductions tirées des diverses dispositions ren-
fermées dans ces articles.

16

723. Il eut été si sage de fixer le principe par une seule ligne ajoutée à la loi. On n'en serait pas réduit à combiner toutes ses parties, pour en faire ressortir non une décision précise, mais une *intention présumée*.

Combien est vicieuse une loi qui offre de telles lacunes!

1re. QUESTION.

Où l'appel doit-il être interjetté ?

SOLUTION.

1°. La loi n'ayant parlé que des appels *incidens* à la saisie-immobilière, et ayant gardé le silence sur l'appel du jugement d'adjudication définitive, il s'en suit que relativement à cet appel, il faut se conformer aux règles générales tracées par les art. 443 et 456 du Code de P. C., c'est-à-dire que l'appel doit être interjetté à domicile, et qu'il peut l'être dans les trois mois de la signification du jugement.

On sent en effet que l'adjudication étant consommée, il n'existe plus aucun motif d'abréger les délais, ni de s'écarter des formes ordinaires ; aussi la loi n'a-t-elle placé cet appel dans aucun des cas d'exception qu'elle a prévus, pour les appels incidens.

Voyez art. 714, note (*A*), N°. 3, 4, 5 et 6.

2°. Le jugement qui prononce sur une demande en *distraction*, est évidemment un jugement définitif au respect du demandeur ; puisqu'en admettant ou rejettant la distraction, il ne laisse plus rien à décider sur ce point.

La loi a donc dû appliquer à l'appel de ce jugement, les principes généraux, comme elle l'a fait, implicitement du moins, pour les appels des jugemens d'adjudication définitive.

Aussi l'art 730 porte-t-il que l'appel sera interjetté 723. dans le délai de quinzaine, à compter du jour de la signification du jugement *à personne ou domicile*, outre un jour par trois myriamètres en raison de la distance du *domicile réel des parties.*

Dès que le jugement doit être signifié à personne ou domicile, et que le délai d'appel doit être augmenté d'un jour par trois myriamètres en raison de la distance du domicile réel des parties, il est évident que l'appel doit être interjetté à domicile. Du reste, si le délai pour l'émettre n'est que de quinzaine outre l'augmentation à raison des distances, c'est qu'au respect du saisissant et du saisi, l'instance reste pendante, que l'incident relatif à la distraction en suspend l'effet, et que pour arriver à l'adjudication, il est juste d'accélérer, autant que possible, la décision sur l'incident.

Mais cette circonstance n'a pas dû faire fléchir le principe général qui veut que l'appel de tout jugement définitif soit interjetté à domicile, et dans le cas particulier, la loi, comme on vient de le voir, a maintenu la règle.

3°. Il en est autrement en matière *d'incidens*, notamment de demande en *subrogation* (art. 723.) de demande en nullité des procédures antérieures à l'adjudication préparatoire ou à l'adjudication définitive (art. 734 et 736), et encore sur semblables incidens, dans le cas de folle-enchère (art. 745).

La loi qui veut accélérer la poursuite, ne permet pas que l'appel puisse être interjetté dans le délai ordinaire de trois mois, mais elle exige

723. (723) Qu'il soit émis dans la quinzaine de la signification du jugement à avoué.

(734) Pareillement dans la quinzaine de la signification à avoué, et qu'en outre l'acte d'appel soit notifié au greffier et par lui visé.

(738) Dans la huitaine de la prononciation du jugement, aussi avec notification au greffier et son visa (745). Ces formes sont applicables aux incidens sur la folle-enchère.

Du rapprochement et de la combinaison de ces dispositions, il résulte évidemment que l'appel peut-être interjetté au domicile élu par le poursuivant, conformément à l'art. 673, qui lui prescrit de faire cette élection de domicile, dans le lieu où siège le Tribunal, si le créancier n'y demeure pas.

Les motifs de cette décision résultent : 1°. du mode particulier de la signification du jugement, laquelle doit avoir lieu à *avoué* et non à domicile; 2°. de la dispense même de toute signification, dans le cas de l'art. 738; 3°. de la briéveté du délai fixé pour l'appel; 4°. et de la nécessité qu'il soit promptement fait droit sur cet appel, pour que la procédure puisse être mise à fin, avec la rapidité que le législateur a lui même exigée.

On n'a pas perdu de vue que le décret du 2 février 1811 (page 180), en fixant à deux mois le délai qu'il prescrit entre l'adjudication préparatoire et celle définitive, veut notamment que toute demande en nullité, etc. soit proposée 40 jours avant l'adjudication définitive; qu'il y soit statué dans les dix jours; que tout jugement par défaut soit fatal et non susceptible d'opposition, et qu'en cas d'appel, il y soit statué dans la quinzaine de la notification qui en aura été faite au greffier, de manière que l'adjudication définitive n'en soit pas retardée, et qu'elle puisse avoir lieu au jour indiqué.

Certes des formes aussi rapides ne sont pas compatibles avec celles des appels ordinaires ; d'où la conséquence, que dans le cas particulier, l'appel peut être émis au domicile élu par le poursuivant. C'est ainsi que l'ont décidé presque toutes les Cours souveraines auxquelles la question a été soumise.

Cour de Trèves, arrêt des 7 et 12 avril 1809. (*S.* 14, 2, 270.)

Cour de Turin, arrêt du 9 février 1810. (*S.* 10, 2, 325.)

Cour de cassation, arrêt du 8 août 1809. (*S.* 9, 1, 406)

Même Cour, arrêt du 23 mai 1815. (*S.* 15, 1, 359.)

La Cour suprême a jugé de même que l'appel d'un jugement d'ordre doit être signifié au domicile élu par le poursuivant (art. 763. C. P. C.)

Arrêt du 22 janvier 1806 (*S.* 6, 1, 202.), qui rejette le pourvoi contre un arrêt de la Cour de Riom.

En traitant la seconde question, nous citerons les dispositions de l'arrêt très-important du 8 août 1809. Nous allons consigner ici les motifs de celui du 23 mai 1815. En voici l'espèce :

Il s'agissait d'opposition à poursuites de saisie-immobilière ; le débiteur soutenait qu'il y avait lieu de surseoir. Jugement qui rejette la demande, et ordonne qu'il sera passé outre.

Appel par le saisi, au domicile de l'avoué du saisissant.

Ce dernier impugne l'appel de nullité, comme n'ayant pas été signifié à son domicile réel.

Arrêt de la Cour d'Angers qui déclare l'appel régulier.

723.   Pourvoi en cassation ; le saisissant disait :

« Suivant l'article 68 du C. D. P., tous les exploits
« doivent être faits à personne ou domicile.

« Les actes d'appel ne sont point affranchis de cette
« formalité ; l'article 456 du même Code déclare, au
« contraire, que l'acte d'appel sera signifié à personne
« ou domicile, à peine de nullité.

« L'article 734 déclare, il est vrai, que l'appel du
« jugement qui aura statué sur les nullités de la procé-
« dure antérieure à l'adjudication préparatoire, doit être
« interjetté dans la quinzaine de la signification du ju-
« gement à avoué ; mais cet article ne dispense pas de
« signifier l'appel à domicile, et ne contient aucune ex-
« ception à la règle générale concernant la notification
« des exploits ou des actes d'appel.

« L'art. 673 veut que le commandement qui précède
« la saisie-immobilière, contienne élection de domicile
« dans le lieu où siège le Tribunal qui doit connaître de
« la saisie ; mais cet article ne porte pas que les actes
« d'appel pourront être signifiés à ce domicile Si le
« législateur avait entendu accorder cette faculté, il se
« fut expliqué sur ce point en termes formels, comme
« il l'a fait dans l'article 584, à l'égard des saisies-mo-
« bilières. Ce dernier article déclare en effet, que les
« actes d'appel pourront être signifiés au domicile élu
« par le créancier, dans le commandement qui doit
« précéder la saisie. La même disposition ne se trouve
« pas dans l'art. 673, relatif aux saisies-immobilières ;
« on doit donc en conclure que la même faculté n'est
« point accordée par ce dernier article. »

Il eût été difficile de mieux présenter l'objection.

Voici les motifs de l'arrêt de cassation qui a rejetté le moyen :

« Considérant qu'aux termes de l'art. 673 du C. de
« P. C., le créancier poursuivant une saisie-immobilière
« doit élire domicile dans le lieu où siège le Tribunal
« qui doit connaître de la saisie, s'il ne demeure pas
« dans ce lieu ; que cette élection spéciale de domicile
« est ordonnée pour que les contestations incidentes aux
« saisies-immobilières soient traitées sommairement comme
« l'exige l'art. 718 ; que le poursuivant avait fait élection
« de domicile chez son avoué ; que l'art. 734 n'accorde
« que quinzaine du jour de la signification à avoué pour
« relever appel du jugement qui a statué sur des nullités
« proposées contre la saisie, appel qui doit être notifié
« au greffier et visé par lui ; que cette disposition par-
« ticulière, tant pour le délai que pour la forme de
« l'appel, prouve, que dans cette espèce, on ne peut
« invoquer la règle générale ; que la nécessité d'intimer
« l'appel dans la quinzaine de la signification du juge-
« ment à avoué, ne pourrait se concilier que bien diffi-
« cilement avec l'obligation de signifier cet appel au
« domicile réel qui peut être éloigné, et avec lequel
« les communications peuvent être lentes ; d'où il ré-
« sulte que le saisi *peut* notifier au domicile élu par
« le saisissant, l'appel du jugement sur les nullités par
« lui opposées à la saisie ;

« LA COUR rejette le pourvoi. »

Cette décision de la Cour suprême, jointe à l'arrêt
du 8 août 1809 dont nous allons bientôt rendre compte,
et à ceux des Cours royales que nous avons déjà cités,

723. mènent à cette *solution*, qu'en matière d'incidens, l'appel peut être émis au domicile élu, et s'il n'y en a pas, au domicile de l'avoué.

4°. Toutefois nous devons faire observer qu'il est toujours permis d'interjetter appel au domicile réel, que l'on agit prudemment en le faisant ainsi, et que si le poursuivant demeure dans la ville où siège le Tribunal saisi de l'instance, c'est à son domicile réel, et non ailleurs, que l'appel doit être interjetté.

5°. L'art. 726 parle d'un appel particulier qu'il s'agit de classer, savoir, l'appel du jugement qui sert de base à la poursuite.

Nul délai n'est fixé pour cet appel, seulement il doit être interjetté trois jours au moins avant le dépôt au greffe du cahier des charges, et il doit être notifié au greffier, et par lui visé.

Cette dernière disposition de la loi démontre assez qu'on doit assimiler cet appel à celui des jugemens rendus sur incidens, puisque l'un et l'autre appels sont soumis aux mêmes formalités. Comment, en effet, supposer que le législateur eût voulu assujettir à la notification du greffier et à son visa, un appel qui devrait être interjetté au domicile réel, lequel peut se trouver éloigné de plus de deux cents lieues? Si l'on consulte l'art. 584 relatif aux saisies-exécutions, on voit que le commandement doit contenir élection de domicile jusqu'à la fin de la poursuite, et que le débiteur peut faire à ce domicile élu, toutes significations, même..... *d'appel.*

De même l'art. 673 exige que dans le commandement qui précède la saisie-immobilière, le poursuivant élise domicile dans le lieu où siège le Tribunal saisi de la

poursuite. Il y a similitude dans les deux cas ; on peut 723.
dès-lors conclure qu'en matière de saisie-immobilière,
comme en matière de saisie-exécution, le débiteur peut
faire au domicile élu *toute signification, même d'appel.*

D'où la conséquence que l'appel en ce cas est véritablement un appel incident, ou du moins qu'il se régit
par les mêmes principes.

2ᵉ. QUESTION.

Le délai d'appel est-il susceptible de l'augmentation
d'un jour par trois myriamètres de distance ?

SOLUTION.

Nos réflexions sur la première question servent à résoudre la seconde. C'est le cas de distinguer les différens
appels.

1°. S'il s'agit d'un jugement d'adjudication définitive,
comme le délai d'appel se règle, en ce cas, par la disposition générale de l'art. 443 du C. D. P. C., évidemment il n'y a pas lieu à augmentation de délai.

2°. Au contraire, s'il s'agit d'un jugement rendu sur
demande en distraction, l'augmentation de délai doit
avoir lieu, puisque la loi en contient une disposition
formelle. (Art. 730.)

3° S'il s'agit de l'appel du jugement qui sert de base aux
poursuites, cet appel doit être émis et régularisé trois
jours au moins avant le dépôt du cahier des charges,
sinon, est-il dit (art. 726), l'appel ne sera pas reçu.

Ce terme dès-lors est de rigueur, et non susceptible
d'extension.

4°. Enfin, s'il s'agit d'appel de jugemens rendus sur
incidens, aux cas des articles 723, 734, 736 et 745,

723. ces appels devant être interjettés non à domicile réel, mais à domicile élu, et dans des délais extrêmement brefs et déterminés, de huitaine ou de quinzaine, ces délais sont de rigueur et non susceptibles d'extension.

Il est essentiel de remarquer que le délai n'est pas même *franc*, c'est-à-dire que la loi portant que l'appel sera interjetté dans la huitaine ou dans la quinzaine, il n'est recevable et régulier qu'autant qu'il a lieu dans ce délai de rigueur S'il est émis un jour plus tard, ce jour est *hors* du délai, et non *dans* le délai.

Sur le sens de la loi à cet égard, V. article 681, note (*B.*)

Comme corollaire des deux questions que nous venons de traiter. il importe de citer dans tous ses détails l'arrêt de la Cour de cassation, du 8 août 1809. (*S.* 9, 1, 406.) que nous avons déjà annoncé.

Le sieur Dubois poursuivait la vente sur saisie-immobilière des biens du sieur Barbier, son débiteur;

Barbier propose des moyens de nullité contre la procédure antérieure à l'adjudication préparatoire; ces moyens sont accueillis par jugement qui est signifié à Dubois au domicile de son avoué. Dubois interjette appel hors le délai de quinzaine réglé par l'art. 734.

Barbier soutient cet appel tardif et nul.

Dubois répond que demeurant à une très-grande distance du lieu où il a émis son appel, il doit jouir de l'augmentation d'un jour par trois myriamètres de distance, aux termes de l'art. 1033 du C. P. C.

Arrêt de la Cour d'Orléans, du 2 février 1809, qui déclare Barbier non-recevable dans son appel. Voici les motifs de l'arrêt :

« Considérant que le titre 13 du Code de procédure 723.
« civile, est entièrement et exclusivement consacré à
« régler la procédure des incidens sur la poursuite de
« saisie-immobilière ; que la combinaison des points
« réglés par les art. 730 et 734 de ce titre, ne permet
« aucun doute sur la volonté du législateur. relativement
« au délai qu'il accorde par ces articles, pour interjetter
« appel des jugemens dont il est question ; que la diffé-
« rence de ces délais tient à la différence essentielle qui
« existe entre les jugemens dont ces deux articles
« s'occupent ; qu'en effet, dans le premier de ces ar-
« ticles, il s'agit d'une demande en distraction dont
« l'importance pour les parties motive suffisamment,
« 1°. l'addition d'un jour par trois myriamètres au délai
« de quinzaine accordé pour interjetter appel, à compter
« du jour de la signification du jugement ; 2°. l'obligation
« qu'il impose de signifier le jugement à personne ou
« domicile ; qu'il ne s'agit au contraire. dans l'art. 734,
« que de jugemens uniquement relatifs à des nullités,
« et par conséquent de simple procédure, dont le lé-
« gislateur a voulu prévenir les lenteurs préjudiciables
« à l'intérêt commun de toutes les parties, et que c'est
« par cette raison qu'il n'a accordé pour interjetter appel
« de ces jugemens, qu'un délai de quinzaine à compter
« de la signification à avoué, sans l'addition d'un jour
« par trois myriamètres, et sans même imposer l'obli-
« gation de signifier le jugement à personne ou domicile ;
« que l'art. 1033 du même Code, statuant sur des points
« généraux, est sans application à l'espèce qui se trouve
« réglée spécialement par l'art. 734 ; et qu'en appliquant
« ces principes au cas dont il s'agit, il est constant que
« l'appel a été tardivement émis. »

723. Sur le pourvoi, arrêt de la Cour suprême, du 8 août 1809, qui rejette, par les motifs ci-après :

« Attendu que l'article 1033 du Code de procédure
« civile n'impose la nécessité d'une addition de délai
« proportionnel aux distances, que dans le cas des com-
« parutions sur les ajournemens et autres actes qui doivent
« être faits à personne ou domicile ;

« Que suivant l'art. 673 du même Code, le créancier
« poursuivant une saisie-immobilière, doit élire domicile
« dans le lieu où siège le Tribunal qui doit connaître
« de la saisie, si ce créancier n'y demeure pas ;

« Que cette élection spéciale de domicile a évidemment
« pour but, d'après la teneur des articles subséquens,
« d'éviter, dans les contestations incidentes à ces saisies,
« et pour tout le cours des instances y relatives, toute
« signification à personne ou domicile dudit créancier
« poursuivant, sauf néanmoins le cas des demandes en
« distraction ; que dans le cas des demandes en nullité
« de la saisie - immobilière , particulièrement d'après
« l'art. 734 dudit Code, l'appel du jugement qui aura
« statué sur ces nullités doit être interjetté dans la quin-
« zaine de la signification à avoué , et que cet appel
« doit être notifié au greffier et visé par lui; que cette
« double disposition indique clairement que dans cette
« procédure, déclarée sommaire par l'article 718, les
« appels et intimations doivent être signifiés *au domi-*
« *cile de l'avoué, ou à celui élu*, conformément à
« l'art. 673 ; que le vœu du législateur, à cet égard,
« conforme à celui plus expressément énoncé par l'ar-
« ticle 584 dudit Code pour les saisies-exécutions, est
« démontré par la combinaison des articles 718, 7e

« 727, 730, 733, 734, 745 et 763 ; qu'ainsi, dans le
« cas déterminé par l'art. 734, l'appel ne devant pas
« être signifié à personne ou domicile réel du créancier
« poursuivant, il n'y avait pas lieu à l'application de
« l'article 1033 dudit Code, qui n'est applicable qu'aux
« actes qui doivent être faits à personne ou domicile. »

Cet arrêt, comme l'on voit, fixe le double principe,
1°. qu'en matière de jugemens rendus sur incidens,
l'appel peut être émis au domicile élu, s'il y en a un,
sinon au domicile de l'avoué ; 2°. que les délais fixés
par la loi pour ces sortes d'appels, ne sont pas susceptibles de l'augmentation d'un jour par trois myriamètres
de distance, et qu'ainsi l'art. 1033 du C. P. C. ne leur
est pas applicable ; principes confirmés de nouveau par
l'arrêt de la même Cour, du 23 mai 1815, ci-dessus
cité ; principes dès-lors qui ont acquis un tel degré de
fixité, qu'il ne peut plus aujourd'hui s'élever de doute
sérieux sur les points qu'ils ont décidés.

Nous devons néanmoins prévenir le lecteur que la
Cour de Bordeaux a jugé le contraire par deux arrêts
des 30 août 1814 (*S.* 16, 2, 118), et 13 janvier 1816,
(*S.* 16, 2 et 62.)

Malgré ces deux arrêts d'une Cour isolée, les principes ci-dessus fixés ne nous paraissent pas moins à
l'abri de toute critique raisonnable.

3ᵉ. QUESTION.

L'appel est-il suspensif ?

SOLUTION.

Cette question se résout par l'article 457 du Code de
Procédure civile, lequel porte ;

723. « L'appel des jugemens définitifs ou interlocutoires sera
« suspensif, si le jugement ne prononce pas l'exécution
« provisoire, dans le cas où elle est autorisée. »

Et par l'art. 2215 du Code civil, qui porte : « La
« poursuite peut avoir lieu en vertu d'un jugement pro-
« visoire ou définitif, exécutoire par provision, no-
» nobstant l'appel; mais l'adjudication ne peut se faire
« qu'après un jugement définitif en dernier ressort, ou
« passé en force de chose jugée. »

En matière de saisie-immobilière, la loi ne contenant
aucune disposition contraire à la règle générale, que
l'appel est de droit suspensif, il faut en conclure que
dans cette matière, comme dans toutes les autres, ce
principe reçoit son application.

Il y a même cette différence qu'en matière ordinaire,
lorsque le premier juge a ordonné l'exécution provisoire
de son jugement, dans les cas prévus par l'art. 135 C.
P. C. Cette exécution peut avoir lieu nonobstant l'appel,
tandis qu'en matière de saisie-immobilière, l'art. 2215
du Code civil s'y oppose, parce qu'une adjudication
définitive d'immeuble est une chose irréparable, et qu'il
serait contraire à la raison de *vendre* un immeuble par
provision. Le principe est le même qu'en matière criminelle, où l'on n'exécute pas par provision.

Ajoutons que dans tous les articles où le législateur autorise l'appel, il n'accorde qu'un bref délai, parce qu'il
veut que l'instruction soit faite rapidement. C'est donc
pour ne pas retarder cette instruction, ou pour la
retarder le moins possible, qu'il a ainsi abrégé les
délais d'appel, ce qu'il n'eût pas fait, si l'appel
n'avait pas été suspensif.

On voit ensuite qu'il assujettit le saisi à proposer ses moyens de nullité dans des délais combinés de manière à ce que la procédure n'en soit pas suspendue.

S'il s'agit des actes antérieurs à l'adjudication préparatoire, les moyens doivent être proposés avant cette adjudication ; et s'ils sont rejettés, il est passé outre de suite à ladite adjudication, laquelle est prononcée par le même jugement.

Si au contraire les moyens de nullité sont proposés contre les actes postérieurs, ils doivent l'être quarante jours avant l'adjudication définitive ; les premiers juges doivent statuer sur ces moyens trente jours avant l'adjudication.

La partie n'a que huitaine pour appeler ; et les juges d'appel doivent statuer dans la quinzaine au plus tard. (Décret du 2 février 1811.) C'est-à-dire que toutes les mesures sont prises, tous les délais sont calculés pour que l'appel soit jugé avant l'adjudication définitive.

Le législateur n'aurait pas prescrit toutes ces mesures, s'il n'eût pas voulu que l'appel fût suspensif. Pigeau enseigne également que l'appel des jugemens qui précèdent l'adjudication définitive, est suspensif, et que s'il n'a pas été statué sur cet appel à l'époque fixée pour l'adjudication, il doit être capté un jour nouveau, et apposé de nouvelles affiches. (Tom. 2, pag. 162.)

Nous l'avons vu pratiquer ainsi plusieurs fois. Du reste, la jurisprudence, sur ce point, ne laisse rien à désirer.

Par arrêt du 25 août 1810 (S. 11, 2, 185.), la Cour de Bordeaux a jugé qu'en matière de saisie-immobilière comme en matière ordinaire, l'appel est suspensif ;

723. qu'ainsi, lorsque l'une des parties a demandé la nullité des procédures postérieures à l'adjudication préparatoire, et que sa demande a été rejettée, s'il y a appel, le Tribunal ne peut procéder à l'adjudication définitive avant qu'il n'ait été fait droit sur cet appel.

Par arrêt du 26 août 1814 (*S.* 15, 2, 245.), la Cour de Paris a jugé de même que l'appel d'un jugement préparatoire est suspensif. et qu'ainsi l'adjudication définitive est nulle, lorsqu'elle a eu lieu nonobstant cet appel.

Par arrêt du 7 août 1811 (*S.* 11, 1, 342.), la Cour de cassation a consacré le même principe.

Il importe de faire connaître les circonstances et les motifs de ce dernier arrêt.

Saisie par les demoiselles Gardien, créancières, de biens appartenant au sieur Barré, leur débiteur;

Barré propose des moyens de nullité contre les actes antérieurs à l'adjudication préparatoire.

Par un premier jugement du 10 août 1808, le Tribunal civil de Tours rejette les moyens de nullité, et ordonne qu'il sera de suite passé outre à l'adjudication préparatoire, conformément à l'art. 733.

Par un second jugement, cette adjudication a lieu, et l'adjudication définitive est indiquée au 24 septembre.

Le 27 août, ces jugemens sont signifiés au débiteur Barré;

Le 30, Barré interjette appel des deux jugemens. Il n'avait pas été statué sur cet appel, lorsque le 24 septembre, jour fixé pour l'adjudication définitive, étant arrivé, et la procédure ayant été mise en état, les saisissantes font procéder par défaut, contre le saisi, à l'adjudication de ses biens.

Nouvel appel par Barré. 28 décembre 1808, Arrêt 723.
de la Cour d'Orléans, qui dit bien jugé.

Pourvoi en cassation par Barré.

Dans la requête contenant le développement de ses moyens, il invoque les dispositions des articles 2215 du Code civil, et 457 du Code de procédure civile, qui accordent à l'appel la force suspensive, et qui défendent de passer outre à une adjudication définitive, tant qu'il n'y a pas jugement en dernier ressort, ou passé en force de chose jugée. Il s'étaye en outre des expressions de M. Grenier, dans son exposé des motifs de l'art. 2215 du Code civil.

« Il était à propos, a dit cet orateur, de remédier à
« un inconvénient grave, qui était la suite des dispo-
« sitions de l'art. 23 de la loi du 11 brumaire an 7. Il
« résultait de cet article, *qu'après l'adjudication* le
« saisi ou les créanciers faisaient statuer contre l'adju-
« dicataire, sur l'appel qu'ils pouvaient interjetter du
« jugement qui aurait statué, le jour même de l'adju-
« dication, sur les moyens de nullité ou sur les omis-
« sions de formalités qu'ils auraient proposés.

« Soumettre ainsi l'adjudicataire à un procès qui lui
« devenait personnel, c'était, en quelque sorte, lui an-
« noncer qu'il pouvait se dispenser de porter les objets
« saisis à la valeur dont ils étaient susceptibles.

« Désormais l'adjudicataire sera délivré de cette
« crainte ; *il devra être statué sur tous les incidens*,
« *soit en première instance, soit sur l'appel, avant*
« *de passer à l'adjudication.* »

Arrêt en ces termes :

« LA COUR, après un délibéré en la chambre du

17.

723. » conseil ; vu l'art. 2215 du Code civil, et l'art. 457
« du Code de procédure civile, et attendu qu'il résulte
« des faits de la cause, que le sieur Barré s'était rendu
« appelant, en tems utile, tant du jugement du 10 août
« 1808, qui avait rejetté ses moyens de nullité contre
« la procédure de saisie-immobilière dirigée sur ses
« biens, que du jugement d'adjudication préparatoire
» rendu le même jour, puisque son appel était du ju-
« gement du 10 août, et de tout ce qui avait pu s'en
« suivre ; qu'à la vérité, le premier de ces jugemens
« en ordonnant qu'il serait passé outre à l'adjudication
« préparatoire, portait qu'il serait exécuté par provision
» nonobstant appel ; mais qu'en supposant cette dispo-
« sition admissible dans un jugement de cette nature,
« son effet avait été complétement rempli par l'adju-
« dication préparatoire qui a eu lieu le même jour ; et
» que le jugement d'adjudication préparatoire qui or-
« donnait qu'il serait procédé, le 24 septembre suivant,
« à l'adjudication définitive, ne contenait pas et ne
» pouvait pas contenir la même disposition d'exé-
« cution provisoire, nonobstant appel ;

« Qu'ainsi l'appel de ce jugement était incontesta-
« blement suspensif ; et qu'en procédant à l'adjudi-
« cation définitive, au préjudice de cet appel et sans
« qu'il y eût été statué, le Tribunal civil de Tours avait
« évidemment excédé ses pouvoirs, et violé direc-
« tement l'art. 457 du Code de procédure, violation
« que la Cour d'appel d'Orléans s'est rendue propre,
« en confirmant par son arrêt l'adjudication définitive
« dont il s'agit.

(L'arrêt discute ensuite une foule de fins de non-recevoir qui, probablement, avaient entraîné la Cour 723. d'Orléans, plutôt que l'oubli des principes ; cet arrêt les réfute et termine ainsi) :

« Qu'il suit delà que le vice de l'arrêt attaqué n'étant « couvert par aucune des fins de non-recevoir proposées, « ce vice reste dans toute sa force, et doit déterminer « l'annullation dudit arrêt ;

« Casse et annulle, etc. »

Cette décision de la Cour suprême est si positive, et les dispositions générales de la loi sont si précises, que nous ne devons pas hésiter à reconnaître que dans cette matière, comme dans toute autre, l'appel est *suspensif*.

Par ce mot *suspensif*, il ne faut pas entendre qu'à compter de l'appel, toute *procédure* soit nécessairement suspendue ; *l'adjudication* seule doit l'être, et non *l'instruction*. C'est ce qu'explique clairement l'art. 2215 du Code civil, et ce qui résulte des dispositions combinées du Code de procédure, et surtout du décret du 2 février 1811 (page 180), où l'on remarque qu'il doit bien être fait droit sur l'appel, avant de passer outre à l'adjudication, mais que toutes les mesures ont été prises de manière à ce que l'appel une fois jugé, l'adjudication ait lieu au jour indiqué, ce qui serait impraticable, si l'instruction ne devait pas se continuer nonobstant l'appel.

4e. ET DERNIÈRE QUESTION.

Quelles sont les formes propres à l'appel du jugement d'adjudication préparatoire ?

SOLUTION.

On a dû remarquer que dans tout ce que nous venons

723. de dire, nous nous sommes abstenus d'énoncer ce genre d'appel.

La loi elle-même ne pa lant de l'adjudication prépa ratoire que par voie d'induction, et non par disposition précise et directe, il ne serait pas étonnant qu'elle eût laissé quelqu'incertitude sur la question qui nous occupe.

Néanmoins elle se résout par les art. 733 et 734, qui portent :

Art. 733. « Les moyens de nullité contre la procédure » qui précède l'adjudication préparatoire ne pourront être « proposés après ladite adjudication : ils seront jugés avant « cette adjudication ; et si les moyens de nullité sont « rejettés, *l'adjudication préparatoire sera prononcée* « *par le même jugement.* »

Art. 734. « L'appel du jugement qui aura statué sur « ces nullités, ne sera pas reçu, s'il n'a été interjetté « avec intimation dans la quinzaine de la signification du « jugement à l'avoué : l'appel sera notifié au greffier, « et visé par lui. »

On a vu plus haut (1re. question), que l'élection de domicile, faite par le poursuivant, avait pour but spécial d'éviter les longueurs, et d'accélérer la décision d'une affaire urgente et sommaire de sa nature ; que les appels des jugemens rendus pendant le cours de l'instruction, pouvaient être signifiés à ce domicile élu, et récipro quement que le poursuivant avait le droit de signifier son appel au domicile de l'avoué constitué, lorsqu'il n'y avait pas de domicile élu.

Cette solution s'applique principalement dans les deux cas où la loi a fixé un bref délai pour l'appel, et refuse la prorogation à raison des distances.

Cette double circonstance se rencontrant dans le cas prévu de l'appel du jugement d'adjudication préparatoire, il nous paraît certain que cet appel peut être émis au domicile élu. Quant au délai dans lequel il doit être interjetté, ce délai ne saurait être douteux.

Dès que l'adjudication préparatoire n'est que la suite du jugement qui rejette les moyens de nullité, qu'elle en fait partie, et dès que ce jugement n'est susceptible d'appel que dans le délai de quinzaine, la question nous semble résolue. Il est vrai que le jugement d'adjudication préparatoire n'est pas toujours l'accessoire d'un jugement qui prononce sur des nullités proposées, et qu'il peut avoir lieu par suite de procédure dont le saisi ne se soit pas plaint; mais, d'une part, cette circonstance est indifférente en elle-même, et ne peut pas le faire sortir de la classe dans laquelle l'art. 734 l'a rangé; de l'autre, il serait difficile de prévoir que le saisi put attaquer le jugement d'adjudication préparatoire, sans attaquer en même-tems la procédure qui l'a précédé et dont il n'est que le résultat.

Or, il a dû attaquer cette procédure avant l'adjudication préparatoire (article 733.); s'il ne l'a pas fait dans le délai utile, il ne peut plus le faire sur appel, car il ne peut, en appel, proposer d'autres moyens de nullité que ceux présentés en première instance (art. 736.) Si donc il n'en a fait valoir aucun avant l'adjudication préparatoire, il est censé avoir approuvé les actes de poursuite, et il a renoncé à les attaquer. Quel serait donc alors le motif de son appel?

En parlant de cet appel, le législateur a donc dû le rattacher à cette circonstance que le saisi avait querellé

723.

723, les actes de poursuite, et que le jugement qui adjugeait préparatoirement, avait en même-tems écarté ses moyens de nullité. Voilà pourquoi les art. 733 et 734 disposent comme ils l'ont fait.

Il serait vraiment contraire à l'esprit de la loi, à son ensemble, et à tous ses détails, que l'appel du jugement qui prononce l'adjudication préparatoire, put être émis comme les appels ordinaires, dans les *trois mois,* à partir de la signification du jugement *à domicile.*

L'adjudication définitive doit être indiquée lors de l'adjudication préparatoire (art. 706.); le délai entre les deux adjudications ne peut être moindre de six semaines (même art. 706.); et aujourd'hui de deux mois (Décret du 2 février 1811). Comment, dès-lors, supposer que le législateur qui ne fixait que six semaines de délai entre les deux adjudications, eut voulu accorder *trois mois* pour appeler de l'un des actes de la procédure? cela est impossible; il y aurait absurdité dans la loi, ce que l'on ne peut pas supposer.

Ne perdons pas de vue ces expressions si remarquables du rapport de M. Grenier :

« Désormais l'adjudicataire sera délivré de cette crainte (celle de l'appel émis par le saisi, d'un jugement qui prononce sur les moyens de nullité proposés contre la procédure antérieure à l'adjudication); « *il devra être* « *statué sur tous les incidens, soit en première ins-* « *tance, soit sur l'appel, avant de passer à l'ad-* « *judication définitive.* »

Concluons que l'appel du jugement qui prononce sur l'adjudication préparatoire, doit être interjetté dans la quinzaine de la signification à avoué, conformément à l'art. 734 dont la disposition nous paraît claire et positive

Nous ne connaissons qu'un seul arrêt qui ait prononcé sur cette question ; c'est celui de la Cour de Paris, du 26 août 1814 déjà cité (*S.* 15, 2, 245.). Il décide d'abord que le jugement qui prononce l'adjudication préparatoire est susceptible d'appel avant l'adjudication définitive, et que cet appel est suspensif. Nous sommes d'accord sur ces deux points ; mais il décide ensuite que l'appel ne doit pas être émis dans la quinzaine, parce que ce jugement n'est pas rendu sur incident; d'où cette Cour conclut qu'il est recevable dans le délai ordinaire de trois mois, fixé par l'art. 443 C. P. C. C'est là, ce nous semble, une erreur grave, et que nous avons suffisamment combattue.

Le jugement d'adjudication préparatoire n'est rien par lui-même, si on le dégage de tous les actes qui le précèdent. Si on reconnaît la validité et la régularité de tous ces actes, comment pourrait-on se plaindre du jugement d'adjudication?

On ne se plaint d'un tel jugement, que parce que l'on attaque les actes antérieurs, et cette attaque est qualifiée de demande incidente par la loi elle-même, puisque l'art. 733 qui l'autorise et en règle la forme, est compris au titre 13, sous la rubrique

« Des *incidens* sur la poursuite de saisie-immobilière.»

L'adjudication préparatoire doit être prononcée par le même jugement, donc elle en est la suite, l'accessoire nécessaire ; elle participe donc de sa nature. Il serait d'ailleurs dérisoire qu'un même jugement put être attaqué par deux appels dont les délais et les formes seraient absolument différens.

723. On ne perd pas de vue que si les moyens de nullité sont rejettés, l'adjudication préparatoire doit être prononcée par le même jugement. (Art. 733.) Or, ce jugement comme rejettant la demande en nullité, devra être frappé d'appel au plus tard dans la quinzaine, etc. (art. 734), et comme prononçant l'adjudication préparatoire, il pourrait être attaqué trois mois après sa signification, et même après l'adjudication définitive; car rien n'empêcherait que cette adjudication eût été effectuée dans ces trois mois.

Un tel système nous paraît en contradiction manifeste avec les principes, et surtout avec l'esprit et le texte de la loi. Du reste, l'art. 734 ayant positivement réglé les délais et les formes d'un tel appel, il nous paraît superflu d'insister plus long-tems sur un point non susceptible de controverse. Là où la loi parle, il ne reste plus qu'à l'exécuter. Toutefois, si jamais une erreur est excusable, c'est lorsqu'elle a pour résultat de réparer une erreur plus grave encore, ou plutôt une grande injustice.

Dans la circonstance de l'arrêt du 26 août 1814, le créancier poursuivant s'était rendu adjudicataire, et l'adjudication définitive avait eu lieu nonobstant l'appel du jugement qui avait rejetté les moyens de nullité, et par suite prononcé l'adjudication préparatoire.

Le saisi s'était encore rendu appelant de l'adjudication définitive. Il soutenait que son premier appel était *suspensif* (et évidemment il avait raison); qu'ainsi le premier juge n'avait pu passer outre à l'adjudication définitive, avant qu'il n'eût été statué sur cet appel. Le saisi succomba, et l'adjudication définitive fut maintenue.

Un créancier, dépouillé sans doute par cet arrêt, se

porta personnellement appelant du jugement d'adjudi- 723.
cation définitive ; il éclaira la Cour sur l'erreur par elle
commise, lui démontra que l'appel était suspensif, et
qu'ainsi son arrêt confirmatif de l'adjudication définitive
avait mal jugé.

Cette fois les principes frappèrent tous les magistrats
pleinement disposés à réparer leur erreur. Mais une fin
de non - recevoir s'élevait contre l'appel émis par le
créancier ; cet appel avait bien été interjetté dans les
trois mois, mais non dans la quinzaine.

La Cour ainsi pressée entre une fin de non-recevoir
et une décision injuste, aima mieux *violer les formes*
que de *violer la justice;* elle déclara l'appel *recevable,*
posa ensuite le principe que l'appel du jugement d'adjudication préparatoire est *suspensif,* et par suite *annulla l'adjudication définitive.*

On sent le motif d'un tel arrêt dont la première disposition a évidemment violé les formes prescrites par
la loi.

La Cour, pour réparer une première erreur, a été
contrainte d'en commettre une deuxième ; mais un tel
arrêt ne saurait rendre douteux un principe clairement
établi par la loi dont la disposition est précise.

5. Lorsque sur une demande en subrogation, il s'élève
un incident, l'appel du jugement qui statue sur cet incident doit être interjetté dans la quinzaine de la signification à avoué ; par la raison que l'appel du jugement
qui prononce sur la demande elle-même, doit être interjetté dans ce délai, et que l'accessoire suit le sort du
principal. Cour de Liège ; arrêt du 10 janvier 1812.
(*S.* 14, 2, 187.)

724.

ART. 724.

Le poursuivant contre qui la subrogation aura été prononcée, sera tenu de remettre les pièces de la poursuite au subrogé, sur son récépissé; (*A*) et il ne sera payé de ses frais qu'après l'adjudication, soit sur le prix, soit par l'adjudicataire.

Si le poursuivant a contesté la subrogation, les frais de la contestation seront à sa charge, et ne pourront, en aucun cas, être employés en frais de poursuite, et payés sur le prix.

(*A*) En remettant les pièces de la procédure au créancier subrogé, le poursuivant doit-il aussi remettre le titre qui sert de base à ces poursuites?

La loi ne parle pas seulement des pièces de la procédure ; elle dit les pièces *de la poursuite*. Or, la première pièce de la poursuite, est le titre en vertu duquel elle a été faite. Si le poursuivant pouvait soustraire ce titre, il dépendrait de lui de faire annuller la saisie, car le débiteur ne manquerait pas de moyens pour arriver à ce but, alors que le titre ne pourrait pas être représenté. Ce titre doit donc être remis avec la procédnre. Aussi M. Pigeau, dans son style sur la procé-

dure, en donnant le modèle de la demande en subrogation 724.
(tom. 2, pag. 154), conclut à ce que le poursuivant soit
tenu de remettre *tant le titre* que la procédure.

Si cependant le poursuivant justifiait que ce titre lui
est nécessaire, notamment pour poursuivre d'autres débiteurs co-obligés solidaires, il y aurait lieu d'en ordonner le dépôt au greffe, pour en être délivré, au
créancier subrogé, une expédition collationnée, et ensuite le titre remis au poursuivant.

Ainsi jugé par le Tribunal civil de Moulins, le 8
janvier 1806. Sur l'appel, arrêt confirmatif de la Cour
de Riom, du 21 mars suivant. (Affaire du sieur Favier,
contre le sieur De Salbrune.)

Art. 725.

Lorsqu'une saisie-immobilière aura été 725.
rayée, le plus diligent des saisissans postérieurs pourra poursuivre sur sa saisie,
encore qu'il ne se soit pas présenté le
premier à l'enregistrement.

Art. 726.

Si le débiteur interjette appel (*A*) du 726.
jugement en vertu duquel on procède à
la saisie (*B*), il sera tenu d'intimer sur
cet appel, et de dénoncer et faire viser
l'intimation au greffier du Tribunal (*C*)

726. devant lequel se poursuit la vente ; et ce, trois jours au moins avant la mise du cahier des charges au greffe : sinon l'appel ne sera pas reçu, et il sera passé outre à l'adjudication.

(*A*) Sur le mot *appel*, voyez à l'article 723, la note (*A*) n.º 4.

(*B*) 1. Lorsque l'appel du jugement en vertu duquel on procède à la saisie, a été interjetté depuis le commandement, mais avant la saisie, cet appel ne doit pas être considéré comme un incident à la poursuite de saisie-immobilière, ni dès-lors soumis aux formalités prescrites par le présent article.

Cour de Paris ; arrêt du 29 avril 1806. (*S*. 15, 2, 155.) Voyez *loco citato*, art. 723, note (*A*), n.º 4.

2. L'adjudication définitive peut avoir lieu en vertu d'un jugement de première instance susceptible d'appel, si à l'époque de l'adjudication il n'y a pas d'appel valablement interjetté.

Cour d'Agen ; arrêt du 10 juillet 1806. (*S*. 7, 2, 950.)

(*C*) Voyez à l'art. 734 la note (*B*).

ART. 727.

727. La demande en distraction de tout ou de partie de l'objet saisi, sera formée par requête d'avoué, tant contre le saisissant que contre la partie saisie, le créancier

premier inscrit, et l'avoué adjudicataire 727.
provisoire. Cette action sera formée par
exploit contre celle des parties qui n'aura
pas avoué en cause, et, dans ce cas, contre
le créancier, au domicile élu par l'inscription. (*A*)

(*A*) 1. Celui qui se prétend propriétaire d'immeubles
menacés par un commandement fait à la personne dont
il dit avoir acquis, ne peut pas former opposition au
commandement, qui est un acte purement personnel au
débiteur, et étranger aux tiers, acte que le créancier a
toujours le droit de faire. Ce prétendu propriétaire doit
attendre la saisie même, pour procéder par voie de demande en distraction.

Cour de Besançon; arrêt du 19 février 1811. (*S.* 15,
2, 177.)

Nota. Mais il peut bien faire connaître sa qualité et
notifier son titre, avec protestations; sauf, dans le cas
où il serait passé outre, à procéder ainsi qu'il est réglé
par le présent article.

2. L'action en rescision pour cause de lésion, n'autorise pas le vendeur qui l'intente, à demander qu'il
soit sursis aux poursuites de saisie-immobilière et à l'adjudication de l'immeuble saisi sur l'acquéreur.

Cour de Poitiers; arrêt du 18 janvier 1810. (*S.* 10,
2, 374.)

3. Une signification d'avoué à avoué n'est pas nulle
par cela seul que l'huissier a omis de remplir le *parlant*

727. à...". La nullité n'est applicable, d'après l'art. 61 du Code de procédure civile, qu'aux exploits d'ajournement. Cette décision a lieu même lorsqu'il s'agit d'une demande en distraction d'immeubles compris dans une saisie-immobilière. Cour de Bordeaux; arrêt du 25 août 1810. (S. 11, 2, 185.)

4. Celui qui a vendu un immeuble à la charge d'une rente viagère, et avec clause résolutoire à défaut de payement de deux termes de la rente, ne peut se pourvoir contre l'acquéreur seul, et faire prononcer contre lui la résolution de la vente, si l'immeuble a été frappé de saisie dénoncée avant la demande.

Il y a eu désaisissement du débiteur, par la dénonciation à lui faite du procès-verbal de saisie; ce débiteur était dès-lors sans qualité pour défendre à l'action.

Le poursuivant fait des offres suffisantes et satisfactoires, en offrant de payer les arrérages échus de la rente, et d'en assurer le desservissement.

Cour de Paris; arrêt du 18 juin 1811. (S. 15, 2, 166.)

Nota. Par cet arrêt, la Cour a ordonné l'insertion au cahier des charges, de la clause résolutoire portée au contrat primitif.

5. La revendication qui n'a point été faite incidemment à l'instance de saisie-immobilière, ne peut point être exercée lors de la revente sur folle-enchère, par la raison que la partie saisie n'est plus en cause. Cette action doit alors faire l'objet d'une demande principale.

Cour de Colmar; arrêt du 17 juin 1817. (S. 15, 2, 164.) Voyez l'art. 731 et les notes à la suite.

728. ## ART. 728.

La demande en distraction contiendra

l'énonciation des titres justificatifs, qui 728.
seront déposés au greffe, et la copie de
l'acte de ce dépôt.

ART. 729.

729.

Si la distraction demandée n'est que
d'une partie des objets saisis, il sera passé
outre, nonobstant cette demande, à la
vente du surplus des objets saisis (*A*):
pourront néanmoins les juges, sur la demande des parties intéressées, ordonner
le sursis pour le tout.

L'adjudicataire provisoire peut, dans
ce cas, demander la décharge de son adjudication (*B*).

(*A*) 1. En cas de revendication de partie d'immeubles
saisis par expropriation forcée, les juges doivent, à peine
de nullité,

1°. Surseoir à la vente des objets revendiqués;

2°. Et ordonner la vente du surplus, par deux jugemens
distincts et séparés.

Cour de Paris; arrêt du 18 nivôse an 12. (*S*. 5, 2, 175.)

2. Lorsqu'un immeuble n'est revendiqué qu'en vertu
de la vente faite par le saisi, depuis la poursuite en expropriation, il n'est pas nécessaire de surseoir jusqu'à ce
que la revendication soit rejettée par un jugement en

729. dernier ressort, ou passé en force de chose jugée; le Tribunal saisi de l'instance peut rejetter la demande, et de suite procéder à l'adjudication.

Cour de cassation; arrêt du 21 juillet 1806. (*S.* 6, 1, 359.) dont voici les motifs:

« Considérant que lorsque le législateur a défendu par
« l'art. 29 de la loi du 11 brumaire an 7, de procéder
« à l'adjudication en même-tems qu'au jugement sur la
« revendication, il n'a entendu, sous le nom de *re-*
« *vendication*, que les droits qui seraient acquis à un
« tiers sur l'immeuble saisi, avant les poursuites en ex-
» propriation, et non ceux émanés du saisi, postérieu-
« rement à sa dépossession, et au moyen de quoi il
« pourrait différer indéfiniment l'adjudication; qu'ainsi
« les juges, en considérant dans l'espèce, la réclamation
« de l'acquéreur, *moins comme une revendication de*
« *son chef, que comme une opposition concertée de*
« *la part du saisi lui-même*, ont pénétré l'esprit de
« la loi, et n'ont point violé son texte;

« LA COUR rejette le pourvoi. »

Voyez, à l'art. 2167 C. C., la note (*A*);
à l'art. 2215, la note (*C*), nos. 1 et 2;
à l'art. 674, C. P. C., la note (*B*), n°. 1er.;
et à l'art. 692, le texte et la note (*A*), n.° 1er.

3°. Hors le cas ci-dessus, et en principe général, l'adjudication définitive ne peut suivre immédiatement et à la même audience, le jugement qui rejette une demande en distraction de partie des immeubles saisis; il ne peut y avoir adjudication de la totalité de ces immeubles, tant que le jugement rendu sur la demande en distraction n'est pas passé en force de chose jugée,

tant

tant que les droits des tiers ne sont pas définitivement 729.
écartés.

Cour de Pau; arrêt du 20 novem. 1813. (*S.* 16, 2, 81.)

4. En matière d'expropriation forcée, et sous l'empire
de la loi du 11 brumaire an 7, le Tribunal qui déclare
une demande en distraction non-recevable, ne peut passer
outre à l'adjudication avant la huitaine, pendant laquelle
la signification du jugement ne peut être faite, et l'appel
interjetté.

Cour de cassation; 1er. arrêt, du 8 ventôse an 13.
(*S.* 5, 2, 464.); 2e. arrêt, du 1er. juin 1807. (*S.* 7,
2, 749.)

(*B*) Quand l'adjudication préparatoire a eu pour objet
la totalité d'un immeuble saisi, et qu'un jugement postérieur ordonne la distraction de partie de cet immeuble
au profit d'un tiers, il peut être procédé à l'adjudication
définitive du surplus de l'immeuble, sans qu'il soit nécessaire de faire une nouvelle adjudication préparatoire,
lorsque d'ailleurs l'adjudicataire provisoire n'a pas demandé sa décharge.

Cour de Trèves; arrêt du 6 nevembre 1810. (*S.* 15,
2, 172.)

ART. 730.

730.

L'appel (*A*) du jugement rendu sur
la demande en distraction sera interjetté
avec assignation, dans la quinzaine (*B*)
du jour de la signification à personne ou
domicile, outre un jour par trois myria-

18

730. mètres, en raison de la distance du domicile réel des parties : ce délai passé, l'appel ne sera plus reçu. (*C*)

(*A*) Sur ce mot *appel*, voyez à l'article 723, la note (*A*), n⁰ˢ. 4 et 6.

(*B*) Sur ces mots *dans la quinzaine*, voyez à l'article 681, la note (*B*).

(*C*) Le saisi est essentiellement intéressé aux demandes en distraction formées par des tiers ; le jugement de distraction est nul, s'il n'y a point été partie. La preuve qu'il n'a pas été partie, résulte suffisamment du défaut de mention sur l'expédition en forme du jugement.

Cour de Pau ; arrêt du 7 juillet 1813. (*S*. 16, 2, 105.)

731.

ART. 731.

L'adjudication définitive ne transmet à l'adjudicataire d'autres droits à la propriété, que ceux qu'avait le saisi. (*A*)

(*A*) 1. Lorsqu'une saisie-immobilière a été faite *super non domino*, elle est radicalement nulle au respect du légitime propriétaire; cette nullité peut être demandée même postérieurement à l'adjudication définitive.

Peu importe que ce véritable propriétaire de l'objet indûment vendu, ait connu la saisie, et n'en ait pas de suite relevé l'irrégularité ; peu importe encore que la saisie eut pu être faite sur lui-même, comme caution du débiteur principal, partie saisie.

Cour de Paris; arrêt du 9 mars 1811. (*S*. 15, 2, 167.)

2. Lorsqu'une adjudication est déclarée nulle pour irrégularités commises au préjudice d'une partie des créanciers, la nullité de l'adjudication doit être prononcée dans l'intérêt de tous, parce qu'il s'agit d'une matière indivisible.

Cour de cassation ; arrêt du 13 octobre 1812. (*S.* 13, 1, 42.)

3. La condition résolutoire d'une vente a pu être utilement exercée par le vendeur, après l'adjudication de l'immeuble, et pendant le cours de l'instance d'ordre, ouverte pour la distribution du prix, instance à laquelle ce vendeur avait été appelé comme créancier inscrit.

Cette résolution ainsi adjugée à défaut de paiement, fait rentrer l'immeuble dans la main du vendeur, franc et libre des hypothèques imposées par l'acquéreur ; mais les créanciers de ce dernier ont la faculté de désintéresser le vendeur, avant que la résolution ne soit prononcée.

Cour de Rouen ; arrêt du 13 juillet 1815. (*S.* 16, 2, 45.)
Voyez l'art. 727 et les notes, particulièrement le n°. 4.

4. L'effet de l'adjudication est de purger toutes les hypothèques inscrites, même celles légales non-inscrites, sans qu'il soit besoin d'observer à cet effet aucune des formalités prescrites pour la purge des aliénations faites sur vente volontaire.

Voyez à l'art. 695 (*A*), n°. 1er., et la note à la suite.
V. aussi les questions posées sur l'art. 748 et leur solution.

5. L'adjudicataire d'une maison vendue sur expropriation forcée, ne peut exiger des locataires, dont le bail avait acquis date certaine avant l'adjudication, les termes échus depuis le jour où il est devenu propriétaire, s'il résulte du bail que le loyer a été payé au

731. saisi par anticipation. Cette décision a lieu, encore que le bail ait été fait par acte sous seings privés, et que le payement n'ait pas été énoncé dans le cahier des charges.

Cour de Turin ; arrêt du 14 décembre 1810. (S. 12, 2, 232.)

ART. 732.

732.

Lorsque l'une des publications de l'enchère aura été retardée par un incident, il ne pourra y être procédé qu'après une nouvelle apposition de placards, et insertion de nouvelles annonces, en la forme ci-dessus prescrite. (*A*)

(*A*) Le placard devra, en ce cas, contenir l'énoncé sommaire des jugement et arrêt intervenus sur l'incident. Voyez art. 706 (*A*), n°. 2.

ART. 733.

733.

Les moyens de nullité contre la procédure qui précède l'adjudication préparatoire, ne pourront être proposés après ladite adjudication (*A*) ; ils seront jugés avant ladite adjudication ; et si les moyens de nullité sont rejettés, l'adjudication préparatoire sera prononcée par le même jugement. (*B*)

(*A*) 1. Cet article suppose que la partie saisie a été 733.
avertie par les actes prescrits à son égard; mais si ces
actes n'existent pas, *quid ?*

« C'est (dit M. Merlin, dans ses questions de droit),
« demander, en d'autres termes, si l'on peut prendre
« défaut contre une partie qui n'a pas été assignée;
« c'est demander si un débiteur peut être exproprié,
« non-seulement sans avoir été entendu, mais même
« sans avoir été mis à portée de se faire entendre. La
« loi, il est vrai, prend pour renonciation à toute nul-
« lité de forme, le silence que le saisi a gardé avant
« l'adjudication; mais elle suppose évidemment, elle
« suppose nécessairement que ce silence a été libre de
« la part du saisi; que ce saisi a pu parler au lieu de
« se taire; qu'il ne s'est tû, que parce que, bien informé
« de tout ce qui s'est passé, il a jugé à propos de n'élever
« aucune réclamation. Si donc le saisi a tout ignoré,....
« il est impossible de présumer de sa part une renon-
« ciation au droit de réclamer ;.... en un mot, le
« silence ne peut passer pour acquiescement, que dans
« le cas où celui qui se tait a connaissance de l'état des
« choses. »

A l'appui de ces réflexions, nous ajouterons que la
loi dit *les moyens de nullité contre la procédure.....*
elle suppose dès-lors l'existence de cette procédure; si
elle n'existe pas, il n'y a pas véritablement de poursuites en saisie-immobilière, puisqu'elle se compose d'un
certain nombre d'actes, et de certaines formalités, sans
l'accomplissement desquelles le créancier ne peut pas
légalement provoquer une expropriation.

2. Il en est de même si le débiteur a été irréguliè-

733. rement averti; par exemple, si la dénonciation du procès-verbal de saisie lui a été faite à un domicile qui n'est pas le sien, et par suite, s'il a ignoré la saisie. Pourra-t-on dire, en ce cas, que le saisi qui ne se présente pas, couvre par son silence le moyen de nullité? non, sans doute, parce qu'un acte aussi radicalement nul ne saurait lui être opposé; parce qu'il n'y a véritablement pas de dénonciation au saisi; parce qu'il n'a pas connu la procédure, et que quand il en est instruit par une voie quelconque, il est toujours à tems de se plaindre. C'est l'avis de M. Merlin, *loco citato.*

Plusieurs arrêts viennent à l'appui de cette opinion.

1°. Sous l'empire de la loi du 11 brumaire an 7, lorsque l'affiche n'indique pas suffisamment toutes et chacune des parties dont le domaine exproprié se compose, la nullité peut en être proposée pour la première fois en cause d'appel. C'est là une nullité substantielle que le silence du saisi, antérieurement à l'adjudication, n'a pas pu couvrir. Ici ne s'applique point l'art. 23 de la loi du 11 brumaire an 7, reproduit par l'art. 733 du C. P. C.

Cour de Paris; arrêt du 1er. prairial an 11. (*S.* ?, 2, 948.)

2°. Les art. 733 et 735, portant que les nullités de procédure doivent être proposées avant l'adjudication, ne s'appliquent pas au cas où le saisi n'a été averti que par des placards nuls, ou dont l'apposition a été irrégulièrement certifiée.

Cour de Nîmes; arrêt du 4 avril 1810. (*S.* 14, 2, 73.)

3°. Un arrêt de cassation, dont nous allons rapporter quelques détails, a fixé le principe, et ne laisse plus de doute à cet égard.

Une expropriation forcée était poursuivie ; le saisi et **733.**
la plupart des créanciers ne se présentèrent pas à l'adjudication ; elle eut lieu à vil prix : alors plusieurs créanciers se réunirent pour en demander la nullité par voie
de tierce-opposition.

L'adjudicataire les soutint non-recevables, comme
n'ayant pas proposé leurs moyens de nullité avant l'adjudication, conformément à l'art. 23 de la loi du 11
brumaire an 7.

La Cour de Lyon considéra, en principe, « qu'à la
« vérité cet article 23 interdit, au saisissant comme aux
« créanciers, la faculté de faire valoir des nullités contre
« les actes de la poursuite, lorsqu'elles n'ont pas été
« proposées à l'audience où l'adjudication a eu lieu,
« mais que par cela même il se lie avec l'art. 6, qui
« exige que le poursuivant fasse aux créanciers inscrits
« la notification des procès-verbaux d'affiche, indicatifs
« du jour de la vente ; qu'ainsi, l'art. 23 n'admet la
« fin de non-recevoir, que parce qu'il suppose que
« l'art. 6 a été exécuté, et que les créanciers ont été
« légalement avertis du jour où l'adjudication devait avoir
« lieu ; et qu'aux yeux de la raison, une personne qui
« n'est pas appelée dans les formes prescrites, et dès-
« lors irrégulièrement appelée, est considérée comme
« ne l'ayant pas été. »

En fait, elle considéra que les notifications avaient
été illégalement faites à deux des créanciers, savoir, à
l'un, parce qu'elle avait eu lieu à un domicile qui n'était
pas le sien ; et à l'autre, parce que l'acte ne faisait pas
mention de la personne à laquelle copie de l'exploit
avait été laissée. Par suite, la Cour de Lyon annulla

733. l'adjudication. Sur le pourvoi en cassation, arrêt du 13 octobre 1812 (*S*. 13, 1., 42), qui rejette par ces motifs:

« Attendu que l'article 23 de la loi du 11 brumaire « an 7, doit être entendu dans le sens que les créan- « ciers *dûment appelés* à l'adjudication sont non-re- « cevables à invoquer des nullités qu'ils n'auraient pas « proposées avant l'adjudication ; mais qu'il serait con- « traire à tous les principes de raison et de justice, de « déclarer forclos de proposer les nullités de l'instruc- « tion, les créanciers qui n'auraient pas été mis en « mesure de les faire valoir avant l'adjudication. »

Concluons dès-lors que celui-là seul est forclos de proposer, postérieurement à l'adjudication préparatoire, des moyens de nullité contre la procédure antérieure, qui a été régulièrement appelé, et légalement mis en demeure.

3. Quant aux nullités qui vicient la substance même du titre fondamental de la saisie, et qui laissent le créan- cier sans droit pour agir, le saisi peut les proposer en tout état de cause, même par voie d'appel du jugement d'adjudication ; par exemple, si le titre était éteint par une quittance authentique, dont l'expédition aurait été nouvellement recouvrée; si la créance était à terme non échu ; ou si cette créance était subordonnée à une con- dition non arrivée, etc., etc. Dans tous ces cas et autres semblables, le créancier n'a pas qualité pour poursuivre. Ce défaut de qualité ne se couvre pas de la même ma- nière que les simples nullités de forme, et il peut tou- jours être invoqué, tant que le jugement d'adjudication définitive n'a pas irrévocablement acquis l'autorité de la chose jugée.

Cour de Rouen ; arrêt du 2 nivôse an 11. (*S.* 3, 2, 231.) 733.

4. Mais si l'irrégularité ne frappe que sur la forme du titre, le moyen n'est plus proposable après l'adjudication préparatoire.

Cour de cassation ; arrêt du 2 juillet 1816, dont voici les motifs. (*S.* 16, 1, 420.)

« Vu les art. 733, 735 et 736 du Code de procédure ;

« Attendu qu'il résulte desdits articles qu'il ne peut
« être proposé sur l'appel d'autres moyens de nullité que
« ceux qui ont été présentés en première instance, et
« que, dans l'espèce, le défendeur n'en avait proposé
« aucun avant l'adjudication préparatoire ; que cependant
« l'arrêt dénoncé a prononcé l'annullation de cette ad-
« judication, en adoptant le moyen tiré des vices du
« titre en vertu duquel il avait été procédé à l'expro-
« priation. (*Nota.* Ces vices n'étaient que de forme,
mais entraînaient la nullité du titre, notamment parce
que, s'agissant d'un jugement par défaut, il n'aurait pas
été exécuté dans les six mois.) « Quoique le défendeur
« n'eut pas proposé ce moyen en première instance,
« que la distinction établie par l'arrêt dénoncé, entre les
« moyens tirés des vices du titre et ceux relatifs aux
« actes de la procédure, ne se trouve écrite dans aucun
« article du Code ; qu'elle ne pourrait dès-lors y être
« suppléée sans excès de pouvoir ; qu'il n'est pas permis,
« en effet, de distinguer, lorsque la loi ne fait aucune
« distinction ; que la distinction dont il s'agit, contrarie
« même évidemment les vues du législateur, qui a
« voulu, d'une part, que l'expropriation ne put être
« poursuivie qu'en vertu d'un titre exécutoire, et qui
« a ordonné, d'autre part, dans l'art. 673 du Code de

733. « procédure civile, que la copie entière du titre fût
« donnée au débiteur en tête du premier commande-
« ment ; qu'il résulte en effet de là, que ce titre fait
« partie intégrante *des actes* de la procédure en ex-
« propriation, et que le débiteur étant mis à portée,
« par cette copie, de connaître les vices du titre, et
« de proposer ce moyen en tems utile, il est tenu de
« le faire dans le délai fixé par la loi ;

LA COUR casse, etc. »

5. De même les moyens de nullité résultant de l'omission de formalités dans les actes antérieurs à la poursuite
de saisie - immobilière, ne peuvent être proposés après
l'adjudication préparatoire. La fin de non-recevoir prononcée par le présent art. 733, s'applique tant aux actes
antérieurs à la poursuite, qu'à ceux de la poursuite
elle-même.

Cour de Paris ; arrêt du 23 novem. 1808. (*S.* 9, 2, 26.)

6. Le moyen résultant du défaut de pouvoir spécial
nécessaire à l'huissier qui procède à la saisie, doit être
proposé avant l'adjudication préparatoire ; plus tard, il
est non-recevable.

Cour de Turin ; arrêt du 9 février 1810. (*S.* 10, 2, 325.)

7. Les moyens de nullité contre la procédure qui précède l'adjudication préparatoire, peuvent être proposés
par requête, le jour même fixé pour l'adjudication, et
immédiatement *avant l'audience.* Le saisissant ne peut
se plaindre qu'il ait trop peu de tems pour examiner ces
moyens et y répondre.

Cour de Bordeaux ; arrêt du 21 janvier 1811. (*S.* 11,
2, 166.)

Nota. Sans doute cet arrêt est conforme au texte de

la loi ; mais comment le législateur n'a-t-il pas pris les 733. mesures nécessaires pour prévenir de tels inconvéniens et éviter les surprises ? n'eût-il pas été sage d'assujettir le saisi à signifier ses moyens assez à tems, pour que le saisissant fût à même d'y défendre, le ministère public de donner ses conclusions, et le Tribunal de juger en connaissance de cause ?

8. Ces moyens peuvent-ils être proposés verbalement seulement, et par forme de plaidoirie, au moment où il va être procédé à l'adjudication préparatoire ; ou bien est-il nécessaire qu'ils soient préalablement signifiés par requête d'avoué à avoué ?

Cette question nous paraît infiniment grave, en ce que souvent la partie saisie, abusant du silence de l'art. 733 de la loi, attend le moment de l'adjudication, pour proposer des moyens de nullité, et embarrasser d'autant plus le saisissant, qu'elle ne les signifie pas même, et se borne à les plaider verbalement.

Une telle marche est évidemment contraire à celle de la justice et au vœu du législateur. En effet, 1°. le Code entier de procédure s'élève contre le système des *demandes verbales* ou *labiales ;* toutes demandes incidentes, même en matière sommaire, doivent, comme celles principales, être formées par écrit, c'est-à-dire par requête, ou au moins par simple acte. (Art. 337 et 406.)

2°. L'art. 735 du Code de procédure civile veut que s'il s'agit de moyens contre la procédure *postérieure* à l'adjudication préparatoire, la partie saisie soit tenue de les proposer *par requête ,* avec avenir à jour indiqué.

Il y a parité de raison pour que les moyens contre la procédure *antérieure* soient également proposés par

733. réquête. Vainement opposerait-on que l'art. 735 s'étant expliqué sur le mode de proposer les moyens contre la procédure postérieure, et l'art. 733 n'en ayant prescrit aucun pour proposer les moyens contre la procédure antérieure, il n'y a rien à conclure d'un cas à un autre.

Ce système était aussi présenté sur les art. 673 et 726, combinés avec l'art. 584, et il y avait même cette différence, que l'un de ces articles se trouve au titre des saisies-exécutions, tandis que les deux autres sont au titre de la saisie-immobilière ; mais la Cour suprême saisissant l'esprit du législateur, et expliquant son intention, a vu une corrélation parfaite entre ces articles, et les a sagement interprétés les uns par les autres. (Voyez pag. 246 et suivantes.)

3°. Les art. 124 et 125 du tarif des frais et dépens, viennent au besoin lever tous les doutes. On sait que cette loi est le complément du Code de procédure, qu'elle a expliqué dans les articles qui pouvaient présenter de l'incertitude. On y lit :

« Art. 124. *Requête* d'avoué à avoué, de la part de » la partie saisie, contenant moyens de nullité contre « la procédure *antérieure* à l'adjudication préparatoire, « par chaque rôle..... »

En marge est rappelé l'art. 733 du Code de procédure, auquel cette disposition se réfère.

« Art. 125. *Requête* d'avoué à avoué, de la part de « la partie saisie, contenant ses moyens contre les pro- « cédures *postérieures* à l'adjudication préparatoire....'

En marge est également rappelé l'art. 735 du Code de procédure civile, auquel cette disposition se rattache.

Dans l'un comme dans l'autre cas, le tarif exige donc

une requête; d'où la conséquence que le saisi doit pro- 733.
poser ses moyens par écrit, tant contre les procédures
antérieures que contre celles *postérieures* à l'adjudication préparatoire.

9. A l'appui de cette opinion, se joint la jurisprudence
des arrêts :

1°. Sous l'empire de la loi du 11 brumaire an 7, la
partie saisie ne pouvait se rendre partie intervenante par
simples conclusions verbales, prises à l'audience, sans
requête libellée, et sans rapport de pièces justificatives.

Cour de cassation; arrêt du 21 vendémiaire an 11.
(*S.* 3, 2, 5o3.)

2°. Une saisie-immobilière était poursuivie sur une
veuve, tutrice de ses enfans mineurs. Au jour indiqué
pour l'adjudication préparatoire, elle constitue un avoué
qui se présente pour proposer plusieurs moyens de nullité
contre la procédure : on lui oppose une fin de non-
recevoir résultante de ce que la demande en nullité n'a
pas été formée par requête. Le Tribunal de première
instance adopte la fin de non-recevoir ;

« Attendu que des dispositions de l'art. 733 du Code
« de procédure, combinées avec celles de l'art. 735,
« il résulte évidemment que la demande en nullité de
« la procédure antérieure à l'adjudication préparatoire,
« comme de la procédure postérieure, doit être formée
« par requête; qu'il y a en effet parité de raison pour
« exiger une requête signifiée dans les deux cas prévus
« par les art. 733 et 735;

« Attendu que s'il pouvait s'élever quelque doute sur
« l'interprétation de ces articles, ils seraient levés par
« les dispositions de l'art. 124 du réglement contenant

733. « le tarif des frais et dépens, qui rappelle expressément
« ledit article 733, et se rattache à lui ; qu'il ne peut
« prescrire et taxer un acte inutile ; qu'au contraire,
« ordonnant une requête, il doit la croire indispensable
« dans l'esprit du Code de procédure ;

« Attendu qu'il est juste que le poursuivant, devenant
« défendeur à la demande en nullité, soit averti assez
« tôt de cette demande, pour pouvoir se défendre à
« l'audience même, indiquée pour l'adjudication prépa-
« ratoire, puisque d'après l'art. 733, cette adjudication
« ne peut être remise, et doit être faite au jour fixé,
« en cas que les moyens de nullité soient rejettés ;

« Attendu enfin que les pièces devant être commu-
« niquées au ministère public, il ne peut connaître les
« moyens de nullité qu'on veut opposer, s'ils ne sont
« énoncés dans un acte déjà signifié ; d'où il suit que
« la requête préalable est de rigueur. »

Sur l'appel, arrêt confirmatif (Cour de Riom), du 26
mars 1810 (*S.* 15, 2, 165), en ces termes :

« LA COUR, déterminée par les motifs exprimés au
« jugement dont est appel, et y ajoutant :

« Attendu que la procédure sur saisie-immobilière
« se poursuit sans la présence du saisi ; que pour être
« admis à conclure et à plaider devant la justice, il
« faut ou avoir été appelé, ou être intervenu réguliè-
« rement ;

« Qu'en ne considérant la demande de la partie saisie
« que comme une demande incidente, elle aurait dû
« être formée par requête, suivant l'art. 406 du Code
« de procédure civile ; qu'au moins, suivant l'art. 337
« du même Code, elle aurait dû l'être par un simple

« acte de conclusions, contenant les moyens de nullité ; 733.
« et attendu que tout acte doit être signifié, dit qu'il a
« été bien jugé. »

3°. Dans l'affaire du sieur Favier contre le sieur De
Salbrune (déjà citée), des moyens furent proposés à
l'audience par conclusions écrites, lues par l'avoué du
saisi, et déposées sur le bureau, mais non signifiées à
l'avoué du saisissant.

Jugement du Tribunal civil de Moulins, du 8 janvier
1816, qui déclare le saisi non-recevable à proposer ainsi
des moyens de nullité. Sur l'appel, la Cour de Riom
a confirmé par arrêt du 21 mars 1816.

Voyez les motifs ci-après n°. 10.

Ces trois arrêts joints au texte de l'art. 735 du Code
de procédure civile, et des art. 124 et 125 du tarif des
frais et dépens, nous paraissent décider la question de
manière à ne plus permettre d'objection sérieuse.

Cependant, nous devons prévenir le lecteur que deux
arrêts de la Cour de Bruxelles, des 23 août 1810 (*S*. 15,
2, 165), et 31 janvier 1812 (*S*. 15, 2, 165), ont jugé
au contraire, que les moyens du saisi pouvaient être
présentés verbalement. Cette Cour s'est fondée sur ce
que l'art. 733 ne prescrit aucun mode pour les proposer.
Elle a eu, selon nous, d'autant plus de tort d'adopter
un semblable système, qu'elle a, par ses deux arrêts,
réformé deux jugemens qui avaient décidé le contraire,
et qui étaient parfaitement en principes. Malgré cette
erreur d'une Cour isolée, la règle que nous avons posée
ne nous paraît pas moins solidement établie.

10. 1°. Les moyens de nullité contre la procédure qui
précède l'adjudication préparatoire, ne peuvent être proposés *pendant* l'adjudication.

733. 2°. L'adjudication est commencée, lorsque l'avoué poursuivant ayant exposé l'affaire et fait ses réquisitions, le Tribunal en a donné acte, et a ordonné d'allumer les feux.

Jugement du Tribunal de Moulins, du 8 janvier 1816, et arrêt confirmatif de la Cour de Riom, du 21 mars 1816. (Affaire déjà citée, du sieur Favier contre le sieur De Salbrune.)

Les motifs nous paraissent lumineux et importans à recueillir. Voici ceux du jugement de Moulins :

« Considérant,

« 1°. Que lors du premier jugement rendu entre les « parties, à cette audience, le Tribunal, en adjugeant « au sieur Favier la poursuite de saisie-immobilière dont « il s'agit, a en même-tems ordonné qu'il serait de suite « procédé à l'adjudication préparatoire, s'il n'y avait em-« pêchement légitime ;

« Que le sieur De Salbrune ayant ainsi été admis à « proposer ses moyens légitimes pour empêcher l'adju-« dication, il a dû les présenter tous à la fois ; que « s'étant borné à soutenir qu'il y avait lieu, par les « moyens déduits, de renvoyer l'adjudication, il a lui-« même restreint ses moyens à ceux proposés, et sur « lesquels il a été fait droit par un second jugement qui « l'en a débouté, et a ordonné qu'il serait définitivement « passé outre à l'adjudication préparatoire ; qu'ainsi et « par ce second jugement, tout est irrévocablement ter-« miné à cet égard ; qu'il serait contraire à toutes les « règles, que la partie saisie put encore proposer de « nouveaux moyens et donner lieu à de nouveaux ju-« gemens, en aussi grand nombre que les moyens qu'il « lui plairait de proposer successivement ;

« Que la justice ayant une fois prononcé, ne peut 733.
« plus rétrograder ; qu'ainsi, et sous ce premier rapport,
« la demande en nullité formée par le sieur Salbrune
« est non-recevable ;

« 2.° Qu'aux termes des art. 733 et 735 du Code de
« procédure civile , les moyens de nullité contre la
« procédure qui précède l'adjudication préparatoire ,
« doivent être proposés et jugés avant l'adjudication ;

« Que le sieur De Salbrune ne s'est, sous aucun rap-
« port, conformé à cet article ; qu'en effet , dans le sens
« de la loi , *proposer* veut dire signifier : ce qui le
« prouve, c'est qu'aux termes de l'art. 735, les moy. ns
« de nullité contre la procédure postérieure à l'adju-
« dication préparatoire, doivent être proposés *par re-*
« *quête ,* et qu'y ayant, dans ce cas, nécessité de la re-
« quête, on ne concevrait pas que dans un cas exac-
« tement semblable, on put se dispenser d'en signifier
« une ; qu'il y a parité de raison pour l'exiger, dans l'une
« comme dans l'autre espèce ;

« Qu'en ne considérant la demande en nullité dont il
« s'agit, que comme une demande incidente, elle aurait
« encore dû être formée par requête, ou tout au moins
« par un simple acte., suivant les art. 337 et 406 du
« Code de procédure ;

« Qu'au surplus , ce qui lève toute difficulté, c'est
« que le tarif des frais et dépens qui est le complément
« du Code de procédure , dont il a modifié et rectifié
« plusieurs articles, mentionne au n°. 124, et taxe ladite
« requête; donc elle est nécessaire, car ce tarif ne peut
« pas taxer un acte inutile ;

« Que décider autrement, ce serait admettre des de-

733. « mandes purement *labiales*, ce qui est absolument
« contraire aux règles de la procédure, qui veulent que
« toute demande soit écrite et signifiée ; que le système
« contraire présenterait les plus graves, inconvéniens ;
« qu'en effet, le poursuivant serait hors d'état de saisir
« des moyens souvent très-nombreux, dont on ne lui
« donnerait qu'à l'audience une lecture rapide ; le mi-
« nistère public, auquel la procédure doit être commu-
« niquée, ne pourrait également pas s'expliquer sur des
« moyens ainsi proposés, et le Tribunal ne serait pas
« mis à même de prononcer en connaissance de cause ;
« que ce système de demande purement verbale et seu-
« lement par plaidoirie, est donc évidemment contraire
« à la raison, à la justice et à la loi ;

« Que la Cour de Riom l'a ainsi jugé par arrêt du 26
« mars 1810, confirmatif d'un jugement de l'un des
« Tribunaux de son ressort (*Sirey*, tom. 15, 2ᵉ part,
« pag. 165), et que son arrêt fait loi pour le ressort ;

« 3°. Que lors de la première publication du cahier
« des charges, le sieur De Salbrune a constitué avoué,
« et déclaré qu'il avait des moyens de nullité à pro-
« poser ; que lors des deuxième et troisième publications,
« il a réitéré cette déclaration ; qu'ainsi, il connaissait
« les moyens qu'il voulait faire valoir, ceux du moins
« qui s'appliquaient aux actes antérieurs ; que depuis le
« complément de la procédure, et par acte du 27 dé-
« cembre dernier, douze jours avant celui indiqué pour
« l'adjudication préparatoire, ledit De Salbrune a été
« sommé de proposer ses moyens, si aucun il avait, et
« ce, dans la forme et le délai prescrits par la loi,
« c'est-à-dire par écrit et avant l'adjudication, à peine

« d'y être déclaré non-recevable ; qu'il a refusé de le
« faire, et que, par un calcul qui tient de la surprise, il
« a différé de proposer ses moyens, jusqu'à ce que l'adju-
« dication fût entamée ; qu'une telle marche est intolé-
« rable et ne saurait être autorisée par la justice ;

« 4°. Enfin, que le sieur De Salbrune n'a pas même
« proposé ses moyens *avant* l'adjudication ; qu'en effet,
« par *adjudication*, il ne faut pas entendre le moment
« où le bien s'adjuge, après l'extinction du dernier feu,
« mais qu'il faut entendre par là, tout ce qui ce passe
« au Tribunal pour effectuer l'adjudication ; que quand
« l'avoué du poursuivant a exposé l'état de la procédure
« et requis que le cahier des charges fut lu et les bougies
« allumées, ou même lorsqu'il a commencé son exposé,
« l'adjudication est entamée ; que dès ce moment, tout
« ce qui se passe a lieu *pendant* et non *avant* l'adjudi-
« cation ; que, dans la circonstance présente, l'adjudi-
« cation était entamée par la réquisition de l'avoué du
« poursuivant, et dès-lors que c'est *pendant* l'adjudi-
« cation *interrompue par le saisi*, que ce dernier a
« formé verbalement sa demande en nullité ;

« Qu'ainsi, sous tous les rapports, il y est non-rece-
« vable. »

L'arrêt confirmatif porte :

« LA COUR, adoptant *en tous points* les motifs des
« premiers juges, et s'y référant, met l'appellation au
« néant. »

11. La régularité de l'adjudication est indivisible, encore qu'elle ait été faite par lots. Ainsi, lorsque la vente
se fait en plusieurs lots, on n'est plus recevable à proposer des nullités contre la procédure qui précède l'ad-

733. judication préparatoire, du moment qu'un lot a été
adjugé.

Cour de Caen; arrêt de mai 1814. (*S.* 14, 2, 403.)

12. Encore que la partie saisie ait fait défaut en première instance, elle ne peut pas, sur l'appel. proposer des nullités contre la procédure en expropriation forcée.

Cour d'Aix; arrêt du 5 novembre 1806. (*S.* 6, 2, 750.)

Voyez au présent article, note (*A*), n°. 1.

13. Le saisi est recevable à faire statuer, même après l'adjudication préparatoire, sur les moyens de nullité par lui proposés contre la procédure antérieure, si toutefois il les avait proposés avant le jugement d'adjudication, ne fût-ce que par une simple requête signifiée à l'avoué du saisissant, et quand bien même il n'aurait pas poursuivi à l'audience les fins de sa requête.

Cour de cassation; arrêt du 25 avril 1814. (*S.* 14, 1, 259.)

14. Les créanciers n'ont pas qualité pour demander la nullité d'une saisie-immobilière faite sur leur débiteur, lorsque la nullité n'est que *relative* et ne profite qu'au saisi. Les créanciers ayant intérêt que l'immeuble soit vendu, sont sans droit pour en empêcher la vente.

Cour de Turin; arrêt du 24 juillet 1810. (*S.* 11, 2, 51.)

15. Une nullité non-opposée en première instance, et par suite non-opposable en appel, de la part du poursuivant, peut être opposée par un autre créancier. Le poursuivant n'est pas le mandataire légal des créanciers; il ne les représente pas.

Cour de cassation; arrêt du 13 octobre 1812. (*S.* 13, 1, 42.)

16. Le créancier dont les poursuites sont annullées, peut être condamné en des dommages et intérêts envers

l'adjudicataire, mais non envers le débiteur saisi. Cour   733.
de Besançon; arrêt du 21 juin 1810. (*S.* 12, 2, 8.)

Nota. A moins qu'il n'y ait, de la part du créancier,
fraude et dol.

Voyez à l'art. 697 la note (*C*), n°. 4.

17. Lorsque dans une procédure sur expropriation forcée, la femme du saisi a figuré comme créancière, et qu'il
n'est intervenu aucune condamnation à son préjudice, le
mari ne peut, dans son intérêt personnel, attaquer la
procédure pour défaut d'autorisation de sa femme.

La faculté que la loi confère au mari, de proposer
cette nullité, est relative aux intérêts de la femme, et
non à ceux du mari.

Cour de Besançon; arrêt du 29 germinal an 12. (*S.* 4,
2, 672.) Voyez les notes sur l'art. 735.

(*B*) Pour la validité du jugement qui rejette les moyens
de nullité proposés contre la procédure antérieure à l'adjudication préparatoire, il n'est pas indispensable qu'il
prononce en même-tems cette adjudication.

La disposition finale du présent art. 733, n'est pas
prescrite, à peine de nullité.

Cour de Paris; arrêt du 1er. juillet 1813. (*S.* 14, 2, 259.)

Nota. Cette disposition n'est pas même exécutable. Le
jugement qui rejette les moyens de nullité, est un jugement
ordinaire, qui doit être mis sur la feuille d'audience,
tandis que le jugement d'adjudication doit être mis sur le
cahier des charges; seulement ce dernier jugement doit
mentionner celui rendu à la même audience, qui a rejetté
les moyens de nullité, et par suite duquel on procède à
l'adjudication : il faut donc deux jugemens séparés.

Il en est de cette formalité, comme de celle prescrite

733. par la première disposition de l'art. 696. (Voyez à cet article la note (*B*). Il faut entendre la loi non judaïquement, mais dans un sens exécutable.

ART. 734.

734. L'appel du jugement qui aura statué sur ces nullités, ne sera pas reçu, s'il n'a été interjetté avec intimation dans la quinzaine de la signification du jugement à avoué (*A*); l'appel sera notifié au greffier et visé par lui (*B*).

(*A*) 1. Encore que le jugement qui prononce sur les moyens de nullité proposés contre la procédure qui *précède* l'adjudication préparatoire, intervienne postérieurement à cette adjudication, le délai, pour l'appel de ce jugement, est réglé par le présent art. 734, et non par l'art. 736 qui ne concerne que l'appel des jugemens qui ont statué sur les moyens de nullité proposés contre la procédure *postérieure* à l'adjudication préparatoire.

Cour de cassation; arrêt du 25 avril 1814. (*S.* 14, 1, 259.)

2. Le débiteur qui interjette appel du jugement d'adjudication vis-à-vis du poursuivant, ne peut pas assigner l'adjudicataire en déclaration de jugement commun; il doit aussi se rendre appelant vis-à-vis de cet adjudicataire.

Cour de Paris; arrêt du 20 ventôse an 11. (*S.* 3, 2, 219.)

3. Le saisi qui a succombé en première instance et en appel, dans les moyens de nullité par lui proposés

avant l'adjudication préparatoire, est non-recevable à 734.
se pourvoir en cassation contre l'arrêt, si tout en que-
rellant la procédure postérieure, dont il aurait aussi demandé la nullité avant l'adjudication definitive, il a laissé
procéder à cette adjudication, sans protestation de se
pourvoir en cassation.

Cour de cassation ; arrêt du 4 février 1811. (*S.* 11,
1, 22 4.)

En d'autres termes :

Si après l'arrêt confirmatif d'une adjudication préparatoire, le saisi se borne à quereller la procédure relative
à l'adjudication définitive, sans aucunement annoncer
l'intention de recourir en cassation contre ledit arrêt
confirmatif de l'adjudication préparatoire, et sans se
faire la réserve formelle dudit pourvoi, le saisi est réputé, par cela seul, avoir renoncé au droit de recours
en cassation, et acquiescé à l'arrêt rendu ; il est non-
recevable à se pourvoir.

Cour de cassation ; arrêt du 1er. décembre 1813. (*S.* 14,
1, 80.)

Sur les mots *appel* et *quinzaine*, voyez à l'art. 681
la note (*B*), et l'art. 723 la note (*A*), nos. 4 et 5.

4. Voyez à l'art. 736 la note (*B*).

(*B*) L'appel d'un jugement qui a statué sur des nullités
proposées contre une procédure de saisie-immobilière,
n'est pas valable, s'il n'a été que notifié au greffier ; il
devait en outre (et préalablement) être signifié au poursuivant.

Cour d'Angers ; arrêt du 20 janvier 1809. (*S.* 15, 2,
185.) Voyez art. 736 la note (*B*).

735.

ART. 735.

La partie saisie sera tenue de proposer par requête, avec avenir à jour indiqué, ses moyens de nullité, si aucuns elle a, contre les procédures postérieures à l'adjudication provisoire (*A*), vingt jours au moins avant celui indiqué pour l'adjudication définitive : les juges seront tenus de statuer sur les moyens de nullité, dix jours au moins avant ladite adjudication définitive. (*B*).

(*A*) Il faut dire *préparatoire*.

(*B*) 1. D'après le décret du 2 février 1811, aucune demande en nullité de procédures postérieures à l'adjudication préparatoire, ne peut être reçue,

1°. Si le demandeur ne donne caution suffisante pour le payement des frais résultant de l'incident; 2°. si la demande n'est proposée quarante jours au moins avant celui fixé pour l'adjudication définitive.

Les premiers juges doivent statuer sur ladite demande trente jours au plus tard avant l'adjudication définitive. Si leur jugement est par défaut, la partie condamnée ne pourra l'attaquer que par la voie d'appel.

Voyez ce décret, page 180.

2. En cas d'urgence, notamment lorsque l'adjudication définitive a été indiquée au lendemain du jour où la

Cour prononce sur l'appel de jugemens relatifs à des 735.
incidens, cette Cour peut ordonner que son arrêt sera
exécuté sur minute, et à cet effet autoriser le greffier
à le représenter au Tribunal qui doit procéder à l'adjudication définitive.

Cour de cassation; arrêt du 10 janv. 1814. (*S.* 14, 1, 64.)

3. Lorsque la partie saisie allègue une compensation,
il y a nécessité de statuer sur cette compensation, avant
de procéder à l'adjudication.

Cour de cassation; arrêt du 23 juillet 1811. (*S.* 12, 1, 23.)

Nota. Pourvu que la compensation alléguée soit dans le
cas d'éteindre toute la créance; mais si la compensation
comme le payement, n'en éteignait qu'une partie, les
poursuites du créancier ne sauraient être suspendues.

Voyez, à l'art. 2204 du Code civil, la note (*E*), le texte
de l'art. 2216, et à la suite la note (*A*), n°. 2.

4. S'il arrive que le Tribunal, après avoir fixé le jour
de l'adjudication définitive, par exemple au 5 octobre,
renvoie au 5 novembre à statuer sur la compensation
opposée, ce jugement, quoiqu'acquiescé, n'autorise pas
à procéder à l'adjudication, avant qu'il ait été statué
sur la compensation.

Même arrêt, du 23 juillet 1811.

5. Si après l'adjudication définitive ainsi faite illégalement, la compensation est rejetée, cette circonstance,
postérieure à l'adjudication, ne peut couvrir la nullité
résultante de ce qu'il a été procédé à ladite adjudication, avant qu'il eût été statué sur la compensation.

Même arrêt.

6. Voyez à l'art. 706 (*B*), n°s. 2 et 3.

736.

ART. 736.

L'appel de ce jugement ne sera pas recevable après la huitaine de la prononciation (*A*); il sera notifié au greffier, et visé par lui (*B*) : la partie saisie ne pourra, sur l'appel, proposer autres moyens de nullité que ceux présentés en première instance (*C*).

Nota. Cet article a été expliqué par le décret du 2 février 1811 (page 180).

(*A*) Sur ces mots *appel* et *huitaine*, et sur le domicile auquel l'appel peut être interjetté, voyez à l'article 681 la note (*B*.), et à l'art. 723 la note (*A*), nos. 4 et 6.

(*B*) La notification faite au greffier, de l'appel d'un jugement qui a statué sur des nullités antérieures à l'adjudication définitive, ne dispense pas d'intimer le poursuivant sur cet appel ; en conséquence, est nul l'appel qui n'a été notifié qu'au greffier, et non à la partie.

Cour de Paris ; arrêt du 16 janvier 1811. (*S.* 16, 2, 17.)

Voyez à l'art. 734 la note(*B*).

(*C*) 1. La disposition finale du présent article est en harmonie avec l'art. 733, portant que les moyens de nullité contre la procédure qui précède l'adjudication préparatoire, ne pourront être proposés après cette adjudication.

Dans l'un comme dans l'autre cas, un délai fatal est 736. prescrit pour proposer ces moyens ; et lorsqu'un jugement a prononcé, on n'est plus admis à en faire valoir de nouveaux.

2. Les moyens de nullité non proposés en première instance, ne peuvent l'être sur l'appel.

Cour de Nîmes ; arrêt du 11 mai 1808. (*S.* 15, 2, 138.)

Même cour ; autre arrêt du 22 juin 1808. (*S.* 15, 2, 182.)

3. Le saisi qui a négligé de proposer ses moyens de nullité avant l'adjudication définitive, et dans le délai réglé, tant par l'art. 735 du Code de procédure, que par le décret du 2 février 1811, ne peut, sur appel, demander la nullité de l'adjudication ; il y est non-re-cevable.

Cour de Trèves ; arrêt du 6 novembre 1810. (*S.* 15, 2, 172.)

4. En matière de saisie-immobilière, la partie saisie ne peut proposer pour la première fois, sur appel, la nullité de l'inscription hypothécaire du créancier pour-suivant.

Cour de Rouen ; arrêt du 28 février 1810. (*S.* 11, 2, 243.) Voyez à l'art. 2206 C. C., la note (*A*) 1er.

Nota. La nullité de l'inscription n'influerait d'ailleurs aucunement sur la validité des poursuites.

Voyez à l'art. 2209 C. C., la note (*A*) 1er.

5. Lorsque des poursuites en expropriation forcée sont nulles, pour avoir été faites sans égard à une opposition régulière, la nullité peut en être proposée pour la pre-

736. mière fois, en cause d'appel, et après l'adjudication définitive.

Cour de Nîmes ; arrêt du 24 messidor an 13. (*S.* 7, 2, 889.)

6. Lorsqu'un jugement condamne une partie aux frais et avances de son avoué, ce jugement est toujours réputé rendu, sauf taxe. Ainsi il cesse d'être exécutoire aussitôt que la taxe est demandée ; dès-lors il ne peut plus légitimer des poursuites de saisie-immobilière. Si, dans ces circonstances, un Tribunal de première instance décide le contraire, et ordonne la continuation des poursuites, son jugement est susceptible d'appel, même après la quinzaine de la signification à avoué.

Ici ne s'appliquent point les art. 734 et 736 du Code de procédure civile.

Cour de Paris ; arrêt du 23 mai 1808. (*S.* 8, 2, 267.)

7. Lorsqu'une adjudication sur revente à folle-enchère a été faite à vil prix, par suite de dol pratiqué pour écarter les enchérisseurs, la nullité de l'adjudication peut être demandée par le premier adjudicataire, et ce, par voie d'appel, et non par action principale.

Cour de Paris ; arrêt du 19 janvier 1814. (*S.* 15, 2, 248.)

ART. 737.

737. Faute par l'adjudicataire d'exécuter les clauses d'adjudication, le bien sera vendu à sa folle-enchère (*A*).

(*A*). 1. Ici deux questions importantes se présentent,

1°. Quand y a-t-il lieu de poursuivre la vente sur folle-enchère ?

2⁰. Le fol-enchérisseur peut-il être contraint, sur ses **737.**
biens personnels, avant ou pendant la poursuite de folle-
enchère ?

1ʳᵉ. QUESTION.

Quand la vente sur folle-enchère peut-elle être poursuivie ?

L'art. 4 de la loi du 11 brumaire an 7 portait :

« Faute par l'adjudicataire de satisfaire aux conditions
« de l'adjudication, et de *payer les créanciers*, aux
« termes et de la manière qu'ils y ont droit, il sera
« procédé contre lui à la revente et adjudication sur
« folle-enchère, en vertu de l'extrait du jugement
« d'ordre, contenant la collocation utile du créancier. »

Aux termes de l'article 22 de la même loi, « les
« créanciers *non remboursés* avaient la faculté.... de
« faire procéder contre l'adjudicataire, et à sa folle-
« enchère, à la revente et adjudication, dans les mêmes
« formes et délais qu'à l'égard du saisi. »

Ces deux articles ne laissaient aucun doute sur le droit
accordé au créancier de poursuivre la revente sur folle-
enchère, à défaut de payement de son bordereau de
collocation.

Le présent article 737, plus bref dans sa rédaction,
porte que faute par l'adjudicataire d'exécuter *les clauses*
de l'adjudication, le bien sera vendu à sa folle-enchère.

Cette disposition ne paraîtrait pas susceptible de difficultés, si une Cour d'appel ne l'avait interprétée dans
un sens restrictif contraire au principe général qu'elle
renferme. En effet, la loi autorise la revente sur folle-
enchère, toutes les fois que l'adjudicataire manque d'exécuter les clauses et charges de l'adjudication ; et celui-

737. là, certes, n'exécute pas les clauses de l'adjudication, qui ne paye pas son prix aux créanciers utilement colloqués ; donc la loi autorise, en ce cas, la revente sur folle-enchère.

Cependant, la Cour de Bruxelles a prétendu que la folle-enchère ne pouvait avoir lieu que dans le cas spécialement prévu par l'art. 715, c'est-à-dire, lorsque l'adjudicataire ne paye pas les frais ordinaires de poursuite, et ne satisfait pas aux conditions de l'enchère qui doivent être exécutées *avant la délivrance du jugement :* mais que cette délivrance une fois opérée, il fallait procéder par voie de *nouvelle saisie-*immobilière.
(Arrêt du 14 juillet 1810). (*S.* 11, 2, 41.)

Cette Cour se fonde sur ce que l'art. 715 n'autorise la folle-enchère qu'à défaut de payement des frais et de délivrance du jugement ; elle ajoute que si l'art. 737 paraît avoir une disposition plus générale, néanmoins cet article est lui-même expliqué ou modifié par l'article suivant (738), portant que le poursuivant la vente sur folle-enchère se fera délivrer, par le greffier, un certificat constatant que l'adjudicataire n'a point justifié de l'acquit des conditions exigibles de l'adjudication, ce qui n'est plus praticable, quand l'expédition du jugement est délivrée, et qu'il ne s'agit plus que du payement des bordereaux, payement étranger au greffier qui ne peut rien certifier à cet égard.

La réponse à ces raisonnemens est facile.

1°. L'art. 737 contient une disposition générale qu'aucun article postérieur n'a modifiée. On ne peut donc la restreindre à un seul cas, sans violer à la fois l'esprit et le texte de la loi.

2°. Le certificat dont parle l'art. 738, n'est nécessaire qu'au cas prévu par l'article 715, c'est-à-dire lorsque l'adjudicataire ne paye pas les frais, etc. ; mais s'il s'agit du défaut de payement des bordereaux, ce défaut de payement se prouve par la représentation des bordereaux et des commandemens faits en vertu d'iceux. Dans le sens littéral de la loi, l'on peut dire avec exactitude qu'un bordereau étant délivré par le greffier, est un véritable certificat, lequel, rapproché du commandement, vérifie, conformément à l'art. 738, que l'adjudicataire n'a point exécuté les conditions exigibles de l'adjudication.

3°. La loi du 22 frimaire an 7 (art. 69, §. 8, n°. 1), qui assujettit à un droit de quatre pour cent les adjudications, ventes, reventes, et en général toutes mutations d'immeubles, ajoute : « Les adjudications à la « folle-enchère des biens de même nature, sont assu-« jettis au même droit, mais seulement sur ce qui ex-« cède le prix de la précédente adjudication, si le droit « a été acquitté. »

D'où la conséquence que la vente première et la revente sur folle-enchère, ne sont considérées que comme une seule et même vente, et ne donnent ouverture qu'à un seul droit, avantage dont on frustrerait les créanciers, si on les obligeait de faire procéder à une nouvelle saisie.

En quatrième lieu, les art. 739 et suivans du Code de procédure civile, portent : 1°. que sans autre procédure ni jugement, il sera apposé de nouveaux placards et inséré de nouvelles annonces, portant que *l'enchère sera publiée de nouveau* au jour indiqué ; 2°. que l'ad-

737

737. judication préparatoire pourra être faite à la deuxième publication ; 3°. enfin, qu'à la quinzaine suivante, et lors de la troisième publication, les *objets saisis* pourront être vendus définitivement.

L'ensemble de ces dispositions prouve évidemment que le créancier n'est pas astreint à faire saisir de nouveau les mêmes immeubles ; qu'au contraire, l'ancienne saisie est toujours subsistante, et qu'il ne s'agit que de compléter la procédure et la vente, par une nouvelle adjudication faite à la folle-enchère, c'est-à-dire aux risques du premier adjudicataire. Ce qui le prouve de plus en plus, c'est que l'article 737, qui autorise cette revente, fait partie du titre 13, sous la rubrique : *Des incidens sur la poursuite de saisie-immobilière.*

Si donc la loi considère cette revente comme un simple incident aux poursuites de la saisie toujours existante, il faut en conclure que la Cour de Bruxelles a mal jugé par son arrêt du 14 juillet 1810, en décidant qu'il fallait, en ce cas, saisir de nouveau et recommencer toute la procédure. Du reste, la loi est précise ; elle dispose que la folle-enchère a lieu contre l'adjudicataire, toutes les fois qu'il manque d'exécuter les clauses de l'adjudication ; et comme la clause principale de cette adjudication est d'en payer le prix aux créanciers utilement colloqués, il s'en suit évidemment que l'adjudicataire manque d'exécuter cette clause, lorsqu'il n'acquitte pas le montant des bordereaux.

Nous pouvons étayer notre opinion de celle de Pigeau, l'un des rédacteurs du Code. Dans son traité de la procédure, tome 2, page 146, après avoir rappelé le texte de l'art. 737, il s'explique ainsi :

« Il

« Il y a inexécution, et lieu à cette vente (sur folle-
« enchère), 1°. lorsque dans les vingt jours de l'adju-
« dication, il ne rapporte pas au greffier quittance des
« frais ordinaires de poursuite, etc. ; 2°. lorsqu'il ne
« satisfait pas aux clauses qu'il doit exécuter après la
« délivrance du jugement d'adjudication , comme de
« consigner son prix,.... ou de payer les frais extraor-
« dinaires, s'il en est chargé ;.... 3°. enfin, lorsque la
« distribution étant faite,... il ne paye pas aux créan-
« ciers le montant des bordereaux délivrés sur lui.

« Dans ces trois cas, il y a inexécution, et lieu à
» la folle-enchère. »

La Cour de cassation , en adoptant ces principes, a
été plus loin encore : elle a jugé, par arrêt du 29 juillet
1808 (*S.* 8, 1, 402), que le créancier, porteur d'un
bordereau de collocation, n'avait, à défaut de payement,
que la seule action de revente sur folle-enchère.

(Sur la deuxième question nous rendrons un compte
plus détaillé de cet arrêt).

Enfin la Cour de Paris, par deux arrêts des 20 mars
et 1er. mai 1810 (*S.* 15, 2, 172, et 15, 2, 168), a
validé des poursuites de revente sur folle-enchère, ainsi
faites par des créanciers porteurs de bordereaux non
acquittés. Ces autorités et ces arrêts nous paraissent avoir
fixé le principe d'une manière assez précise, pour que
la question ne soit plus douteuse.

2e. QUESTION.

Le fol-enchérisseur peut-il être poursuivi sur ses biens
personnels , avant ou pendant les poursuites de folle-
enchère ?

20

737. Nous ne nous dissimulons pas que la question est délicate. Voici les motifs pour l'affirmative.

1°. L'art. 1134 du Code civil porte :

« Les conventions légalement formées, tiennent lieu
« de loi à ceux qui les ont faites ;..... elles doivent
« être exécutées.... »

L'article 2092 dit :

« Quiconque s'est obligé personnellement, est tenu
« de remplir son engagement sur tous ses biens mobiliers
« et immobiliers, présens et à venir. »

D'où la conséquence que l'adjudicataire ayant contracté en justice, et s'étant soumis d'acquitter les charges et de payer le prix de son adjudication, il peut y être contraint par toutes voies de droit.

2°. L'art. 715 du Code de procédure civile porte que, faute par l'adjudicataire de satisfaire, etc.... il y sera contraint par la voie de folle-enchère,.... *sans préjudice des autres voies de droit*, ce qui est assez dire que la vente sur folle-enchère n'est qu'une voie de droit, un des moyens de le forcer à remplir ses engagemens, mais non exclusif des autres voies légalement ouvertes pour l'y contraindre, voies expressément autorisées par la loi elle-même.

3°. M. Pigeau, dans son traité de la procédure, tom. 2, page 146, décide que le créancier peut, à son choix, contraindre l'adjudicataire sur ses biens personnels, ou poursuivre la revente à sa folle-enchère ; il ajoute que le créancier peut même cumuler ces deux voies d'exécution.

4°. Enfin, la Cour de Paris a jugé de même par l'arrêt du 20 mars 1810, déjà cité (*S.* 15, 2, 172), que le créancier pouvait cumuler ces deux voies d'exécution, 737. jusqu'à ce que l'une d'elles lui eut procuré son payement. Dans l'espèce, le créancier poursuivait à la fois la revente sur folle-enchère et la saisie-exécution des meubles de l'adjudicataire. Cette double procédure fut validée.

Voici les motifs pour la négative :

1°. Personne ne conteste le principe que l'adjudicataire demeure obligé sur tous ses biens personnels ; mais la question est celle de savoir s'il peut être contraint sur ces mêmes biens, avant la revente sur folle-enchère ; or, le Code civil n'a rien dit à cet égard. Ce n'est donc pas ce Code qu'il faut consulter sur ce point, mais le Code de procédure qui, seul, a traité la matière des saisies-immobilières.

2°. L'art. 715 portant que, faute par l'adjudicataire, de satisfaire, etc.... *il y sera contraint par la voie de la folle-enchère*, sans préjudice des autres voies de droit, cet article contient une disposition *impérative* à laquelle il faut se conformer.

L'art. 2209 du Code civil a dit de même.

« Le créancier ne peut poursuivre la vente des im-« meubles qui ne lui sont pas hypothéqués, que *dans* « *le cas d'insuffisance* des biens qui lui sont hypo-» théqués. » La loi a donc exigé que la vente des uns eut lieu avant que l'on ne put saisir les autres : ici elle a prescrit de même que les biens déjà adjugés fussent revendus sur folle-enchère, avant de pouvoir saisir les biens personnels de l'adjudicataire. La raison en est sensible, c'est que les biens déjà vendus, sont le véritable gage des créanciers, et que si leur prix suffit pour les payer, il y aurait vexation et injustice de vendre les biens personnels de l'adjudicataire.

737. 3°. Cet art. 715 porte ces mots : « Ainsi qu'il sera
» dit ci-après. »

Or, l'art. 737, *ci-après*, dit que faute par l'adjudicataire d'exécuter les clauses de l'adjudication, le bien
sera vendu à sa folle-enchère. Voilà encore une disposition impérative qui trace invariablement la marche que
doit suivre le créancier non-payé.

4°. L'art. 744 corrobore les dispositions ci-dessus, en
ne s'occupant que de la différence du prix de la vente,
d'avec celui de la revente, différence qui ne peut exister
qu'autant que la revente a eu lieu.

5°. Enfin la Cour de cassation a jugé en ce sens.
Voici l'espèce de son arrêt :

L'adjudicataire d'un immeuble n'acquitta pas les bordereaux ; un créancier fit procéder sur lui par voie de
saisie-exécution, et cette saisie avait été maintenue par
arrêt de la Cour de Lyon, du 22 mars 1806.

Pourvoi en cassation.

L'adjudicataire soutenait qu'il n'avait pas pu être contraint dans ses biens personnels, avant la revente sur
folle-enchère. Le créancier soutenait, au contraire, que
par le fait de son obligation personnelle, cet adjudicataire était contraignable sur tous ses biens ; il invoquait
surtout la disposition finale de l'art. 715 du Code de
procédure, *sans préjudice des autres voies de droit.*

ARRÊT.

» LA COUR, après avoir délibéré en la chambre du
« conseil, le tout aux audiences d'hier et de cejourd'hui,
« Vu l'art. 24 de la loi du 11 brumaire an 7, sur les
« expropriations forcées ; *attendu que cet article a*
« *pour objet de régler et fixer un mode uniforme*

« *de poursuites contre les adjudicataires en retard*
« *de payer le prix de leurs adjudications* ; qu'il suit
« qu'en décidant que le demandeur avait pu être pour-
« suivi par la voie de saisie-exécution, l'arrêt dénoncé
« a contrevenu à la loi ci-dessus transcrite ; casse et
« annulle. »

Arrêt du 20 juillet 1808. (*S.* 8, 1, 402.)

Cet arrêt, il est vrai, est rendu sous l'empire de la
loi du 11 brumaire an 7 ; mais les dispositions de cette
loi étant, sur ce point, semblables à celles du Code de
procédure, le principe existe dans toute sa force. Cette
décision et les considérant qui la motivent, nous paraissent du plus grand poids. Il nous semble que la loi
étant impérative, et traçant aux créanciers la marche
qu'ils doivent suivre pour se procurer leur payement,
ils ne doivent s'en prendre aux biens personnels de l'adjudicataire, qu'après avoir fait vendre ceux qui, véritablement, forment leur gage.

2. Lorsque les créanciers hypothécaires ont reçu leurs
bordereaux de collocation antérieurement à la vente,
l'adjudicataire obligé, par le cahier des charges, de
rembourser ces créanciers jusqu'à concurrence de son
prix, ne remplit pas les obligations qui lui sont imposées,
en faisant des offres réelles à quelques-uns des créanciers,
et sous la déduction des sommes pour lesquelles il a été
formé des oppositions entre ses mains.

Cour de Paris ; arrêt du 20 mars 1810. (*S.* 13, 2,
172.)

3. Toute adjudication est faite sous la condition suspensive qu'il y aura payement et non folle-enchère.
S'il y a folle-enchère, le bail passé par l'adjudicataire

737. est nul, surtout s'il a été passé depuis la poursuite de folle-enchère, et s'il respire la fraude.

Cour de Paris ; arrêt du 25 juin 1814. (*S.* 15, 2, 246.)

Voyez à l'art. 712, la note (*A*).

ART. 738.

738. Le poursuivant la vente sur folle en-chère se fera délivrer, par le greffier, un certificat constatant que l'adjudicataire n'a point justifié de l'acquit des conditions exigibles de l'adjudication.

ART. 739.

739. Sur ce certificat, et sans autre procédure ni jugement, il sera apposé de nouveaux placards, et inséré nouvelles annonces, dans la forme ci-dessus prescrite, les-quelles porteront que l'enchère sera pu-bliée de nouveau au jour indiqué : cette publication ne pourra avoir lieu que quin-zaine après l'apposition des placards.

ART. 740.

740. Le placard (*A*) sera signifié à l'avoué de l'adjudicataire, et à la partie saisie, au

domicile de son avoué, et si elle n'en a 740.
pas, à son domicile, au moins huit jours
(*B*) avant la publication.

(*A*) Le placard devra contenir les additions nécessitées par la revente à folle-enchère.

(*B*) Sur ce qu'il faut entendre par le délai de huit
jours, voyez à l'art 681 la note (*B*), et à l'art. 723
la note (*A*), nos. 4 et 6.

ART. 741.

741.

L'adjudication préparatoire pourra être
faite à la seconde publication, qui aura
lieu quinzaine après la première.

ART. 742.

742.

A la quinzaine suivante, ou au jour
plus éloigné qui aura été fixé par le tribunal, il sera procédé à une troisième
publication, lors de laquelle les objets
saisis pourront être vendus définitivement:
chacune desdites publications sera précédée de placards et annonces, ainsi qu'il
est dit ci-dessus; et seront observées, lors
de l'adjudication, les formalités prescrites
par les art. 707, 708 et 709.

743. ## ART. 743.

Si néanmoins l'adjudicataire justifiait de l'acquit des conditions de l'adjudication, et consignait la somme réglée par le tribunal pour le payement des frais de folle enchère, il ne serait pas procédé à l'adjudication définitive, et l'adjudicataire éventuel serait déchargé.

ART. 744.

744

Le fol enchérisseur est tenu par corps de la différence de son prix d'avec celui de la revente sur folle enchère, sans pouvoir réclamer l'excédant, s'il y en a; cet excédant sera payé aux créanciers, ou, si les créanciers sont désintéressés, à la partie saisie (*A*).

(*A*) 1. On conçoit que cet article, déjà très-rigoureux, ne souffre pas d'extension, et doit, au contraire, être restreint, autant que le texte de la loi peut le permettre.

2. Lorsque le prix de la revente est suffisant, le fol enchérisseur doit être remboursé, non-seulement de ce qu'il a payé sur le prix principal de son adjudication,

mais encore des *frais de poursuite* que le cahier des
charges l'obligeait de payer à l'avoué du poursuivant:
ces frais font partie intégrante du prix.

Cour de Paris; arrêt du 1er. mai 1810. (*S.* 15, 2, 168.)

3. L'adjudicataire sur revente à folle-enchère, doit
rembourser à l'adjudicataire évincé, les droits de mutations, par la raison que la réadjudication ne donne pas
ouverture à un nouveau droit, et que le dernier acquéreur profitant seul de la vente, doit seul en supporter
les charges.

Cour de cassation; arrêt du 6 juin 1811. (*S.* 11, 1, 264.)

4. La revente sur folle-enchère doit nécessairement
être poursuivie aux mêmes clauses et conditions que
celles énoncées au cahier des charges dressé pour la
première adjudication; il ne peut y être fait de changement sans le consentement du fol-enchérisseur.

Ainsi lorsqu'une adjudication a eu lieu sous la condition
que l'acquéreur payerait, outre le prix principal, les
droits et frais de la vente, l'adjudicataire sur folle-enchère est tenu de rembourser à l'adjudicataire précédent,
les droits et frais de la première adjudication, encore
que les placards apposés pour la revente annoncent que
les frais ont été payés par le fol-enchérisseur.

Cour de Paris; arrêt du 25 juin 1813. (*S.* 14, 2. 302.)

5. Outre les frais de folle-enchère, le fol-enchérisseur
doit encore supporter ceux dont il profite, et qui ont
été faits à l'occasion de la première adjudication, tels
que frais de licitation, droits de greffe et de transcription.

Cour de Paris; arrêt du 12 juillet 1813. (*S.* 14, 2, 257.)

6. Si l'adjudicataire d'un immeuble vendu sur expropriation forcée, a donné congé au fermier ou locataire,

744. celui-ci ne peut, en cas de revente sur folle-enchère, faire passer sur l'immeuble l'indemnité que lui a accordée le jugement qui a déclaré ce congé valable.

Cour de cassation; arrêt du 27 novembre 1807. (*S.* 8, 1, 100.)

745.

ART. 745.

Les articles relatifs aux nullités et aux délais et formalités de l'appel, sont communs à la poursuite de folle enchère (*A*)

(*A*) 1. Sur ces mots *délais* et *appel*, voyez à l'article 723 (*A*), n°. 4.

2. L'appel du jugement d'adjudication sur folle-enchère est-il recevable, s'il n'est interjetté dans la quinzaine de la signification à avoué ? doit-on appliquer les dispositions de l'art. 734 du C. D. P. C., relatif aux incidens sur poursuite de saisie-immobilière?

Cour de Turin; arrêt du 19 avril 1811. (*S.* 12, 2, 190.)

Nota. Cet arrêt a consacré deux erreurs graves.

Voici l'espèce dans laquelle il a été rendu :

Des adjudicataires d'immeubles vendus sur saisie-immobilière, n'ayant pas satisfait aux clauses de l'adjudication, la revente a été poursuivie sur folle-enchère. Au lieu de procéder, comme le voulait la loi, à l'adjudication préparatoire, et ensuite à l'adjudication définitive (art. 741 et 742), au plus haut metteur et dernier enchérisseur (art. 744), le premier juge procéda de suite à l'adjudication définitive, et ne reçut aucune enchère. L'adjudication eut lieu au profit de celui qui, lors de la première vente, avait fait mise immédiatement avant les adjudicataires déchus. Plus de quinze jours s'étaient écoulés depuis la signification du jugement d'adjudication, lorsque le poursuivant en interjetta appel. On lui opposa l'art. 734 qui porte que l'appel du jugement qui aura statué sur les nullités de procédures, ne sera reçu que dans la quinzaine, etc.; et l'art. 745 qui rend cette disposition applicable à la poursuite de folle-enchère.

La Cour de Turin admit la fin de non-recevoir.

La première erreur résulte, comme on l'a vu, de ce qu'au lieu de procéder aux adjudications préparatoire et définitive, à la chaleur des enchères, le premier juge fit revivre l'enchère originairement faite lors de la première adjudication, par le metteur qui avait précédé les adjudicataires, ce qui était une contravention formelle au dernier §. de l'art. 707, qui déclare sans effet une enchère couverte par une autre, lors même que cette dernière serait déclarée nulle.

La deuxième erreur fut une conséquence de la première. Dans la procédure de folle-enchère, le premier juge ne vit plus qu'un *incident*, et il appliqua au jugement d'adjudication, le principe relatif aux appels de jugemens sur incident. Si au contraire il avait suivi la marche tracée par la loi, s'il eût fait procéder à une adjudication préparatoire, et ensuite à l'adjudication définitive, sur nouvelles enchères, il n'aurait pas pu considérer l'adjudication définitive comme un incident, mais bien comme jugement définitif, et il lui eut appliqué les règles tracées aux art. 443 et 456 du Code de procédure civile.

Nous n'avons cité cet arrêt que pour faire de plus en plus ressortir les principes, et montrer que les Cours

745. elles-mêmes ont commis plus d'une erreur dans l'application d'une loi dont l'exécution offre tant de difficultés.

Voyez pag. 294, et à l'art. 714 la note (*A*), nos. 3, 4, 5 et 6.

ART. 746.

746.

Les immeubles appartenant à des majeurs, maîtres de disposer de leurs droits, ne pourront, à peine de nullité, être mis aux enchères en justice, lorsqu'il ne s'agira que de ventes volontaires (*A*).

(*A*) 1. Cet article prohibe ce que l'on appelait autrefois *Décret volontaire*; mais il n'y a pas lieu d'annuller une vente faite par un majeur, avec permission du juge, et aux enchères, pardevant notaire.

Cour de Nîmes; arrêt du 30 décembre 1808. (*S*. 10, 2, 559.)

2. Est valable une vente publique faite par un particulier, sur affiches et à l'enchère; aucune loi ne prohibe ce mode d'aliéner.

Cour de Bruxelles; arrêt du 26 juin 1811. (*S*. 12, 2, 451.)

3. Les ventes faites entre majeurs, à l'audience des criées, ne sont pas des ventes faites en justice; elles conservent leur caractère primitif de ventes volontaires.

Cour de cassation; arrêts des 11 février 1806 (S. 6, 2, 774) et 13 août 1807. (*S*. 7, 1, 430.)

Nota. Ces sortes de ventes doivent dès-lors être suivies de purge d'hypothèques.

ART. 747.

Néanmoins, lorsqu'un immeuble aura été saisi réellement (*A*), il sera libre aux intéressés (*B*), s'ils sont tous majeurs et maîtres de leurs droits, de demander que l'adjudication soit faite aux enchères, devant notaires ou en justice, sans autres formalités que celles prescrites aux articles 957, 958, 959, 960, 961, 962, 964, sur *la vente des biens immeubles.*

(*A*) Pourquoi ces mots *saisi réellement?* On en revient malgré soi, à une bonne expression mal à propos supprimée.

(*B*) 1. Le présent article n'est pas applicable au failli; la loi ne le considère pas comme maître de ses droits. Il y a nécessité de suivre, à son égard, les formes ordinaires de la saisie-immobilière.

Cour de Paris; arrêt du 18 août 1808. (*S.* 7, 2, 986.)

2. Les syndics provisoires n'ont qualité, ni pour poursuivre la vente des immeubles de la faillite, ni pour demander la conversion d'une vente par expropriation forcée, en une vente sur publications volontaires.

Le failli n'est pas réputé *maître de ses droits*, dans le sens du présent art. 747; en conséquence, il ne peut demander que l'adjudication soit faite aux enchères, devant notaires ou en justice.

747. Cour de Paris; arrêt du 21 août 1810. (*S.* 14, 2, 196.)

3. Lorsque le saisi demande que l'adjudication soit faite aux enchères, les juges qui accueillent cette demande doivent n'accorder, pour cette vente, que le délai rigoureusement nécessaire. Il ne faut pas que cette faculté dégénère en un *sursis* à l'expropriation, accordé au détriment des créanciers.

Cour de Paris; arrêt du 13 août 1810. (*S.* 15, 2, 166.)

4. Par ces mots *les intéressés*, la loi entend *tous les intéressés*, c'est-à-dire le saisi et ses créanciers.

L'art. 127 du tarif des frais et dépens, porte « requête « sur le consentement de *toutes* les parties intéressées, « pour demander.... que l'immeuble saisi soit vendu « aux enchères, etc. »

Il est fâcheux que le législateur exige un pareil concours de volontés, qui ne se rencontre presque jamais. Il serait à désirer que les tribunaux fussent libres d'admettre cette mesure, sur la simple demande du créancier poursuivant, lorsque l'immeuble saisi est d'une mince valeur.

L'injuste résistance des débiteurs, fait que beaucoup de créanciers sont obligés de perdre leurs créances, ne voulant pas s'exposer aux chances d'une saisie sans utilité pour eux, lorsqu'elle ne frappe que sur des biens d'une valeur trop modique pour pouvoir supporter les frais d'une poursuite ordinaire. Les anciennes lois permettaient, en ce cas, au poursuivant, de demander la vente sur trois publications, ou suivant l'estimation. (Article 8 du règlement du 23 novembre 1598, et art. 9 de celui du 29 janvier 1658. Dénizard, vol. 4, p. 335.)

Ces règlemens étaient sages. On ne voit pas pourquoi le législateur n'en a pas reproduit les dispositions.

5. La saisie-immobilière peut être convertie en adjudication volontaire, et renvoyée devant un tribunal autre que celui déjà saisi de l'expropriation.

Il importe peu qu'il y ait des mineurs parmi les créanciers poursuivans, si d'ailleurs la dévolution d'un tribunal à un autre, est dans l'intérêt évident de toutes les parties.

Cour de Paris; arrêt du 16 janvier 1815. (*S.* 16, 2, 144.)

6. Le créancier saisissant, à lui joint le débiteur saisi, peuvent-ils seuls, et sans le concours des autres créanciers inscrits, provoquer l'application de cet article, lors même que la saisie n'a pas été suivie d'autres poursuites, et que les créanciers inscrits ne sont pas encore parties en cause?

Résolu négativement. Voici l'espèce :

Le comte de Douai avait fait saisir les immeubles du sieur Bourderye; la saisie était à peine transcrite au bureau des hypothèques et au greffe, que le saisissant et le saisi se réunirent pour demander que l'adjudication fut faite aux enchères. La requête contenant cette demande fut communiquée à M. le procureur du roi; ce magistrat fut d'avis qu'il y avait lieu d'appeler en cause tous les créanciers inscrits, à l'effet d'accorder ou refuser leur consentement.

Cette marche, il faut en convenir, eut donné lieu à une *instance préliminaire* qui, même en cas d'adhésion de la part des créanciers, eut fait perdre tout le fruit de la mesure proposée, et en cas de refus, eut multiplié sans objet, les frais qu'il s'agissait d'éviter.

De son côté, l'avoué des demandeurs soutenait que la dénonciation du placard peut seule rendre la saisie

747. commune aux autres créanciers inscrits, et lier la cause avec eux ; que jusques-là le poursuivant et le saisi sont seuls en présence ; que dès-lors eux seuls ont droit et qualité pour proposer la mesure autorisée par l'art. 747 : il ajoutait que le saisissant est tellement maître de la saisie, qu'il peut l'abandonner, et même en consentir la radiation, sans le concours des autres créanciers, qui ne devient nécessaire qu'après la dénonciation du placard et sa transcription. (Art. 695 et 696.) Ce raisonnement a été jugé plus captieux que solide.

Sans doute le saisissant est maître de poursuivre ou d'abandonner sa saisie : s'il l'abandonne, il laisse le champ libre à tout autre créancier ; mais s'il la poursuit, il doit se conformer à tout ce qui est prescrit par la loi, non pas seulement dans son intérêt, mais dans l'intérêt de tous les créanciers inscrits. Si le saisissant était libre de se dégager des formes protectrices des droits de tous, on conçoit avec quelle facilité le saisi pourrait, sous le nom d'un créancier simulé, diriger la poursuite à son gré, et faire tourner, au détriment de ses véritables créanciers, une mesure qui est toute dans leur intérêt.

En général, la poursuite doit être faite telle qu'elle est voulue par le Code ; l'adjudication aux enchères n'est qu'une exception, et cette exception doit être restreinte au cas prévu par la loi. D'après l'art. 747, ce ne sont pas le saisissant et le saisi, mais *les intéressés*, c'est-à-dire *tous les intéressés* qui peuvent réclamer ce mode de vente ; la loi est si prévoyante et même si rigoureuse, que lorsqu'un mineur se trouve parmi les créanciers, le tuteur ne peut se joindre aux autres parties, qu'autant qu'il y est spécialement autorisé par un conseil de famille.

D'après

D'après ces motifs, le tribunal, en écartant à la fois et l'erreur de principes plaidée par l'avoué des demandeurs, et la mesure proposée par le ministère public, a tranché la difficulté, et déclaré les demandeurs *non-recevables, quant à présent*, dans leur demande, sauf à eux à la réitérer avec le concours des autres créanciers, lorsque la procédure serait en état.

(Jugement du tribunal civil de Moulins, chef-lieu du département de l'Allier, du 22 mai 1817.)

Un jugement aussi sage et aussi conforme au texte et au véritable esprit de la loi, méritait d'être recueilli, et offert aux autres tribunaux comme règle de décision.

ART. 748 ET DERNIER.

Dans le cas de l'article précédent, si un mineur ou interdit est créancier, le tuteur pourra, sur un avis de parens, se joindre aux autres parties intéressées pour la même demande (*A*).

Si le mineur ou interdit est débiteur, les autres parties intéressées ne pourront faire cette demande, qu'en se soumettant à observer toutes les formalités pour la vente des biens de mineurs (*B*).

(*A*) Voyez à l'art. 747 (*B*), nos. 4 et 6.

(*B*) Nous terminerons nos notes par trois questions du plus haut intérêt.

748. 1°. L'adjudication sur saisie-immobilière a-t-elle l'effet de purger les hypothèques des créanciers inscrits, en telle sorte que l'adjudicataire n'ait aucune notification à leur faire ?

2°. En est-il de même, au respect des créanciers ayant des hypothèques légales non-inscrites ?

3°. Enfin, dans le cas où la vente est faite conformément aux articles 747 et 748, ne dégénère-t-elle pas en vente volontaire, et alors ne devient-il pas nécessaire de purger du moins les hypothèques légales non-inscrites ?

Il est étrange que la loi ait gardé le silence à cet égard, et que ce soit encore par voie de raisonnement et d'induction qu'il faille arriver à la solution de questions aussi importantes. La jurisprudence ne vient pas même à notre secours; nous ne connaissons point d'arrêts qui aient prononcé sur cette matière; nous en sommes réduits à émettre notre opinion personnelle.

1re. QUESTION.

Il nous semble qu'elle doit se résoudre par les principes généraux.

Lorsque le propriétaire seul, et en l'absence de ses créanciers, vend l'immeuble hypothéqué à leurs créances, cette vente leur est étrangère; elle ne les lie pas: autrement un débiteur de mauvaise foi serait libre de les dépouiller de leur gage par une vente faite à vil prix. Il était donc juste de décider, comme l'a fait le législateur, qu'une telle vente ne pourrait leur être opposée, et qu'ils auraient le droit de suivre l'immeuble dans quelques mains qu'il passât. Mais, d'un autre côté, il était également sage de forcer les créanciers à respecter cette vente, si elle était faite de bonne foi et à juste prix. C'est pourquoi le législateur a voulu que si le nouveau propriétaire notifie son titre aux créanciers inscrits, et si ces derniers, dans le délai qui leur est accordé, ne requièrent pas la mise aux enchères, la vente ait son plein effet, sauf aux créanciers à faire valoir leurs droits sur le prix.

En matière de saisie-immobilière, au contraire, ce n'est pas le propriétaire qui vend, c'est la justice, et elle vend sur la poursuite de l'un des créanciers inscrits, en présence de tous les autres, ou eux dûment appelés. Du moment où le placard leur a été notifié (art. 695), ils deviennent parties en l'instance, tellement que la saisie ne peut plus être rayée que de leur consentement (696); tellement encore, qu'en cas de fraude ou de négligence, ils peuvent demander la subrogation (722); tellement, enfin, que le jugement d'adjudication doit leur être signifié (749). Puisqu'ils figurent dans la vente, qu'ils sont présens au contrat, qu'ils s'identifient avec le poursuivant, et lui sont, en quelque sorte, parties jointes, il s'en suit qu'ils ne peuvent attaquer la vente à laquelle ils ont concouru, et qui est véritablement leur ouvrage. (1154 et 2092 C. C.)

Vainement ceux des créanciers qui n'ont pas comparus se prévaudraient-ils de leur absence. On leur répondrait qu'ils ont été dûment appelés; qu'il n'a tenu qu'à eux de se présenter, et que, malgré leur défaut de comparution, le jugement est réputé contradictoire avec eux, comme tout jugement l'est contre les défaillans, au cas prévu par l'art. 153 C. P. C.

Si l'absence d'un créancier qui refuse de comparaître pouvait rendre l'adjudication flottante et incertaine, il

748. n'y aurait plus rien de stable dans ces sortes de ventes; les acquéreurs n'oseraient pas se présenter, le but de la loi ne serait plus rempli. Si quelques créanciers, quoiqu'appelés à la vente, n'ont pas comparus, ils sont censés, par cela même, avoir approuvé les opérations du poursuivant, et renoncé au droit de les critiquer.

Du reste, la loi a prévu le cas où ils auraient à se plaindre de l'adjudication, et elle a autorisé la surenchère, même par toute personne, pendant le délai déterminé par l'art. 710. Voilà la seule voie qui reste aux créanciers pour obtenir une vente plus avantageuse. S'ils n'usent pas de cette voie, tout est consommé ; l'adjudication demeure irrévocable, et les créanciers n'ont plus droit qu'au prix. Dès-lors, ce serait abusivement que l'adjudicataire remplirait les formalités prescrites pour la purge des ventes volontaires ; ces formalités ne sont pas applicables aux expropriations forcées régies par une loi spéciale. Voyez art. 696 (*A*) N°. 1er., et la note à la suite , et art. 731 (*A*) N°. 4.

2e. QUESTION.

La solution de la première question mène à la solution de la seconde.

Nous avons cité , page 157, deux arrêts de la Cour de cassation , qui ont décidé que le créancier poursuivant n'était pas tenu de notifier un exemplaire du placard aux créanciers ayant des hypothèques légales non-inscrites.

De cette décision il suit que l'adjudication n'en est pas moins valable, quoique faite hors leur présence. Ils ont à s'imputer de n'avoir pas manifesté leurs droits par des inscriptions qu'ils étaient libres de prendre, et qui auraient mis le poursuivant dans la nécessité de les ap-

peler; ils sont censés l'en avoir volontairement dispensé. 748.
Du reste, la vente a été assez publique, pour qu'ils aient
pu se présenter et enchérir; s'ils ne l'ont pas fait, c'est
qu'ils ont cru inutile de le faire. Le jugement n'en est
pas moins définitif à leur égard, comme il l'est au respect
des créanciers inscrits qui ont refusé de comparaître.

Nous ne nous dissimulons pas que cette règle a quelque
chose de rigoureux, et qu'un créancier ayant hypothèque
légale, peut quelquefois perdre sa créance, pour ne s'être
présenté ni à l'adjudication ni à l'ordre qu'il aura
entièrement ignorés.

Mais il en est de même en matière de vente volontaire. Lorsque l'acquéreur a rempli les formalités prescrites par la loi, pour la purge de son contrat, les
créanciers ayant hypothèque légale non inscrite, peuvent
de même être dépouillés, faute d'avoir eu connaissance
d'une notification faite, pour eux, à M. le procureur du
roi qui, ne les connaissant pas, n'a pu la leur trans-
mettre. C'est le cas de dire avec les auteurs, *vigilan-
tibus jura subveniunt*. C'était au créancier à manifester
son hypothèque par une inscription, et à veiller au
maintien de ses droits; s'il ne l'a pas fait, il ne peut
en accuser que sa propre négligence. Du reste, la sta-
bilité des ventes, et la dignité de la justice, exigent
qu'une adjudication faite avec tant de solennité, ne puisse
pas être facilement renversée.

La loi, sur ces sortes de ventes, est spéciale; elle offre
un Code complet en cette matière: on n'y voit pas
que le créancier qui aura négligé d'inscrire son hypothèque légale, pourra se plaindre de l'adjudication et
la faire annuller.

748. Ne perdons pas de vue que les ventes volontaires ont leurs règles propres, que les ventes forcées, faites par justice, ont aussi les leurs, et que ces deux sortes de ventes ne sauraient se régir par les mêmes principes, ou plutôt que les règles relatives à ces deux espèces de ventes, ne sauraient s'appliquer ensemble et cumulativement à l'une d'elles.

Deux modes absolument distincts de surenchère ont été tracés par la loi ; il serait inconvenant de prétendre que le créancier doit jouir à la fois du bénéfice de ces deux surenchères.

Enfin, le législateur a lui-même proclamé l'effet de l'adjudication forcée. Il a dit, à l'art. 731 : « L'adjudication définitive ne transmet à l'adjudicataire d'autres droits à la propriété que ceux qu'avait le saisi. » Tous les droits inhérens à l'immeuble adjugé, passent donc à l'adjudicataire, sauf le droit de propriété que des tiers pourraient prétendre. Il s'en suit dès-lors que les tiers se disant propriétaires, peuvent seuls être admis à quereller l'adjudication, et que les créanciers n'ont pas cette faculté, sauf à eux à enchérir, suivant le mode réglé par l'article 710.

S'il n'existe point d'arrêts sur cette matière, c'est, sans doute, parce que les articles combinés 710 et 731 ont paru clairs sur ce point, et que les créanciers n'ont pas cru pouvoir élever des prétentions repoussées par la loi. L'adjudication a tout tranché à leur égard, il ne leur est plus resté que la faculté d'enchérir dans la forme propre à ces sortes de ventes ; et à défaut de surenchère, l'adjudication doit produire tout son effet.

3e. ET DERNIÈRE QUESTION.

Les créanciers et le saisi peuvent, si bon leur semble, se concerter entr'eux, pour convertir la vente sur saisie-immobilière, en *vente judiciaire volontaire*, mais il nous paraît évident, qu'en ce cas, les créanciers ayant des hypothèques légales non inscrites, ne peuvent être liés par un fait qui leur est étranger. La vente n'offre plus cet ensemble de solennités qui garantit les droits des absens ; dès-lors elle ne peut plus leur être opposée : elle ne lie que les parties qui y ont figuré et prêté leur consentement.

Il en est de cette vente, comme de celles qui ont lieu à l'audience des criées du tribunal de Paris ; quoique faites en justice, elles n'en conservent pas moins leur caractère essentiel de ventes volontaires.

Voyez art. 747 (*A*), n°. 3.

D'où la conséquence qu'il faut, à l'égard des créanciers ayant hypothèques légales non-inscrites, remplir les formalités prescrites par la loi, pour la purge de ces sortes d'hypothèques.

RÉFLEXION.

Quoique ces solutions nous paraissent fondées en principes, ce n'est pas sans une juste méfiance de nous-même que nous les offrons aux jurisconsultes dont les talens sont bien supérieurs à nos faibles lumières.

EXPROPRIATION
POUR CAUSE D'UTILITÉ PUBLIQUE.

L'EXPROPRIATION *forcée* ne s'entend communément que de la vente poursuivie en justice, par un créancier, sur son débiteur. Néanmoins, il existe encore un autre genre d'expropriation forcée; c'est celle qui a lieu pour cause d'utilité publique.

L'art. 545 du Code civil porte :

« Nul ne peut être *contraint* de céder sa propriété, « si ce n'est pour cause d'utilité publique, et moyennant « une juste et préalable indemnité. »

Cette disposition a été reproduite par l'art. 10 de la Charte constitutionnelle, ainsi conçu :

« L'Etat peut *exiger* le sacrifice d'une propriété pour » cause d'intérêt public légalement constaté, mais avec « une indemnité préalable. »

Une loi du 8 mars 1809 a fixé le mode de cette expropriation.

Cette loi est tellement importante, que nous croyons devoir en rappeler ici les dispositions, avec d'autant plus de raison, que l'expropriation pour cause d'utilité publique ne s'opère, comme l'expropriation ordinaire, qu'avec le concours et sous l'autorité de la justice.

LOI (*)

Sur les expropriations pour cause d'utilité publique. Du 8 mars 1809.

TITRE Ier.

Dispositions préliminaires.

« Art. 1er. L'expropriation pour cause d'utilité pu-
« blique, s'opère par l'autorité de la justice.

« 2. Les Tribunaux ne peuvent prononcer l'expro-
« priation, qu'autant que l'utilité en a été constatée dans
« les formes établies par la loi.

« 3. Ces formes consistent,

« 1°. Dans le décret (royal) qui seul peut ordonner
« des travaux publics ou achats de terrains ou édifices
« destinés à des objets d'utilité publique ;

« 2°. Dans l'acte du préfet, qui désigne les localités
« ou territoires sur lesquels les travaux doivent avoir
« lieu, lorsque cette désignation ne résulte pas du décret
« même ; et dans l'arrêté ultérieur, par lequel le préfet
« détermine les propriétés particulières auxquelles l'ex-
« propriation est applicacle.

« 4 Cette application ne peut être faite à aucune pro-
« priété particulière, qu'après que les parties intéressées
« ont été mises en état d'y fournir leurs contredits,
« selon les règles ci-après exprimées. »

(*) Les motifs de la loi ont été recueillis par Sirey, tome 10,
2e. partie, pag. 103 et suivantes.

Il existait, sur cette matière, une loi antérieure, sous la date
du 16 décembre 1807.

TITRE II.

Des mesures d'administration relatives à l'expro-priation.

« 5. Les ingénieurs ou autres gens de l'art chargés de
« l'exécution des travaux ordonnés, devront, avant de
« les entreprendre, lever le plan terrier ou figuré des
« terrains ou édifices dont la cession serait par eux re-
« connue nécessaire.

« 6. Le plan desdites propriétés particulières, indicatif
« des noms de chaque propriétaire, restera déposé,
« pendant huit jours, entre les mains du maire de la
« commune où elles seront situées, afin que chacun
« puisse en prendre connaissance, et ne prétende en
« avoir ignoré.

« Le délai de huitaine ne courra qu'à dater de l'aver-
» tissement qui aura été collectivement donné aux parties
« intéressées de prendre communication du plan.

« Cet avertissement sera publié à son de trompe ou
« de caisse dans la commune, et affiché, tant à la prin-
« cipale porte de l'église du lieu, qu'à celle de la maison
» commune; lesdites publications et affiches seront cer-
« tifiées par le maire.

« 7. A l'expiration du délai, une commission, pré-
« sidée par le sous-préfet de l'arrondissement, et com-
« posée en outre de deux membres du conseil d'arron-
« dissement désignés par le préfet, du maire de la
« commune où les propriétés seront situées, et d'un
« ingénieur, se réunira au local de la sous-préfecture.

« 8. Cette commission recevra les demandes et les
« plaintes des propriétaires qui soutiendraient que l'exé-

« cution des travaux n'entraîne pas la cession de leurs
« propriétés.

« Elle appellera les propriétaires, toutes les fois qu'elle
« le jugera convenable.

« 9. Si la commission pense qu'il y a lieu de maintenir
« l'application du plan , elle en exposera les motifs.

« Si elle est d'avis de quelques changemens , elle ne
« les proposera qu'après avoir entendu ou appelé les
« propriétaires des terrains sur lesquels se reporterait
« l'effet de ces changemens.

« Dans le cas où il y aurait dissentiment entre les
« divers propriétaires, la commission exposera sommai-
« rement leurs moyens respectifs , et donnera son avis
« motivé.

« 10. Les opérations de la commission se borneront
« aux objets mentionnés dans les articles 8 et 9 : elles
« devront être terminées dans le délai d'un mois , à
« partir de l'expiration de celui énoncé dans l'art. 7 ;
« après quoi le procès-verbal en sera adressé par le
« sous-préfet au préfet.

« Le préfet statuera immédiatement, et déterminera
« définitivement les points sur lesquels seront dirigés les
« travaux.

« 11. La commission et le préfet ne prendront aucune
« connaissance des difficultés qui ne porteraient que sur
« le prix des fonds à céder.

« Si les propriétaires et le préfet ne s'accordent point
« à ce sujet, il y sera pourvu par les Tribunaux, qui
« connaîtront de même de toutes réclamations relatives
« à l'infraction des règles prescrites par le présent titre
« et le précédent.

« 12. Lorsque les propriétaires souscriront à la cession
« qui leur sera demandée, ainsi qu'aux conditions qui
« leur seront proposées par l'administration, il sera passé,
« entre ces propriétaires et le préfet, un acte de vente
» qui sera rédigé dans la forme des actes d'adminis-
« tration, et dont la minute restera déposée aux archives
« de la préfecture. »

TITRE III.

De la procédure devant les Tribunaux:

§. 1er.

De l'expropriation.

« 13. Lorsqu'à défaut de conventions entre les parties,
» l'arrêté du préfet, indicatif des propriétés cessibles,
« aura été par lui transmis, avec copie des autres pièces,
« au procureur (du roi) du Tribunal de l'arrondissement
« où les propriétés seront situées, ce procureur (du roi,)
« dans les trois jours suivans, requerra l'exécution dudit
« arrêté, sur le vu duquel le Tribunal, s'il n'aperçoit
« aucune infraction des règles posées aux titres 1er. et
« 2, autorisera le préfet à se mettre en possession des
« terrains ou édifices désignés en l'arrêté, à la charge
« de se conformer aux autres dispositions de la présente
« loi.

« Ce jugement sera, à la diligence du procureur (du
« roi,) affiché à la porte du Tribunal; il sera, de plus,
« publié et affiché dans la commune, selon les formes
« établies par l'art. 6.

« 14. Si, dans les huit jours qui suivront les publi-
« cations et affiches faites en la commune, les pro-

« priétaires ou quelques-uns d'entr'eux, prétendent que
« l'utilité publique n'a pas été constatée, ou que leurs
« réclamations n'ont pas été examinées et décidées, le
« tout conformément aux règles ci-dessus, ils pourront
« présenter requête au Tribunal, lequel en ordonnera
« la communication au préfet par la voie du procureur
« (du roi), et pourra néanmoins prononcer un sursis à toute
« exécution.

« Dans la quinzaine qui suivra cette communication,
« le Tribunal jugera, à la vue des écrits respectifs, ou
« immédiatement après l'expiration de ce délai, sur les
« seules pièces produites, si les formes prescrites par
« la loi ont été ou non observées.

» 15. Si le Tribunal prononce que les formes n'ont
« pas été remplies, il sera indefiniment sursis à toute
« exécution, jusqu'à ce qu'elles l'aient été ; et le pro-
« cureur (du roi,) par l'intermédiaire du procureur-gé-
» néral, en informera le (ministre de la justice) qui
« fera connaître à (Sa Majesté) l'atteinte portée à la
« propriété par l'administration.

§. 2.
Des indemnités.

« 16. Dans tous les cas où l'expropriation sera re-
« connue ou jugée légitime, et où les parties ne res-
« teront discordantes que sur le montant des indemnités
« dues aux propriétaires, le Tribunal fixera la valeur
« des indemnités, eu égard aux baux actuels, aux contrats
« de ventes passés antérieurement, et néanmoins aux
« époques les plus récentes, soit des mêmes fonds, soit
« des fonds voisins et de même qualité, aux matrices

« des rôles, et à tous autres documens qu'il pourra
« réunir.

« 17. Si ces documens se trouvent insuffisans pour
« éclairer le Tribunal, il pourra nommer d'office un ou
« trois experts : leur rapport ne liera point le Tribunal,
« et ne vaudra que comme renseignement.

« 18. Dans le cas où il y aurait des tiers intéressés
« à titre d'usufruitiers, de fermiers ou de locataires, le
« propriétaire sera tenu de les appeler avant la fixation
« de l'indemnité, pour concourir, en ce qui les concerne,
« aux opérations y relatives ; sinon, il restera seul chargé
« envers eux, des indemnités que ces derniers pourraient
« réclamer.

« Les indemnités des tiers intéressés ainsi appelés ou
« intervenans, seront réglées en la même forme que
« celles dues aux propriétaires.

« 19. Avant l'évaluation de l'indemnité, et lorsque
» le différend ne portera point sur le fouds même de
« l'expropriation, le Tribunal pourra, selon la nature
« et l'urgence des travaux, ordonner provisoirement la
« mise en possession de l'administration : son jugement
« sera exécuté nonobstant appel et opposition. »

§. 3.

Du payement.

« 20. Tout propriétaire dépossédé sera indemnisé con-
« formément à l'art. 545 du Code civil.

« Si des circonstances particulières empêchent le
« payement actuel de tout ou de partie de l'indemnité,
« les intérêts en seront dus à compter du jour de la
« dépossession, d'après l'évaluation provisoire ou défi-

« nitive de l'indemnité, et payés de six mois en six
« mois, sans que le payement du capital puisse être
« retardé au-delà de trois ans, si les propriétaires n'y
« consentent.

« 21. Lorsqu'il y aura des intérêts échus et non payés
« par l'administration débitrice, ou lorsque le capital
« ou partie du capital de l'indemnité n'aura pas été
« remboursé dans les trois ans, ou dans les termes du
« contrat, les propriétaires et autres parties intéressées
« pourront remettre à l'administration des domaines, en
« la personne de son directeur dans le département de
» la situation des biens, un mémoire énonciatif des
« sommes à eux dues, accompagné des titres à l'appui :
« cette remise sera constatée par le récépissé du di-
« recteur, ou par exploit d'huissier.

« Si dans les trente jours qui la suivront, le payement
« n'est pas effectué, les propriétaires ou autres parties
« intéressées pourront traduire l'administration des do-
« maines devant le Tribunal, pour y être condamnée à
« leur payer les sommes à eux dues, à l'acquit de l'ad-
« ministration en retard, et sauf le recouvrement ex-
« primé en l'art. 24.

« 22. Avant qu'il soit statué sur l'action récursoire
« dirigée contre l'administration des domaines, le pro-
« cureur (du roi) pourra requérir, pour en instruire le ...
» ministre de la justice, un ajournement d'un à deux
« mois, qui devra, en ce cas, être prononcé, par le
« Tribunal.

« 23. Si, durant cet ajournement, nulle mesure admi-
« nistrative n'a été prise pour opérer le payement, le
« Tribunal prononcera après l'expiration du délai.

« 24. Lorsque l'administration des domaines aura,
« par suite des condamnations prononcées contre elle,
« en exécution des dispositions ci-dessus, deboursé ses
« propres deniers, à l'acquit d'autres administrations,
« elle se pourvoira devant le Gouvernement, qui lui
« en procurera le recouvrement, ou lui en tiendra
« compte, le tout ainsi qu'il appartiendra. »

TITRE IV.

Dispositions générales.

« 25. Dans tous les cas où il y aura des hypothèques
« sur les fonds, des saisies-arrêts ou oppositions formées
« par des tiers au versement des deniers, entre les mains,
« soit du propriétaire dépossédé, soit des usufruitiers
« ou locataires évincés, les sommes dues seront consi-
« gnées, à mesure qu'elles écherront, pour être ulté-
« rieurement pourvu à leur emploi ou distribution, dans
» l'ordre et selon les règles du droit commun.

« 26. Toutes les fois qu'il y aura lieu de recourir au
« Tribunal, soit pour faire ordonner la dépossession ou
« s'y opposer, soit pour le réglement des indemnités,
« soit pour en obtenir le payement, soit pour reporter
« l'hypothèque sur des fonds autres que ceux cédés,
« *la procédure s'instruira sommairement;* l'enregis-
« trement des actes qui y sont sujets, aura lieu *gratis.*

« Le procureur (du roi) sera toujours entendu avant
« les jugemens, tant préparatoires que définitifs.

« 27 et dernier. Les dispositions de la loi du 16 sep-
« tembre 1807, ou de toutes autres lois qui se trou-
» veraient contraires aux présentes, sont rapportées. »

Nous nous étions proposés de borner là notre travail, mais il nous a paru que la plupart des praticiens auxquels ce Recueil est destiné, nous sauraient gré d'y trouver des modèles d'actes conformes aux règles que nous avons expliquées, et exempts de toute critique raisonnable.

Ces formules pourront, en effet, n'être pas sans utilité. Nous nous sommes néanmoins fait quelques objections.

1°. Depuis la mise en activité du Code de procédure, la nécessité de le mettre à exécution a, dans un assez grand nombre de Tribunaux, contraint les avoués chargés de ces sortes d'affaires, de composer eux-mêmes des modèles que l'expérience a améliorés, et qui aujourd'hui réunissent l'assentiment et servent de régulateurs.

Nous sommes loin d'avoir la ridicule prétention que nos formules doivent l'emporter sur celles que l'expérience a fait admettre ; mais il est beaucoup de Tribunaux où les avoués, ne s'étant pas encore familiarisés avec cette procédure, trouveront avec plaisir des projets qui leur éviteront un travail aride et fastidieux.

2°. On nous reprochera peut-être de n'avoir formulé que les actes ordinaires de poursuite, et d'avoir omis ceux relatifs aux incidens ; mais on doit sentir que notre ouvrage, destiné à recueillir les principes et les décisions sur la matière de saisie-immobilière, ne peut devenir un *formulaire*. La loi n'est rigoureuse que pour les actes ordinaires de poursuite ; les nombreuses nullités qu'elle prononce, ne s'appliquent qu'à ces actes. Ceux relatifs aux incidens, rentrent dans la classe des procédures ordinaires ; chaque avoué peut facilement suivre l'instruction à cet égard, sans avoir besoin de guide :

22

la procédure sera toujours régulière, quand elle sera conforme aux règles générales. Aussi la jurisprudence offre-t-elle peu d'arrêts qu'il soit besoin de consulter, sur la forme de procéder en matière d'incidens ; dèslors nous avons dû nous borner aux actes de poursuite ordinaire.

3°. Plusieurs praticiens se sont habitués à les surcharger de formules et d'énonciations inutiles. Ils s'étayent de ce vieil adage, *quod abundat non viciat ;* il vaut mieux, disent-ils, insérer dans un acte beaucoup de choses inutiles, que d'en omettre une seule qui soit essentielle. Cela prouve qu'ils se défient d'eux-mêmes, et qu'ils ne savent pas se renfermer dans le cercle tracé par la loi.

Nos modèles renferment tout ce qu'elle prescrit, sans superfluités, comme aussi sans un laconisme qui offre ses inconvéniens.

Cette méthode nous a paru offrir le double avantage d'élaguer des actes tout ce qui les surcharge et les embarrasse sans nécessité, et d'y réunir tout ce qui est utile pour accomplir le vœu de la loi.

5 *Janvier* 1816. — 1er. ACTE.

COMMANDEMENT.

« L'AN mil huit cent seize, et le cinq janvier, à la « requête du sieur Jacques Marinier, propriétaire-cul- « tivateur, demeurant en la commune de Chevagnes, « arrondissement de Moulins, lequel fait élection de « domicile en la maison et étude de M^e. Joseph Ruby,

« avoué-licencié près le Tribunal civil séant audit Mou-
« lins, y demeurant, rue des Carmes, n°. 10, qui oc-
« cupera, si besoin est, pour le requérant, je, Paul
« Richet, huissier royal, immatriculé audit Tribunal
« civil de Moulins, y demeurant, place de l'Horloge,
« patenté en la mairie dudit lieu, le deux janvier présent
« mois, n°. 7, 3e. classe, et décoré suivant la loi, sous-
« signé, ai signifié au sieur André Bleton, ferblantier,
« demeurant aussi à Moulins, rue de la Corroierie,
« n°. 7, en sondit domicile, où étant et parlant à sa
« personne, le contenu en une obligation consentie par
« ledit Bleton, au profit dudit Marinier, devant Me.
« Ruez, notaire audit Chevagnes, et témoins, le quatre
« décembre mil huit cent quatorze, icelle dûment ex-
« pédiée, signée, scellée, enregistrée le six du même
« mois, par M. Ducordeau qui a reçu trente-trois fr.,
« et en bonne forme exécutoire ;

« Et en vertu de ladite obligation, j'ai, à même re-
« quête et parlant comme dessus, fait commandement,
« de par le Roi et justice, audit Bleton, de payer à
« l'instant audit Marinier, ou pour lui, à moi huissier,
« porteur de pièces et fondé de pouvoir, la somme de
« trois mille francs, montant de ladite obligation, aux
« offres de lui en donner bonne et valable quittance,
« et de lui remettre la grosse dudit acte ; à quoi
« faire ledit Bleton a été refusant : vu lequel refus,
« je lui ai déclaré que faute de payement dans le délai
« de trente jours prescrit par la loi, il y sera contraint
« par la saisie de ses immeubles, notamment d'une
« maison, cour, jardin, pré et terre spécialement hy-
« pothéqués à la créance du requérant ; et à ce que ledit

« Bleton n'en ignore, je lui ai, en sondit domicile et
« parlant comme dessus, laissé copie tant de l'obligation
« sus-datée, que du présent commandement. Et de suite
« je me suis retiré pardevers M. le maire de la ville
« de Moulins, auquel j'ai laissé une seconde copie, et
« qui a visé le présent original, dont acte. Le coût est
« de six francs quarante-huit centimes. *Signé* RICHET.

(*Sceau de la Mairie.*)   Vu par nous Maire de la ville de Moulins,
et reçu copie. Fait en Mairie, audit lieu, le
cinq janvier mil huit cent seize.

Signé DECHAMPFLOUR.

Enregistré à Moulins, le six janvier mil huit cent seize, f°. 7, r°
c. 2; reçu un franc dix centimes, décime compris, *signé* PIRON.

7 *Février* 1816. — 2e. ACTE.

SAISIE-IMMOBILIERE.

« L'AN mil huit cent seize, et le sept février, neuf
« heures du matin, à la requête du sieur Jacques
« Marinier, propriétaire-cultivateur, demeurant en la
« commune de Chevagnes, arrondissement de Moulins,
« lequel fait élection de domicile en la maison et étude
« de Me. Joseph Ruby, avoué-licencié près le Tribunal
« civil séant audit Moulins, y demeurant, rue des
« Carmes, n°. 10, qui occupera pour le requérant;
   « En vertu d'obligation passée devant Me. Ruez,
« notaire audit Chevagnes, et témoins, le quatre dé-
« cembre mil huit cent quatorze, dûment expédiée,
« signée, scellée, enregistrée le six du même mois, par
« M. Ducordeau, qui a reçu trente-trois francs; en

« bonne forme exécutoire, et dont copie a été servie
« en tête du commandement ci-après daté;

« Et par suite du commandement légal fait le cinq
« janvier dernier, visé le même jour, et enregistré le
« six par M. Piron qui a reçu un franc dix centimes,

« Je, Paul Richet, huissier royal, immatriculé audit
« Tribunal civil de Moulins, y demeurant, place de
« l'Horloge, patenté à la mairie dudit lieu, le deux
« janvier dernier, n°. 7, 3e. classe, et décoré suivant
« la loi, soussigné, porteur d'un pouvoir spécial à l'effet
« des présentes, icelui sous seing privé, en date du jour
« d'hier, enregistré le même jour à Moulins, par M.
« Delachaise qui a reçu un franc dix centimes, ai saisi
« réellement sur le sieur André Bleton, ferblantier à
« Moulins, y demeurant, rue de la Corroierie, n°. 7,
« et ai mis sous la main de justice, les immeubles ci-
« après désignés et confinés, à lui appartenans, sur
« chacun desquels je me suis successivement transporté,
« savoir :

« Art. 1er. Une maison sise à Moulins, rue des Po-
« tiers, n°. 8, ayant quinze mètres de longueur sur huit
« de profondeur, construite en pierres de taille, briques,
« chaux et sable; ayant une cave dans terre, un rez-
« de-chaussée, un étage au-dessus, et un grenier.
« La cave prend des jours sur la rue, par deux sou-
« piraux armés de barreaux de fer; ladite maison a
« au rez-de-chaussée, et sur la rue, une porte d'entrée
« et quatre croisées; au premier étage, cinq croisées,
« et une lucarne au grenier. Sur le derrière, une porte
« d'entrée de cave; au rez-de-chaussée, une porte et
« deux croisées; et au premier étage, quatre croisées;

« elle est couverte à tuiles ; elle jouxte d'orient, une
« cour au sieur Jean Moreau, jardinier à Moulins ; d'oc-
« cident, une maison au sieur Paul Bouquat, paveur,
« aussi à Moulins, pignon mitoyen entre deux ; de nord,
« la rue des Potiers ; et de midi, la cour ci-après con-
« finée.

« Art. 2. Derrière ladite maison, une cour de vingt-
« quatre mètres de longueur, sur quinze de largeur,
« close de murs de toutes parts, et jouxtant, d'orient, la
« cour dudit sieur Moreau, jardinier ; d'occident, une
« autre cour audit sieur Bouquat, paveur ; de nord, la
« maison dudit sieur Bleton, ci-dessus saisie et confinée ;
« et de midi, le jardin ci-après.

« Art. 3. Un jardin planté d'arbres à fruits, en espaliers
« et en quenouilles, de la contenue d'environ douze ares,
« clos de murs de toutes parts, et jouxtant, d'orient,
« le jardin dudit sieur Moreau, un mur mitoyen entre
« deux ; d'occident, le jardin dudit sieur Bouquat, aussi
« mur mitoyen entre deux ; de midi, la rue des Grèves ;
« et de nord, la cour ci-dessus saisie et confinée.

« Art. 4. Un pré situé au terroir des Gâteaux, de la
« contenue d'environ cinquante ares, à croître deux
« charretées de foin, jouxtant, d'orient, un pré au sieur
« Griset, médecin à Moulins, haie vive entre deux ;
« d'occident, un autre pré au sieur Jean Sautereau,
« marchand épicier à Riom, département du Puy-de-
« Dôme, haie vive aussi entre deux ; de midi, une terre
« au sieur Jacques Girard, aubergiste à Moulins, un
« fossé entre deux ; et de nord, la terre labourable ci-
« après confinée.

« Art. 5 et dernier. Enfin, une pièce de terre à seigle,

« située audit terroir des Gâteaux, de la contenue d'en-
« viron un hectare, jouxtant, d'orient, le pré dudit
« Griset, et close de ce côté par la haie vive dudit pré ;
« d'occident, le pré dudit Sautereau, et également close
« de ce côté par la haie vive dudit pré ; de midi, le
« pré ci-dessus saisi et confiné ; et de nord, une terre
« au sieur Joseph Crochet, serrurier à Moulins, une
« haie sèche entre deux.

« Tous lesdits immeubles présentement saisis, sont
« situés en la commune de Moulins, arrondissement
« dudit Moulins, chef-lieu du département de l'Allier.
« La maison est habitée, et le tout est joui et exploité
« par le sieur Jacques Picard, cultivateur, qui en est
« locataire et fermier par bail authentique.

« Lesdits biens sont compris dans la matrice du rôle
« de la contribution foncière de Moulins, pour un revenu
« annuel de trois cent dix-neuf francs, et imposés
« audit rôle à la somme de quatre-vingt-douze francs,
« ainsi qu'il résulte du certificat ci-après :

« *Extrait de la matrice du rôle*, etc. »

(Copier ledit extrait, lequel doit être délivré, soit
par le Maire, soit par le Directeur des contributions).

« La présente saisie-immobilière sera portée au Tri-
« bunal civil séant en ladite ville de Moulins, pardevant
« lequel la vente aura lieu, après l'accomplissement des
« formalités prescrites par la loi.

« Et de suite je me suis retiré, 1°. pardevers M. le
« Maire de la ville de Moulins, auquel parlant, j'ai
« laissé copie du présent procès-verbal de saisie, et ai
« requis son visa qu'il a apposé ; 2°. et pardevers M.
« Pierre Gervoy, greffier de la justice de paix dudit

« Moulins , partie de l'Est , auquel j'ai délivré pareille
« copie, et ai requis son visa qu'il a apposé. Fait et clos
« lesdits jour , mois et an , à trois heures du soir. Le
« coût est de vingt francs cinquante centimes.

« *Signé* RICHET. »

(*Sceau de la Mairie.*)   Vu par nous Maire de la ville de Moulins,
et reçu copie. Fait en Mairie , à Moulins , le
sept février mil huit cent seize.

Signé DECHAMPFLOUR.

Vu par nous Greffier de la justice de paix du canton de
Moulins , partie de l'Est , et reçu copie. Fait à Moulins , le
sept février mil huit cent seize. *Signé* GERVOY.

Enregistré à Moulins , le huit février mil huit cent seize,
f°. 52 , r°. case 3 ; reçu quatre francs quarante centimes, décimes
compris , *signé* PIRON.

9 *Février* 1816. — 3e. ACTE.

TRANSCRIPTION

AU BUREAU DES HYPOTHÈQUES.

AU pied (ou en marge) du procès-verbal de saisie,
le conservateur délivre son certificat de transcription,
comme il suit :

« Transcrit littéralement au bureau des hypothèques
« de Moulins, sur le registre à ce destiné, vol. 2, f°. 45,
« n°. 33, le neuf février mil huit cent seize ; reçu pour
« timbre trois francs cinquante-neuf centimes, et pour
« salaire six francs vingt-cinq centimes.

« *Le conservateur,* signé DELACHAISE. »

12 *Février* 1816. — 4e. ACTE.

TRANSCRIPTION

AU GREFFE DU TRIBUNAL.

LE Greffier du Tribunal où la saisie est portée, délivre également son certificat de transcription, comme il suit:

« Transcrit littéralement au greffe du Tribunal civil « de Moulins, chef-lieu du département de l'Allier, « sur le registre à ce destiné, vol. 1er., f°. 64, n°. 33, « par moi Greffier soussigné, qui ai reçu pour timbre « et salaire, huit francs vingt-cinq centimes.

« *Signé* BURAND, *greffier.* »

Nota. Cette transcription *sur le registre* est sujette à un droit d'enregistrement ; le présent certificat ne l'est pas.

13 *Février* 1816. — 5e. ACTE.

INSERTION

AU TABLEAU, DANS L'AUDITOIRE,

D'un extrait de la saisie.

EXTRAIT A INSÉRER.

« PAR procès-verbal de Paul Richet, huissier à Mou-« lins, du sept février mil huit cent seize, visé le même « jour par M. Dechampflour, maire de ladite ville « de Moulins, et par M. Gervoy, greffier de la justice « de paix de la même ville, partie de l'Est, à chacun

« desquels copies dudit procès-verbal ont été laissées;
« enregistré audit lieu le huit par M. Piron qui a reçu
« quatre francs quarante centimes; transcrit le neuf au
« bureau des hypothèques de Moulins, par M. Dela-
« chaise, conservateur, et le douze dudit mois, au greffe
« du Tribunal civil de Moulins, par M. Burand, greffier;

« Le sieur Jacques Marinier, propriétaire-cultivateur,
« demeurant en la commune de Chevagnes, lequel a
« pour avoué constitué Me. Joseph Ruby, demeurant à
« Moulins, rue des Carmes, no. 10,

« A fait saisir réellement, sur le sieur André Bleton,
« ferblantier, demeurant audit Moulins, rue de la Cor-
« roierie, no. 7, les immeubles ci-après, savoir:

« 1o. Une maison sise audit Moulins, rue des Potiers,
« no. 18, consistant en cave, rez-de-chaussée, premier
« étage et grenier; 2o. une cour en dépendant; 3o. un
« jardin de douze ares, à la suite de ladite cour; 4o.
« un pré au terroir des Gâteaux, de la contenue d'en-
« viron cinquante ares, à produire deux charretées de
« foin; 5o. et une pièce de terre à seigle, au même
« terroir des Gâteaux, de la contenue d'environ un
« hectare;

« Le tout situé en ladite ville de Moulins, arron-
« dissement dudit Moulins, chef-lieu du département
« de l'Allier.

« Ces biens sont habités et exploités par le sieur Jacques
« Picard, cultivateur, qui en est locataire et fermier
« par bail authentique.

« L'instance de saisie et vente forcée desdits immeubles
« sera portée devant le Tribunal civil dudit Moulins.

« La première publication du cahier des charges aura

« lieu à l'audience des criees dudit Tribunal, le huit
« avril prochain mil huit cent seize, neuf heures du
« matin.

 « *Certifié : signé* RUBY, *avoué.* »

Nota. Cet extrait ne s'enregistre pas, n'étant que la
copie sommaire d'un acte qui a passé aux droits.

PROCÈS-VERBAL D'INSERTION.

« Aujourd'hui treize février mil huit cent seize, au
« greffe et pardevant nous Edmond Burand, greffier du
« Tribunal civil séant à Moulins, chef-lieu du dépar-
« tement de l'Allier,

« A comparu Me. Joseph Ruby, avoué-licencié près
« ledit Tribunal, et du sieur Jacques Marinier, pro-
« priétaire-cultivateur à Chevagnes,

« Lequel nous a requis d'insérer au tableau placé à
« cet effet dans l'auditoire dudit Tribunal, extrait rédigé
« par ledit Me. Ruby, et qu'il nous a remis à cet effet,
« d'une saisie-immobilière faite à la requête dudit Ma-
« rinier, sur le sieur André Bleton, ferblantier à Mou-
« lins, de maison, cour, jardin, pré et terre, le tout
« situé audit Moulins, par procès-verbal de Richet,
« huissier, du sept février présent mois, visé le même
« jour, enregistré le huit, transcrit le neuf au bureau
« des hypothèques de Moulins, et au greffe le douze
« dudit mois; ledit extrait conforme à ce qui est prescrit
« par l'art. 682 du Code de procédure civile, et signé
« dudit Me. Ruby.

« A quoi obtempérant, nous greffier susdit, avons à
« l'instant inséré ledit extrait au tableau à ce destiné,
« placé dans l'auditoire.

« Dont et de quoi ledit Mᵉ. Ruby nous a requis acte
« à lui octroyé, et avons du tout rédigé le présent procès-
« verbal que nous avons signé avec ledit Mᵉ. Ruby, les
« jour, mois et an que dessus.

> « *Signé* RUBY, et BURAND, *greffier.*

« Enregistré à Moulins, le treize février mil huit cent
« seize ; reçu trois francs cinquante-huit centimes, dé-
« cime compris, *signé* PIRON.

16 *Février* 1816. — 6ᵉ. ACTE.

DÉNONCIATION

DU PROCÈS-VERBAL DE SAISIE-IMMOBILIÈRE,

A LA PARTIE SAISIE.

« L'AN mil huit cent seize, et le seize février, à la
« requête du sieur Jacques Marinier, propriétaire-cul-
« tivateur, demeurant en la commune de Chevagnes,
« arrondissement de Moulins, lequel fait élection de
« domicile en la maison et étude de Mᵉ. Joseph Ruby,
« avoué-licencié près le Tribunal civil séant audit Mou-
« lins, y demeurant, rue des Carmes, nᵒ. 10, qui
« continuera d'occuper pour le requérant, je, Paul
« Richet, huissier royal, immatriculé audit Tribunal
« civil de Moulins, y demeurant, place de l'Horloge,
« patenté à la mairie dudit lieu, le deux janvier dernier,
« nᵒ. 7, 3ᵉ. classe, soussigné, ai dénoncé et notifié par
« délivrance de copie, au sieur André Bleton, ferblan-
« tier, demeurant aussi à Moulins, rue de la Corroierie,

« n°. 7, en sondit domicile, en parlant à la dame son
« épouse,

« Le contenu 1°. en un procès-verbal de moi huissier
« susdit, du sept février présent mois, portant saisie-
« immobilière, à la requête dudit Marinier, sur ledit
« Bleton, d'une maison, cour, jardin, pré et terre y
» désignés et confinés, le tout situé en cette dite ville
« de Moulins; 2°. au visa apposé le même jour au pied
« dudit procès-verbal, par M. Dechampflour, maire de
« Moulins ; 3°. en un autre visa, également y apposé
« le même jour, par M. Gervoy, greffier de la justice de
« paix du canton de Moulins, partie de l'Est; 4°. en la
« mention d'enregistrement du même procès-verbal, en
« date du huit du même mois, signée par M. Piron,
« receveur; 5°. au certificat de transcription de ladite
« saisie, au bureau des hypothèques de Moulins, en date
« du neuf dudit mois, signé de M. Delachaise, conser-
« vateur; 6°. enfin, en un autre certificat de transcription
« d'icelle, au greffe du Tribunal civil de Moulins, en
« date du douze du même mois, signé Burand, greffier;
« J'ai en outre déclaré audit Bleton, que le lundi
« huit avril prochain, à neuf heures du matin, en l'au-
« dience des criées dudit Tribunal civil de Moulins, y
« séant au palais de justice, rue de Paris, il sera pro-
« cédé à la première publication du cahier des charges,
« et qu'ensuite les autres publications, et la vente et
« adjudication desdits biens, auront lieu dans les formes
« et délais prescrits par la loi; en conséquence, j'ai
« sommé ledit Bleton de se trouver, si bon lui semble,
« aux jour, lieu et heure sus-indiqués pour la première
« publication, à laquelle, ainsi qu'aux actes ultérieurs;

« il sera procédé et passé outre, tant en absence que
« présence ; et à ce que du tout il n'ignore, je lui ai,
« en sondit domicile, et parlant comme dessus, laissé
« copie tant dudit procès-verbal de saisie, des visas et
« certificats de transcription sus-énoncés, que du présent
« exploit.

« Et de suite je me suis retiré pardevers M. le Maire
« de ladite ville de Moulins, dont j'ai requis le visa
« qu'il a apposé au pied du présent acte. Le coût est
« de douze francs cinquante-cinq centimes.

« *Signé* RICHET. »

Vu par nous Maire de la ville de Moulins. Fait en
mairie, audit lieu, le seize février mil huit cent seize.
(*Sceau de la mairie.*)   *Signé* DECHAMPFLOUR.

Enregistré à Moulins, le 17 février mil huit cent seize, fo. 152,
ro. case 4 ; reçu un franc dix centimes, *signé* PIRON.

18 *Février* 1816. — 7e. ACTE.

TRANSCRIPTION

(*Dudit Acte de dénonciation*)

AU BUREAU DES HYPOTHÈQUES.

AU pied (ou en marge) de cet acte de dénonciation,
M. le conservateur délivre son certificat de transcription
ainsi qu'il suit :

« Transcrit littéralement au bureau des hypothèques
« de Moulins, sur le registre à ce destiné, volume 2,
« fo. 63, no. 56, et mention en a été faite en marge
« de la transcription du procès-verbal de saisie-immo-

« bilière, du sept février présent mois ; vol. 2, n.º 33.
« Fait à Moulins, le dix-huit février mil huit cent seize.
« Reçu pour salaire un franc, et pour timbre un franc
« vingt-cinq centimes, *signé* DELACHAISE, *conservateur.*

~~~~~~~

20 *Février* 1816. — 8ᵉ. ACTE.

Iᵉʳ. ORIGINAL DE PLACARD (IMPRIMÉ).

DE PAR LE ROI ET JUSTICE.

BIENS A VENDRE sur saisie-immobilière.

« ON fait savoir à tous ceux qu'il appartiendra, que
« Par procès-verbal de Richet, huissier à Moulins,
« du sept février mil huit cent seize, etc., etc.
(Copier l'extrait, 5ᵉ. acte, page 345).
« Fait et rédigé par moi Joseph Ruby, licencié-
« avoué du poursuivant. A Moulins, le vingt février
« mil huit cent seize. *Signé* RUBY. »

Enregistré à Moulins, le vingt février mil huit cent seize,
fº. 51, rº. c. 2; reçu un franc dix centimes, décime compris,
signé PIRON.

~~~~~~~

25 *Février* 1816. — 9ᵉ. ACTE.

Iʳᵉ. INSERTION AU JOURNAL.

L'AVOUÉ du poursuivant remet une copie du placard
à l'imprimeur du journal, s'il y en a un, dans le lieu
où siège le Tribunal ; et s'il n'y en pas, à l'imprimeur

du journal, ou de l'un des journaux, du département;

Ce placard est in éré au journal.

L'avoué se munit de la feuille contenant cette insertion ; elle est certifiée par l'imprimeur, et la signature
de ce dernier est légalisée par le maire.

L'avoué prend en outre quittance des frais d'impression
du placard et d'insertion au journal.

28 *Février* 1816. — 10e. ACTE.

Ire. APPOSITION DE PLACARDS.

COPIES A AFFICHER.

Nous avons fait observer (pages 137 et 138) qu'en
faisant imprimer le placard, l'avoué du poursuivant
devait avoir la précaution d'en faire tirer un nombre
d'exemplaires suffisant, soit pour servir d'originaux,
soit pour annexer aux procès-verbaux d'affiches, soit
pour notifier, tant à la partie saisie qu'aux créanciers
inscrits, soit enfin pour afficher.

Au pied de chaque copie destinée à être affichée, et
immédiatement au - dessous de la relation d'enregistrement, l'avoué écrit le mot *certifié*, et il signe.

L'huissier rédige ensuite, au-dessous de la signature
de l'avoué, un procès-verbal sommaire, comme il suit:

« L'an mil huit cent seize, et le vingt-huit février,
« à la requête du sieur Jacques Marinier, créancier
« saisissant, ci-dessus qualifié et domicilié, je, Paul
« Richet, huissier royal, etc., soussigné, ai appo é la
« présente copie de placard, à la porte extérieure du
« domicile

« domicile du saisi (ou bien, à la principale porte de
« la maison saisie, etc., etc.), de quoi j'ai rédigé mon
« procès-verbal dans la forme de la loi. *Signé* Richet.

Chaque copie ainsi régularisée, est placardée dans le
lieu pour lequel elle est destinée.

ORIGINAL

Du procès-verbal d'apposition de placards.

« L'an mil huit cent seize, et le vingt-huit février,
« à la requête du sieur Jacques Marinier, propriétaire-
« cultivateur, demeurant en la commune de Chevagnes,
« arrondissement de Moulins, lequel fait élection de
« domicile en la maison et étude de M^e. Joseph Ruby,
« avoué-licencié près le Tribunal civil séant audit Mou-
« lins, y demeurant, rue des Carmes, n°. 10, qui
« continuera d'occuper pour le requérant, je, Paul
« Richet, huissier royal, immatriculé audit Tribunal
« civil de Moulins, y demeurant, place de l'Horloge,
« patenté à la mairie dudit lieu le deux janvier dernier,
« n°. 7, 3e. classe, soussigné, déclare et certifie m'être
« transporté en ladite ville de Moulins, laquelle est à
« la fois le lieu du domicile du saisi et de la situation
« des biens, où siège le Tribunal pardevant lequel la
« vente se poursuit, et dans laquelle se tient un marché
« public ; où étant, j'ai apposé à tous et chacun des
« lieux désignés par la loi, des copies imprimées et
« dûment certifiées, d'un placard en date du vingt fé-
« vrier présent mois, enregistré le même jour, contenant
« extrait de la saisie - immobilière faite par procès-
« verbal de moi huissier susdit, du sept du présent mois,
« visé le même jour, enregistré le huit, transcrit les huit

23

« et douze dudit mois , à la requête dudit sieur Mari-
« nier, sur le sieur André Bleton, ferblantier, demeurant
« à Moulins , rue de la Corroierie , n° 7, de maison,
« cour , jardin , pré et terre , le tout situé en cette
« ville de Moulins ; ledit placard indiquant en outre le
« jour de la première publication du cahier des charges,
« duquel placard j'ai annexé un exemplaire au présent
« procès-verbal ;

« Et de suite je me suis retiré pardevers M. le maire
» de la ville de Moulins , dont j'ai requis le visa qu'il
« a apposé au pied du présent, dont acte. Le coût est
« de cinq francs quinze centimes. *Signé* RICHET.

Vu par nous Maire de la ville de Moulins. Fait en mairie,
audit lieu, le vingt-huit février mil huit cent seize.

(*Sceau de la mairie.*)   *Signé* DECHAMPFLOUR.

Enregistré à Moulins, le vingt-neuf février mil huit cent seize,
f°. 171 , v°. c. 7 ; reçu un franc dix centimes, dixième compris,
signé PIRON.

Sur l'exemplaire de placard annexé au procès-verbal,
l'huissier écrit :

« Annexé à mon procès-verbal d'apposition d'affiches,
« en date de ce jour, par moi huissier royal soussigné.

« A Moulins, le vingt-huit février mil huit cent seize.
                    « *Signé* RICHET. »

On conçoit qu'il faut rédiger autant de procès-verbaux
séparés, qu'il y a de communes dans lesquelles l'apposition d'affiches doit avoir lieu, et qu'il est convenable
que, dans chaque procès-verbal , l'huissier énonce que
la commune où il appose, est le lieu , soit du domicile
du saisi, soit de la situation des biens, etc.

4 *Mars* 1816. — 11e. ACTE.

NOTIFICATION,

A LA PARTIE SAISIE,

Tant du premier placard que du procès-verbal
d'apposition.

« L'an mil huit cent seize, et le quatre mars, à la
« requête du sieur Jacques Marinier, propriétaire-cul-
« tivateur, demeurant en la commune de Chevagnes,
« arrondissement de Moulins, lequel fait élection de
« domicile en la maison et étude de Me. Joseph Ruby,
« avoué-licencié près le Tribunal civil séant audit Mou-
« lins, y demeurant, rue des Carmes, no. 10, qui
« continuera d'occuper pour le requérant, je, Paul
« Richet, huissier royal, immatriculé audit Tribunal
« civil de Moulins, y demeurant, place de l'Horloge,
« patenté à la mairie dudit lieu, le deux janvier der-
« nier, no. 7, 3e. classe, soussigné, ai notifié au sieur
« André Bleton, ferblantier, demeurant aussi à Mou-
« lins, rue de la Corroierie, no. 7, en sondit domicile,
« en parlant à sa personne,

« Copie 1o. d'un placard imprimé, en date du vingt
« février présent mois, enregistré le même jour, con-
« tenant extrait de la saisie-immobilière faite par pro-
« cès-verbal de moi huissier susdit, du sept dudit mois
« de février, visé le même jour, enregistré le huit, et
« transcrit les huit et neuf du même mois, à la requête
« dudit Marinier, sur ledit Bleton, d'une maison, cour,
« jardin, pré et terre, le tout situé en cette ville de

« Moulins ; ledit placard contenant en outre l'indication
« du jour de la première publication du cahier des
« charges ; 2°. d'un procès-verbal aussi de moi huissier
« susdit, du vingt-huit février dernier, constatant l'affiche
« par moi faite en ladite ville de Moulins , de copies
« imprimées dudit placard, dans tous les lieux désignés
« par la loi ; ledit procès-verbal visé le même jour, et
« enregistré le vingt-neuf : à ce que ledit Bleton n'en
« ignore, et à cet effet je lui ai , en sondit domicile
« et parlant comme dessus, laissé, ainsi que dit est,
« copie tant du placard et du procès-verbal sus-énoncés,
« que du présent acte, dont le coût est de sept francs
« dix centimes.   *Signé* RICHET.

Enregistré à Moulins, le cinq mars mil huit cent seize, f°. 241
v°. case 3 ; reçu un franc dix centimes , dixième compris.

                                        Signé PIRON.

5 *Mars* 1816. — 12°. ACTE.

ÉTAT

Des Inscriptions grevant les immeubles saisis.

IL doit contenir toutes les inscriptions prises tant sur
le saisi, que sur les précédens propriétaires qui n'auraient
pas purgé.

Cet état est indispensable pour faire , à tous les créanciers inscrits, aux domiciles élus par leurs inscriptions,
la notification ci-après (13_e. acte).

8 *Mars* 1816. — 13e. ACTE.

NOTIFICATION

Du placard, aux Créanciers inscrits.

AU pied de chaque copie imprimée du placard, l'avoué du poursuivant écrit, *certifié*, et il signe.

L'huissier rédige ensuite son procès-verbal, comme il suit :

« L'an mil huit cent seize, et le huit mars, à la
« requête du sieur Jacques Marinier, propriétaire-cul-
« tivateur, etc., je, Paul Richet,... etc. (comme au
« n°. 11 ci-dessus), soussigné, ai notifié,

« 1°. Au sieur Pierre Frélu, marchand de bois à
« Paris, au domicile élu par son inscription prise au
« bureau des hypothèques de Moulins, le dix-sept juillet
« mil huit cent neuf, vol. 8, n°. 73, chez M.e Le-
« tellier, notaire royal en cette dite ville de Moulins,
« y demeurant, rue Notre-Dame, n°. 6, où étant et
« parlant audit Me. Letellier ;

« 2°. Au sieur Jean-Baptiste Poirier, propriétaire,
« demeurant à Moulins, tuteur légal de Jacques Poi-
« rier, son fils mineur, au domicile élu par son ins-
« cription prise au même bureau, le quatorze avril mil
« huit cent onze, vol. 18, n°. 173, chez Me. Charet,
« avoué près le Tribunal civil de Moulins, y demeurant,
« rue des Carmélites, n°. 18, où étant et parlant à l'un
« des clercs dudit Me. Charet ;

« 3°. Au sieur Philippe Jacquot, armurier à Mont-
« luçon, au domicile élu par son inscription prise au

« même bureau, le vingt-huit janvier mil huit cent
« quatorze, vol. 21, n°. 47, chez M. Fournier, agent
« d'affaires, demeurant à Moulins, rue des Couteliers,
« n°. 17, où étant et parlant audit sieur Fournier;

« 4°. Au sieur.....

« 5°. Au sieur..... etc., etc.

« Tous créanciers hypothécaires du ci-après nommé;
« A chacun un exemplaire imprimé d'un placard, en
« date du vingt février dernier, enregistré le même jour,
« contenant extrait de la saisie-immobilière faite par
« procès-verbal de moi huissier susdit, du sept dudit
« mois de février, visé le même jour, enregistré le huit,
« et transcrit les huit et neuf du même mois; à la re-
« quête dudit Marinier, sur ledit Bleton, d'une maison,
« cour, jardin, pré et terre, le tout situé en cette
« ville de Moulins; ledit placard contenant en outre
« l'indication du jour de la première publication du
« cahier des charges : à ce que les sus-nommés aient,
« si bon leur semble, à assister à ladite publication,
« et par suite aux actes subséquens, ainsi qu'à la vente
« et adjudication des biens saisis, leur déclarant qu'il y
« sera procédé tant en absence que présence; et à ce
« que du tout ils n'ignorent, je leur ai, à chacun d'eux
« séparément, en leursdits domiciles élus, et parlant
« comme dessus, laissé, comme dit est, un exemplaire
« imprimé dudit placard, ensemble copie du présent
« acte, dont le coût est de dix-huit francs.

« *Signé* RICHET.

Enregistré à Moulins, le neuf mars mil huit cent seize, f°. 172,
r°. case 4; reçu neuf francs quatre-vingt-dix centimes, décime
compris; *signé* PIRON.

9 *Mars* 1816. — 14º. ACTE.

TRANSCRIPTION

Au bureau des hypothèques, de cet Acte de notification.

AU pied (ou en marge) dudit acte, M. le conservateur délivre son certificat de transcription, ainsi qu'il suit :

« Transcrit littéralement au bureau des hypothèques
« de Moulins, sur le registre à ce destiné, vol. 2, fº. 72,
« nº. 77, et mention en a été faite en marge de la
« transcription du procès-verbal de saisie-immobilière,
« du sept février dernier, vol. 2, nº. 33. Fait à Mou-
« lins, le neuf mars mil huit cent seize ; reçu pour
« timbre, deux francs sept centimes ; et pour salaire,
« un franc. *Signé* DELACHAISE, *conservateur.* »

---

15 *Mars* 1816. — 15e. ACTE.

CAHIER DE CHARGES,
ET DÉPÔT D'ICELUI AU GREFFE.

---

*Cahier de charges, pour parvenir à la vente et ad-
judication sur saisie-immobilière, d'une maison,
cour, jardin, pré et terre, le tout situé en la ville
de Moulins, arrondissement dudit Moulins, chef-
lieu du département de l'Allier.*

» EN vertu d'obligation passée devant Mᵉ. Ruez, no-
« taire à Chevagnes, le quatre décembre mil huit cent

« quatorze, dûment expédiée, signée, scellée, enregistrée
« audit lieu le six du même mois, par Ducordeau, qui
« a reçu trente - trois francs, en bonne forme exécu-
« toire ; et par suite,

« 1º. Du commandement légal fait au débiteur ci-
« après nommé, par acte du cinq janvier dernier,
« portant refus de payer la somme de trois mille francs
« montant de ladite obligation, exigible depuis le quatre
« décembre aussi dernier, ledit commandement visé le
« même jour par M. le maire de la ville de Moulins,
« et enregistré le six dudit mois de janvier, par M.
« Piron qui a reçu un franc dix centimes ;

« 2º. D'un procès - verbal, en date du sept février
« dernier, portant saisie et mise sous la main de jus-
« tice, des immeubles ci-après désignés, visé le même
« jour par M. Dechampflour, maire de la ville de
« Moulins, et par M. Gervoy, greffier de la justice de
« paix du canton de Moulins, partie de l'Est, enregistré
« le huit par M. Piron qui a perçu quatre fr. quarante
« centimes ; transcrit le neuf au bureau des hypothèques
« de Moulins, par M. Delachaise, conservateur, et au
« greffe du Tribunal civil de Moulins, le douze du
« même mois, par M. Burand, greffier ;

« 3º. D'un procès-verbal fait au greffe dudit Tribunal
« civil de Moulins, le treize février aussi dernier, en-
« registré le même jour par M. Piron qui a reçu trois
« francs cinquante-huit centimes, constatant l'insertion
« faite par le greffier, au tableau placé à cet effet dans
« l'auditoire dudit Tribunal, d'un extrait contenant les
« énonciations prescrites par l'article 682 du Code de
« procédure civile ;

« 4°. D'un acte en date du seize février dernier, visé
« le même jour par M. Dechampflour, maire de la ville
« de Moulins, enregistré le dix-sept par M. Piron qui
« a reçu un franc dix centimes, et transcrit le dix-huit
« au bureau des hypothèques de Moulins, par M. De-
« lachaise, conservateur, ledit acte contenant dénon-
« ciation au saisi dudit procès-verbal de saisie-immo-
« bilière, du sept du même mois de février, et indi-
« cation de la date de la première publication du présent
« cahier de charges ;

« 5. D'un premier original de placard, fait et rédigé
« par Me. Joseph Ruby, avoué du créancier poursuivant
« ci-après nommé, le vingt février aussi dernier, en-
« registré à Moulins le même jour, par M. Piron qui a
« perçu un franc dix centimes ; ledit placard contenant
« les énonciations prescrites par l'art. 682 du Code de
« procédure civile ;

« 6°. De l'insertion dudit placard, dans le journal du
« département de l'Allier, imprimé à Moulins, en date
« du vingt-cinq février dernier, n°. 495, ladite insertion
« justifiée par la feuille contenant ledit extrait, signée
« de M. Desrosiers, imprimeur, et légalisée le vingt-
« six dudit mois de février, par M. Dechampflour,
« maire de la ville de Moulins ;

« 7°. D'un procès-verbal du vingt-huit février dernier,
« visé le même jour par M. Dechampflour, maire de
« ladite ville de Moulins, enregistré le vingt-neuf par
« M. Piron qui a perçu un franc dix centimes, ledit
« procès-verbal constatant la première apposition de
« copies imprimées dudit placard, faite en ladite ville
« de Moulins, dans tous les lieux désignés par la loi ;

« 8°. D'un acte du quatre mars présent mois, enre-
« gistré le cinq par M. Piron qui a reçu un franc dix
« centimes, portant notification au saisi, de copie tant
« dudit placard que du procès-verbal de première ap-
« position d'exemplaires dudit placard, en la ville de
« Moulins ;

« 9°. D'un état des inscriptions grevant les immeubles
« saisis, ledit état délivré par M. Delachaise, conser-
« vateur au bureau de Moulins, le cinq mars présent
« mois ;

« 10°. Enfin, d'un acte du huit dudit mois de mars,
« enregistré le neuf par M. Piron qui a perçu neuf fr.
« 90 centimes, et transcrit le même jour au bureau
« des hypothèques de Moulins, par M. Delachaise,
« conservateur ; ledit acte contenant notification à tous
« et chacun des créanciers hypothécaires inscrits, aux
« domiciles élus par leurs inscriptions, d'un exemplaire
« imprimé dudit placard ;

« Et à la requête du sieur Jacques Marinier, pro-
« priétaire-cultivateur, demeurant en la commune de
« Chevagnes, arrondissement de Moulins, créancier
« saisissant et poursuivant,

« Lequel a constitué pour son avoué Me. Joseph
« Ruby, exerçant près le Tribunal civil dudit Moulins,
« y demeurant, rue des Carmes, n°. 10, qui continuera
« d'occuper dans la présente instance de saisie-immo-
« bilière, et chez lequel le poursuivant a fait élection
« de domicile,

« Il sera, en la forme de la loi, et à l'audience des
« criées dudit Tribunal civil de Moulins, y séant au
« palais de justice, rue de Paris,

« Procédé à la vente et adjudication publique, au
« plus haut metteur et dernier enchérisseur, des im-
« meubles ci-après désignés,

« Saisis sur le sieur André Bleton, ferblantier, de-
« meurant en ladite ville de Moulins, rue de la Cor-
« roierie, n°. 7.

« Désignation desdits immeubles.

« 1°. Une maison située à Moulins, rue des Potiers,
« n°. 18, construite en briques, etc. ;

« 2°. Derrière ladite maison, une cour, etc. ;

« 3°. Un jardin, etc. ;

« 4°. Un pré, etc. ;

« 5°. Enfin une pièce de terre, etc. ;

« Tous lesdits objets sont situés, etc.

« La maison est habitée, etc.

(*Nota*. Copier exactement cette partie du procès-
verbal de saisie, page 341).

« Lesdits immeubles sont portés dans la matrice du
« rôle de la contribution foncière de Moulins, pour un
« revenu de 319 francs, et imposés au rôle à la somme
« de 92 francs.

« Titres de propriété.

« Les biens saisis appartiennent audit André Bleton,
« comme les ayant recueillis dans la succession de Jean
« Bleton et de Marie Massé, ses père et mère, et lui
« étant échus par acte de partage, passé entre lui et
« Claude Bleton son frère, jardinier à Souvigny ; ledit
« acte passé devant Me. Brachet et son confrère, no-
« taires à Moulins, le 7 mars 1788, enregistré le 9 par
« Couchard qui a perçu 132 livres 12 sols.

« Ils sont affermés au sieur Jacques Picard, culti-
« vateur, qui habite la maison et jouit du surplus desdits
« biens, par bail passé devant ledit M^e. Brachet et son
« collègue, notaires à Moulins, le 6 septembre 1813,
« enregistré le 8 par Delachaise qui a perçu 18 fr. 50 c.

« Cette ferme a été faite pour neuf années consécu-
» tives et sans choix, qui ont commencé le 11 novembre
« audit an 1813, et finiront à pareil jour de l'année 1822.

« Le prix annuel du fermage est de 450 fr. payables
« en deux termes égaux, les 24 juin et 11 novembre
« de chaque année.

« Le fermier est en outre chargé d'acquitter toutes
« les contributions foncières et autres, mises ou à mettre
« sur lesdits biens, sans aucune imputation ni répétition.

(*Nota*. On n'est pas obligé de fournir ces renseignemens ; mais quand on peut se les procurer, il est
utile de les donner : ils tranquilisent les acquéreurs,
et contribuent à faire porter la vente à un plus haut
prix).

Charges et conditions de la vente.

(*Nota*. Ces conditions peuvent varier à l'infini ; nous
nous bornerons à indiquer ici les plus ordinaires).

« Art. 1er. L'adjudicataire prendra lesdits biens dans
« leur consistance actuelle, et d'après les tenans et
« aboutissans ci-dessus énoncés, sans augmentation ni
« diminution de son prix, à raison du plus ou moins
« de contenue.

« Art. 2. Il profitera des servitudes actives, et il
« supportera les passives, si aucunes existent, sauf à
« se défendre de ces dernières, à ses risques et frais.

« Art. 3. Il entretiendra le bail de ferme dudit jour

(365)

« 6 septembre 1813, pour tout le tems qui en reste à
« courir.

« Art. 4. Il demeurera subrogé aux droits du proprié-
« taire, pour se faire rendre par le fermier, lors de la
« sortie de ce dernier, la maison en bon état de répa-
« rations locatives, et les jardin, pré et terre en bon
« état de culture et de clôture.

« Art. 5. Il percevra les fermages à compter du jour
« de l'adjudication définitive.

« Art. 6. A compter du même jour, il payera les
« intérêts du prix principal de l'adjudication, au taux
« de cinq pour cent sans retenue.

« Art. 7. Dans la huitaine de ladite adjudication, il
« payera, sans diminution de son prix, entre les mains
« de Me. Ruby, avoué du poursuivant, tous les frais
« ordinaires de poursuite, d'après la taxe qui en aura
« été préalablement faite, et dont le montant sera an-
« noncé au public avant la réception des enchères, lors
« de l'adjudication définitive.

« Art. 8. Il payera de même, sans diminution de son
« prix, tous les frais auxquels l'adjudication donnera
« lieu, tels que ceux d'enregistrement, droits de greffe,
« frais de transcription et autres de toute nature.

« Art. 9. Il conservera dans ses mains le montant de
« son adjudication, sans pouvoir le consigner, à moins
« qu'il n'en soit requis par l'un des créanciers.

« Art. 10. Aussitôt la clôture définitive de l'ordre, il
« payera le montant de la vente, en principal et intérêts,
« aux créanciers utilement colloqués, sur la simple pré-
« sentation des bordereaux de collocation.

« Art. 11. A défaut de payement, soit des frais de

« poursuite, conformément à l'art. 7 ci-dessus, soit des
« bordereaux de collocation, ou même de l'un d'eux,
« lesdits biens seront revendus à sa folle-enchère, en la
« forme réglée par la loi.

« Art. 12. Dans la huitaine du jour de l'adjudication,
« l'adjudicataire, s'il ne demeure à Moulins, sera tenu
« d'y élire domicile, pour tout ce qui sera relatif à son
« adjudication, sinon il sera censé avoir élu domicile
« chez l'avoué par le ministère duquel il sera devenu
« acquéreur; en conséquence, tous les actes signifiés au
« domicile dudit avoué seront valables, comme s'ils étaient
« faits au domicile réel dudit adjudicataire.

« Art. 13. Les enchères ne seront reçues que par le
« ministère d'avoués, et à l'audience, pendant la durée
« des feux; il ne pourra point en être fait pour des
« personnes notoirement insolvables, aux peines de droit.

« *Enchère.*

« Outre et au par-dessus desdites charges, le pour-
« suivant fait mise sur lesdits biens, de la somme de *trois*
« *mille francs*, laquelle mise servira de première en-
« chère.

« Fait et rédigé par moi Joseph Ruby, licencié-avoué
« du sieur Jacques Marinier, poursuivant. A Moulins,
« le 15 mars 1816.   *Signé* RUBY.

« Enregistré à Moulins, le 15 mars 1816, f°. 37, r°
« case 6; reçu un franc dix centimes, dixième compris.
                              « *Signé.* PIRON. »

ACTE DE DÉPÔT.

« Aujourd'hui quinze mars mil huit cent seize, au
« greffe et pardevant nous Edmond Burand, greffier du
« Tribunal civil séant à Moulins, chef-lieu du dépar-
« tement de l'Allier,

« A comparu M^e. Joseph Ruby, avoué-licencié près
« ledit Tribunal, et du sieur Jacques Marinier, pro-
« priétaire-cultivateur, demeurant à Chevagnes,

« Lequel M^e. Ruby a déposé en ce greffe le cahier
« des charges par lui rédigé cejourd'hui, et enregistré
« le même jour à Moulins, par Piron qui a perçu un
« franc dix centimes, à l'effet de parvenir à la vente
« et adjudication d'une maison, cour, jardin, pré et terre
« sis en cette ville de Moulins, et saisis à la requête
« dudit Marinier, sur le sieur André Bleton, ferblantier,
« demeurant audit Moulins, rue de la Corroierie, n°. 7;
« duquel dépôt ledit M^e. Ruby a requis acte à lui oc-
« troyé; dont et de quoi nous avons dressé le présent
« procès-verbal que ledit M^e. Ruby a signé avec nous
« les jour, mois et an que dessus.

« *Signé* Ruby, et Burand, *greffier.*

« Enregistré à Moulins, le seize mars mil huit cent
« seize, f°. 73, v°. case 5; reçu trois francs cinquante-
« huit centimes, décime compris, *signé* Piron. »

8 *Avril* 1816. — 16e. ACTE.

Ire. PUBLICATION

DU CAHIER DES CHARGES.

« Aujourd'hui huit avril mil huit cent seize, dix heures
« du matin, l'audience des criées du Tribunal civil de
« Moulins, tenante publiquement pardevant MM. Jean-
« Marie Pinot, président; Pierre-Lazare Béquas et Louis
« Charles, juges; présens M. Robert Gontier, procureur
« du Roi, et M. Edmond Burand, greffier;

« Sur la réquisition de Me. Joseph Ruby, avoué du
« sieur Jacques Marinier, poursuivant,

« Et du consentement de M. le procureur du Roi,

« Le greffier a fait lecture, à haute voix, du présent
« cahier des charges, dont acte de première publication;
« M. le président et le greffier ont signé. Ainsi *signé*
« Pinot, président; et Burand, greffier.

« Enregistré à Moulins, le 9 avril 1816, f°. 75, v°.
case 7; reçu deux fr. vingt centimes, *signé* Piron. »

~~~~~~~

22 *Avril* 1816. — 17e. ACTE.

IIe. PUBLICATION.

« Aujourd'hui vingt-deux avril mil huit cent seize, etc.
« (comme ci-dessus), dont acte de *seconde publica-*
« *tion*, etc. »

~~~~~~~

6 *Mai* 18 6. — 18e. ACTE.

IIIe. ET DERNIÈRE PUBLICATION.

———

« AUJOURD'HUI six mai mil huit cent seize (comme
« ci-dessus), dont acte de *troisième publication*, etc. »

~~~~~~

8 *Mai* 1816. — 19e. ACTE.

IIe. ORIGINAL DE PLACARD.

———

CE placard est le même que celui n°. 8 (page 351),
à l'exception qu'il contient les additions ci-après, que
l'on peut écrire à la main, mais qu'il est bon de comprendre dans l'impression, lorsque l'on fait tirer les
placards.

« La mise à prix faite par le poursuivant, et insérée
« au cahier des charges qui a été déposé au greffe, et
« publié en la forme de la loi, est, pour tous les objets
« saisis et énoncés au présent placard, de la somme de
« trois mille francs, outre les charges, ci ... 3,000 fr.

« L'adjudication préparatoire aura lieu a l'audience
« des criées du Tribunal civil de Moulins, au palais de
« justice, rue de Paris, le lundi *vingt-sept mai mil*
« *huit cent seize*, à neuf heures du matin.

« Fait et rédigé, etc., le huit mai mil huit cent seize.

« Enregistré, etc. (comme au n°. 8).

24

9 *Mai* 1816. — 20ᵉ. ACTE.

IIᵉ. INSERTION AU JOURNAL.

Nota. Comme au nº. 9.

Bien entendu que le second placard est inséré au journal, avec ses additions, et la mention du second enregistrement.

~~~~~~

10 *Mai* 1816. — 21ᵉ. ACTE.

IIᵉ. APPOSITION DE PLACARDS.

Nota. Comme au nº. 10.

~~~~~

27 *Mai* 1816. — 22ᵉ. ACTE.

ADJUDICATION PRÉPARATOIRE.

(*Nota.* Elle est portée sur le cahier de charges, à la suite des publications).

« Aujourd'hui vingt-sept mai mil huit cent seize,
« dix heures du matin, l'audience des criées du Tri-
» bunal civil de Moulins tenante publiquement par-
« devant MM. Jean-Marie Pinot, président; Pierre-
« Lazare Béquas et Louis Charles, juges; présens M.
« Robert Gontier, procureur du Roi, et M. Edmond
« Burand, greffier;

« Mᵉ. Joseph Ruby, avoué du sieur Marinier, qualifié

« et domicilié au cahier de charges ci-dessus, pour-
« suivant la vente et adjudication préparatoire de biens
« saisis immobilièrement sur le sieur André Bleton,
« sus-qualifié et domicilié,

« A exposé que ledit Marinier, créancier d'une somme
« de trois mille francs, exigible depuis le quatre dé-
« cembre dernier, en vertu d'obligation du quatre dé-
« cembre mil huit cent quatorze, en forme exécutoire,
« a fait faire audit Bleton, commandement légal, par
« acte du cinq janvier dernier, visé et enregistré ; qu'à
« défaut de payement, et le mois expiré, il a, par
« procès-verbal du sept février dernier, visé, enregistré
« et transcrit tant au bureau des hypothèques de Mou-
« lins, qu'au greffe de ce Tribunal, fait saisir, sur son
« débiteur, une maison, cour, jardin, pré et terre, le
« tout situé en cette dite ville de Moulins ; que le treize
« du même mois, extrait de cette saisie a été inséré
« au tableau placé à cet effet dans l'auditoire du Tri-
« bunal ; que par acte du seize dudit mois, visé, en-
« registré et transcrit, il a dénoncé cette saisie-immo-
« bilière audit sieur Bleton ; que le vingt du même
« mois, l'avoué du poursuivant a rédigé et fait imprimer
« un premier original de placard, icelui signé et enre-
« gistré ; que le vingt-cinq dudit mois, ce placard a
« été inséré au journal du département de l'Allier, im-
« primé à Moulins, ainsi qu'il est justifié par le rapport
« de la feuille signée de l'imprimeur, et légalisée par
« M. le maire de Moulins ; que le vingt-huit, il a été
« procédé à une première apposition de copies imprimées
« dudit placard en cette ville de Moulins, aux lieux
« désignés par la loi, ainsi qu'il résulte d'un procès-

« verbal en date dudit jour, visé, enregistré, et auquel
« un exemplaire certifié du même placard a été annexé;
« que par acte du quatre mars dernier, enregistré, copies
« dudit placard et du procès-verbal d'apposition, ont
« été notifiées à la partie saisie; que le cinq dudit mois,
« M. le conservateur des hypothèques au bureau de
« Moulins, a délivré l'état, de lui certifié, des inscrip-
« tions grevant les immeubles saisis; que par acte du
« huit du même mois, enregistré et transcrit, un exem-
« plaire du placard imprimé a été notifié à chacun
« desdits créanciers hypothécaires inscrits, aux domiciles
« élus par leurs inscriptions, iceux au nombre de neuf,
« savoir :

« Au sieur Pierre Frelu, marchand de bois à Paris,
« y demeurant, île Saint-Louis;

« Au sieur .... au sieur..... au sieur..... etc.

« Que le quinze mars dernier, l'avoué du poursuivant
« a rédigé, signé et fait enregistrer le cahier de charges
« ci-dessus, et qu'il l'a déposé au greffe le même jour;
« que les huit et vingt-deux avril dernier, et six mai
« présent mois, il a été successivement procédé aux
« trois lectures et publications dudit cahier de charges;
« que le huit du même mois de mai, il a été rédigé,
« par l'avoué du poursuivant, un second original de
« placard imprimé, signé et enregistré, contenant les
« additions prescrites par l'article sept cent trois du Code
« de procédure civile; que le neuf dudit mois, ce pla-
« card a été inséré de nouveau avec lesdites additions,
« au journal du département de l'Allier, imprimé à
« Moulins, ainsi qu'il est justifié par le rapport de la
« feuille signée de l'imprimeur, et légalisée par M. le

« maire de Moulins ; enfin, que le dix dudit mois, il a
« été procédé à une seconde apposition de placards en
« cette dite ville de Moulins, ainsi qu'il résulte d'un
« procès-verbal en date dudit jour, visé, enregistré,
« et auquel un exemplaire certifié du même placard a
« été annexé ;

« Pourquoi la procédure étant en état, ledit Me. Ruby
« a demandé qu'il fut procédé et passe outre, tant en
« absence que présence de la partie saisie et des créan-
« ciers, dûment sommés, à une nouvelle lecture du
« cahier des charges, et de suite à l'adjudication pré-
« paratoire des immeubles saisis et mis en vente ; réi-
« térant au besoin la mise à prix faite par le poursuivant,
« sur la totalité desdits immeubles, à la somme de trois
« mille francs, outre les charges.

« Me. Moreau, avoué, a demandé acte de ce qu'il
« se présentait et se constituait, pour le sieur Pierre
« Frelu, marchand de bois à Paris, créancier hypothé-
« caire inscrit sur le saisi, et de ce qu'il était prêt et
« offrait d'assister, tant à l'adjudication préparatoire,
« qu'aux actes ultérieurs de la procédure, sous toutes
« réserves.

« Les autres créanciers inscrits, et le débiteur saisi,
« n'ayant pas comparus, ni personne pour eux ;

« Ouï M. Gontier, procureur du Roi, en ses con-
« clusions,

« Le Tribunal donne acte à Me. Ruby de ses dires,
« réquisitions et mise à prix, et à Me. Moreau de ses
« présentation et offres ;

« Donne au besoin défaut, tant contre le débiteur
« saisi, que contre les créanciers non comparans ; et

« pour le profit, ordonne qu'il soit à l'instant procédé
« à une nouvelle lecture du cahier des charges, et par
« suite à l'adjudication préparatoire des immeubles dont
« il s'agit, sur la mise à prix de trois mille francs.

« En exécution du jugement ci-dessus, le greffier du
« Tribunal a fait lecture à haute voix dudit cahier de
« charges.

« L'un des huissiers a ensuite allumé des bougies,
« préparées de manière à durer chacune environ une
« minute.

« Un premier feu allumé, l'huissier a crié la mise à
« prix faite par le poursuivant, de la somme de trois
« mille francs.

« Enchère a été faite par Me. Robert, avoué, à la
« somme de trois mille cent francs ; par Me. Loru, avoué,
« à la somme de trois mille deux cents francs ; et par
« Me. Ruby, à la somme de trois mille trois cents fr.

« Un second feu allumé, enchère a été faite par Me
« Gascoin, avoué, à la somme de trois mille quatre
« cents francs.

« Un troisième feu allumé, enchère a été faite par
« Me. Moreau, à la somme de trois mille cinq cents
« francs ; et par Me. Ruby, à la somme de quatre mille
« francs.

« Le feu s'est éteint sans nouvelle enchère.

« Deux autres feux, successivement allumés, s'étant
« également éteints, sans qu'il ait été fait de nouvelles
« mises,

« Me. Ruby a demandé qu'il plût au Tribunal lui ad-
« juger préparatoirement les biens dont il s'agit, moyennant
« ladite somme de quatre mille francs, outre les charges,

« et fixer le jour auquel il serait procédé à l'adjudication
« définitive ; au surplus , il a requis acte de ce qu'il
« déclarait avoir enchéri pour le sieur Jacques Marinier,
« créancier-poursuivant.

« Ledit sieur Marinier, présent à l'audience, a accepté
« cette déclaration , et demandé que l'adjudication eut
« lieu à son profit.

« Me. Moreau, avoué du sieur Frelu , a déclaré ne
« pas s'opposer à l'adjudication requise.

« Ouï de nouveau M. Gontier, procureur du Roi ,
« en ses conclusions ,

« Le Tribunal faisant droit, adjuge préparatoirement
« à Me. Ruby les biens mis en vente et dont il s'agit,
« moyennant la somme de quatre mille francs, outre
« les charges ;

« Donne acte audit Me. Ruby de sa déclaration, qu'il
« a enchéri pour le sieur Jacques Marinier , et acte à
« ce dernier de ce qu'il accepte ladite déclaration ; en
« conséquence, ordonne que la présente adjudication
« demeurera au profit dudit Marinier ;

« Ordonne que l'adjudication définitive aura lieu à
« l'audience du lundi cinq août prochain, les formalités
« légales préalablement remplies.

« Ainsi fait et adjugé à Moulins, les jour, mois et
« an que dessus.

Signé PINOT, *président ;* et BURAND, *greffier.*

« Enregistré à Moulins, le vingt-huit mai mil huit
« cent seize, f°. 91 , v°. case 3; reçu deux francs vingt
« centimes , dixième compris, *signé* PIRON.

29 *Mai* 1816. — 23e. ACTE.

IIIe. ET DERNIER ORIGINAL DE PLACARD.

Nota. Ce placard est conforme à celui n°. 19,
page 369, à l'exception qu'il contient les additions suivantes, que l'on peut écrire à la main, mais qu'il est
plus convenable de comprendre dans l'impression, lors
du tirage, sauf les blancs indispensables.

» L'ADJUDICAT ON préparatoire a en effet eu lieu ledit
« jour vingt-sept mai dernier, au profit du sieur Ma-
« rinier, poursuivant, moyennant la somme de quatre
« mille francs, outre les charges, ci. . . . . 4,000 fr.

« L'adjudication définitive a été indiquée et aura lieu
« à l'audience du cinq août prochain, neuf heures du
« matin.

« Fait et rédigé, etc., le vingt-neuf mai mil huit
« cent seize.

« Enregistré, etc. (comme au n°. 8).

---

31 *Mai* 1816. — 24e. ACTE.

IIIe. ET DERNIÈRE INSERTION AU JOURNAL.

Nota. Comme au n°. 9.

Bien entendu que le troisième et dernier placard est
inséré avec ses additions, et mention du troisième
enregistrement.

1er. *Juin* 1816. — 25e. ACTE.

IIIe. ET DERNIÈRE APPOSITION DE PLACARD.

Nota. Comme au n°. 10.

~~~~~~

5 *Août* 1816. — 26e. ACTE.

ADJUDICATION DÉFINITIVE.

« AUJOURD'HUI cinq août mil huit cent seize, dix
« heures du matin, l'audience des criées du Tribunal
« civil de Moulins, tenante publiquement pardevant
« MM. Jean-Marie Pinot, président; Pierre-Lazare
« Béquas et Louis Charles, juges; présens M. Robert
« Gontier, procureur du Roi, et M. Edmond Burand,
« greffier;

« Me. Joseph Ruby, avoué du sieur Marinier, qua-
« lifié et domicilié au cahier de charges ci-dessus, pour-
« suivant la vente et adjudication définitive de biens
« saisis immobilierement et déjà adjugés préparatoirement
« à son profit, sur le sieur André Bleton, aussi sus-
« qualifié et domicilié,

« A exposé que par suite de l'adjudication prépara-
« toire, faite par jugement de ce Tribunal, du vingt-
« sept mai dernier, enregistré le vingt-huit, il a rédigé,
« le vingt-neuf du même mois, un troisième et dernier
« original de placard, signé et enregistré le même jour,
« contenant les additions prescrites par l'article sept cent
« quatre du Code de procédure civile; que le trente-un

« dudit mois, ce placard a été inséré au journal du dé-
« partement de l'Allier, imprimé à Moulins, ainsi qu'il
« est justifié par le rapport de la feuille signée de l'im-
« primeur, et légalisée par M. le maire de la ville de
« Moulins ; que le premier juin suivant, il a été pro-
« cédé à une troisième et dernière apposition de copies
« imprimées dudit placard, en cette ville de Moulins,
« aux lieux désignés par la loi, ainsi qu'il résulte d'un
« procès-verbal en date dudit jour, visé, enregistré,
« et auquel un exemplaire certifié dudit placard a été
« annexé ;

« Pourquoi toutes les formalités prescrites par la loi
« ayant été observées, ledit Me. Ruby a demandé qu'il
« fut procédé, tant en absence que présence de la partie
« saisie et des créanciers hypothécaires inscrits, à une
« dernière lecture du cahier des charges et à celle de
« l'adjudication préparatoire ; et par suite, qu'il fut passé
« outre à l'adjudication définitive desdits immeubles.

« Me. Moreau, avoué du sieur Pierre Frelu, créancier
« inscrit, a demandé acte de ce qu'il était prêt et offrait
« d'assister auxdites lecture et adjudication, sous toutes
« réserves.

« Les autres créanciers inscrits, et le débiteur saisi,
« n'ayant pas comparus, ni personne pour eux ;

« Ouï M. Gontier, procureur du Roi, en ses con-
« clusions,

« Le Tribunal donne acte à Me. Ruby de ses dires
« et réquisitions, et à Me. Moreau de ses offres ;

« Donne au besoin défaut, tant contre le débiteur
« saisi, que contre les créanciers non-comparans ; et
« pour le profit, ordonne qu'il soit à l'instant procédé

« à une dernière lecture du cahier des charges, et à
« celle de l'adjudication préparatoire, et par suite, passé
« outre à l'adjudication définitive des immeubles dont
« il s'agit.

« En exécution du jugement ci-dessus, le greffier du
« Tribunal a fait lecture, à haute voix, tant dudit cahier
« de charges que de l'adjudication préparatoire du vingt-
« sept mai dernier.

« Me. Ruby, avoué du poursuivant, a annoncé au
« public, que tous les frais de poursuite mis à la charge
« de l'adjudicataire, et faits jusqu'à ce jour, y compris la
« vacation des avoués à la présente adjudication, s'élèvent,
« d'après la taxe qui en a été faite par M. le président
« du Tribunal, à la somme de quatre cent soixante-
« neuf francs trente-neuf centimes, outre le droit de
« remise proportionnelle, alloué par l'article cent treize
« du tarif des frais et dépens.

« L'un des huissiers de service a ensuite allumé des
« bougies, préparées de manière à durer chacune en-
« viron une minute.

« Un premier feu allumé, les enchères se sont ou-
« vertes sur le prix de quatre mille francs, outre les
« charges, montant de l'adjudication préparatoire.

« Enchère a été faite par Me. Gascoin, avoué, à la
« somme de quatre mille cent francs; par Me. Moreau,
« à la somme de quatre mille cent cinquante francs;
« et par Me. Ruby, à la somme de quatre mille cinq
« cents francs.

« Un second feu allumé, enchère a été faite par Me.
« Robert, avoué, à la somme de quatre mille cinq cent
« vingt-cinq francs.

« Un troisième feu allumé, enchère a été faite par
« M². Durantin, avoué, à la somme de quatre mille
« cinq cent cinquante francs ; et par M² Ruby, à la
« somme de quatre mille six cents francs.

« Un quatrième feu allumé, enchère a été faite par
« M². Moreau, à la somme de quatre mille ept cents fr.

« Un cinquième feu allumé, enchere a été faite par
« M². Robert, à la somme de cinq mille francs. Le feu
« s'est éteint sans nouvelle enchère.

« Deux autres feux, successivement allumés, s'étant
« également éteints sans qu'il ait été fait de nouvelles
« mises,

« M². Robert a demandé qu'il plût au Tribunal lui
« adjuger définitivement les biens dont il s'agit, moyen-
« nant ladite somme de cinq mille francs, outre les
« charges, et lui donner acte de ce qu'il déclarait avoir
« enchéri pour le sieur François Lépine, boulanger en
« cette ville de Moulins ; comme aussi enjoindre à la
« partie saisie de délaisser la possession desdits biens
« aussitôt la signification du présent jugement, sous peine
« d'y être contrainte, même par corps.

« Ledit Lépine, présent à l'audience, a accepté cette
« déclaration, et demandé que l'adjudication eut lieu à
« son profit.

MM². Ruby et Moreau, pour leurs parties, ont dé-
« claré ne pas s'opposer à l'adjudication requise.

« Ouï de nouveau M. Gontier, procureur du Roi,
« en ses conclusions,

« Le Tribunal, faisant droit, adjuge définitivement
« à M². Robert les biens mis en vente et dont il s'agit,
« moyennant ladite somme de cinq mille francs, outre

« les charges ; donne acte audit M^e. Robert de sa dé-
« claration qu'il a enchéri pour le sieur François Lé-
« pine, et acte à ce dernier de ce qu'il accepte ladite
« déclaration ; en conséquence, ordonne que la présente
« adjudication demeurera au profit dudit sieur Lépine;

« Enjoint à la partie saisie de délaisser la possession
« desdits biens, aussitôt la signification du présent ju-
« gement, sous peine d'y être contrainte, même par corps.

« Ainsi fait et adjugé, à Moulins, les jour, mois et an
« que dessus.

« *Signé* PINOT, *président*; et BURAND, *greffier.* »

Enregistré à Moulins, le six août mil huit cent seize, f°. 123,
v°. cases 8 et 9 ; reçu, pour droit d'enregistrement, deux cent
vingt francs trente centimes ; et pour celui de rédaction, vingt-
neuf francs quinze centimes ; dixième, vingt-quatre francs quatre-
vingt-quinze centimes ; total, deux cent soixante-quatorze francs
quarante centimes, *signé* PIRON.

7 *Août* 1816. — 27e. ACTE.

DECLARATION

DE L'ADJUDICATAIRE, ET SON ACCEPTATION.

Nota. Lorsque l'adjudicataire est présent à l'audience
et accepte l'adjudication (comme dans le modèle ci-
dessus), il n'est besoin ni de déclaration, ni d'acceptation, par acte séparé ;

Mais si le client ne se présente qu'après l'adjudication,
ou s'il ne se présente pas, et que l'avoué dépose son
pouvoir, dans l'un et l'autre cas, il faut un acte au greffe.

Cet acte, comme les précédens et les subséquens, doit être porté sur le cahier des charges, à la suite de l'adjudication définitive.

PREMIER CAS,
Où l'adjudicataire se présente.

« Aujourd'hui sept août mil huit cent seize, au greffe
« et pardevant nous Edmond Burand, greffier du Tri-
« bunal civil séant à Moulins, chef-lieu du département
« de l'Allier,

« A comparu Me. Paul Robert, avoué-licencié près
« ledit Tribunal,

« Lequel a exposé que par jugement rendu en ce
« Tribunal, le cinq août présent mois, enregistré le six
« par M. Piron qui a perçu 274 fr. 40 c., il s'est rendu
« adjudicataire définitif, moyennant le prix principal de
« cinq mille francs, outre les charges, d'une maison,
« cour, jardin, pré et terre, situés audit Moulins, saisis
« immobilièrement à la requête du sieur Jacques Ma-
« rinier, propriétaire-cultivateur à Chevagnes, sur le
« sieur André Bleton, ferblantier à Moulins; que lors
« de cette adjudication, il s'est réservé de déclarer son
« commettant, dont il s'est soumis de fournir l'accep-
« tation, dans le délai de la loi; qu'il se présente à cet
« effet, et déclare avoir enchéri et s'être rendu adju-
« dicataire pour le sieur François Lépine, boulanger
« en cette ville de Moulins, y demeurant, rue St.-Giles,
« lequel est prêt à donner son acceptation et faire les
« soumissions audit cas requises; et de fait ledit sieur
« Lépine, présent, ayant pris communication du juge-
« ment sus-daté, a déclaré accepter l'adjudication y

« contenue, pour valoir à son profit, et se soumettre au
« payement du prix d'icelle et à l'exécution des charges;
« dont et de quoi les comparans nous ont requis acte
« à eux octroyé, et avons rédigé le présent procès-
« verbal, qu'ils ont signé avec nous, les jour, mois et
« an que dessus.

« *Signé* LÉPINE, ROBERT, et BURAND, *greffier.*

Enregistré à Moulins, le huit août mil huit cent seize, f°. 139,
r°. case 6 ; reçu trois francs cinquante-huit centimes, décime
compris, *signé* PIRON.

SECOND CAS,

Où l'avoué dépose le pouvoir de l'adjudicataire.

« AUJOURD'HUI sept août mil huit cent seize, au greffe
« et pardevant nous Edmond Burand, greffier du Tri-
« bunal civil séant à Moulins, chef-lieu du département
« de l'Allier,

« A comparu Me. Paul Robert, avoué-licencié près
« ledit Tribunal, lequel nous a exposé que par jugement
« rendu en ce Tribunal, le cinq août présent mois, en-
« registré le six par M. Piron qui a perçu 274 fr. 40 c.,
« il s'est rendu adjudicataire définitif, moyennant le prix
« principal de cinq mille francs, outre les charges, d'une
« maison, cour, jardin, pré et terre situés audit Mou-
« lins, saisis immobilièrement à la requête du sieur
« Jacques Marinier, propriétaire-cultivateur à Chevagnes,
« sur le sieur André Bleton, ferblantier à Moulins; que
« lors de cette adjudication, il s'est réservé de déclarer
« son commettant, et déposer son pouvoir, dans le
« délai de la loi; qu'il se présente à cet effet, et dé-
« clare avoir enchéri et s'être rendu adjudicataire pour

« le sieur Denis Compain, serrurier à Nevers, chef-lieu
« du département de la Nièvre, dont il va déposer le
« pouvoir ;

« Et de fait, ledit M°. Robert a remis en nos mains
« une procuration à lui donnée par ledit Compain ; icelle
« sous seing privé, en date du vingt-huit juin dernier,
« enregistrée cejourd'hui à Moulins par M. Delachaise
« qui a perçu un franc dix centimes, portant pouvoir
« audit M°. Robert d'enchérir lesdits biens jusqu'à la
« somme de cinq mille quatre cents francs, outre les
« charges ; desquels déclaration et dépôt ledit M°. Robert
« a requis acte à lui octroyé ; ladite procuration de lui
« certifiée, et de nous paraphée *ne varietur*, a été
« annexée à la présente minute ; dont et de quoi nous
« greffier susdit avons rédigé le présent acte, que ledit
« M°. Robert a signé avec nous, les jour, mois et an
« que dessus. *Signé* ROBERT, et BURAND, *greffier.*

Enregistré à Moulins, le huit août mil huit cent seize, f°. 144,
r°. case 7 ; reçu trois francs cinquante-huit centimes, décime
compris, *signé* PIRON.

12 *Août* 1816. — 28°. ACTE.

SURENCHERE.

Nota. Cet acte se rédige à la suite de l'adjudication
définitive, ou de la déclaration de l'adjudicataire.

« AUJOURD'HUI douze août mil huit cent seize ; à
« *l'heure de midi*, au greffe et pardevant vous Edmond
« Burand, greffier du Tribunal civil séant à Moulins,
« chef-lieu du département de l'Allier ;

« A

« A comparu le sieur Joachim Rigaud, marchand
« faïencier audit Moulins, y demeurant, rue des Car-
« melites, assisté de M⁰. Claude Pradin, avoué près
« ledit Tribunal,

« Lequel sieur Rigaud, après communication prise,
« tant du cahier de charges ci-dessus, que des actes
« à la suite, et notamment du jugement rendu en ce
« Tribunal le cinq août présent mois, enregistré le six
« par M. Piron qui a perçu 274 francs 40 centimes,
« portant adjudication définitive au profit du s⁰. François
« Lépine, boulanger à Moulins, d'une maison, cour,
« jardin et terre, situés audit Moulins, saisis immobi-
« lièrement à la requête du sieur Jacques Marinier,
« propriétaire-cultivateur à Chevagnes, sur le sieur
« André Bleton, ferblantier à Moulins, moyennant la
« somme de cinq mille francs de prix principal, outre
« les charges,

« A déclaré surenchérir lesdits biens, de la somme
« de douze cent cinquante francs, formant le quart
« dudit prix principal ; en conséquence, il a fait mise
« sur iceux de la somme de six mille deux cent cin-
« quante francs, outre les charges ; de laquelle suren-
« chère il a requis acte, à lui octroyé, et avons rédigé
« le présent que nous avons signé avec ledit Rigaud et
« M⁰. Pradin son avoué, les jour, mois et an que dessus.

« *Signé* J. RIGAUD, PRADIN, et BURAND, *greffier.*

Enregistré à Moulins, le douze août mil huit cent seize, f⁰. 147,
r⁰. case 2 ; reçu trois francs cinquante-huit centimes, décime
compris, *signé* PIRON.

25

13 *Août* 1816. — 29ᵉ. ACTE.

DÉNONCIATION DE LA SURENCHÈRE.

Nota. Nous supposerons que la partie saisie était présente à l'adjudication définitive, parce qu'alors l'acte de surenchère devra lui être notifié, et l'adjudication au concours, faite en sa présence.

« DE la part et à la requête de Mᵉ. Claude Pradin,
« avoué près le Tribunal civil de Moulins, et du sieur
« Joachim Rigaud, marchand faïencier audit Moulins;
   « Soit dénoncé et notifié par délivrance de copies;
   « A Mᵉ. André Robert, avoué du sieur François
« Lépine, boulanger à Moulins, adjudicataire par ju-
« gement du cinq août présent mois, enregistré le six,
« de biens saisis immobilièrement par le sieur Jacques
« Marinier, propriétaire-cultivateur à Chevagnes, sur
« le sieur André Bleton, ferblantier à Moulins;
   « A Mᵉ. Joseph Ruby, avoué dudit sieur Marinier,
« créancier saisissant et poursuivant;
   « Et à Mᵉ. Jacques Guérin, avoué dudit André Bleton,
« partie saisie,
   « L'acte de surenchère faite par ledit Rigaud, au
« greffe dudit Tribunal de Moulins, le douze août présent
« mois, enregistré le même jour, dûment expédié, signé,
« scellé et en bonne forme, à ce qu'ils n'en ignorent;
   « En conséquence, lesdits sieurs Lépine Marinier
« et Bleton, et pour eux, leurs avoués sus-dénommés,
« demeurent sommés de comparaître à la première au-
« dience des criées dudit Tribunal, laquelle aura lieu

« lundi prochain, dix-neuf août présent mois, neuf heures
« du matin, pour voir recevoir ladite surenchère, et
« procéder de suite à une nouvelle adjudication des biens
« dont il s'agit, au seul concours desdits Lépine, adju-
« dicataire, et Rigaud, surenchérisseur; leur déclarant
« qu'il y sera procédé et passé outre tant en absence
« que présence, dont acte.   *Signé* PRADIN.

« Signifié et délivré copies du présent acte, ensemble
« de la surenchère y énoncée, à M⁰ Robert, avoué
« du sieur Lépine, en son domicile, parlant à sa per-
« sonne ;

« A M⁰. Ruby, avoué du sieur Marinier, en son
« domicile, parlant à l'un de ses clercs ;

« Et à M⁰. Guérin, avoué du sieur Bleton, en son
« domicile, parlant également à l'un de ses clercs ;

« Par moi Jacques Fleury, huissier audiencier sous-
« signé, à Moulins, le treize août mil huit cent seize,
« *à dix heures du matin*, dont acte. *Signé* FLEURY.

Enregistré à Moulins, le treize août mil huit cent seize, f⁰. 141,
r⁰. case 8; reçu quatre-vingt-trois centimes, décime compris,
signé PIRON.

⁓⁓⁓⁓

19 *Août* 1816. — 30⁰. ACTE.

NOUVELLE ADJUDICATION.

« AUJOURD'HUI dix-neuf août mil huit cent seize, à
« dix heures du matin, l'audience des criées du Tri-
« bunal civil de Moulins, tenante publiquement par-
« devant nous Jean-Marie Pinot, président ; Pierre-
« Lazare Béquas, et Louis Charles, juges ; présens

« M. Robert Gontier, procureur du Roi, et M. Edmond
« Burand, greffier ;

« M°. Claude Pradin, avoué du sieur Joachim Ri-
« gaud, marchand faïencier audit Moulins,

« A exposé que par acte fait au greffe de ce Tri-
« bunal, le douze août présent mois, enregistré le même
« jour, ledit Rigaud a fait une surenchère du quart du
« prix principal de la vente des biens saisis immobi-
« lièrement à la requête du sieur Jacques Marinier, sur
« le sieur André Bleton, l'un et l'autre qualifiés et do-
« miciliés au cahier de charges et autres actes ci-dessus,
« desquels biens l'adjudication définitive avait été pro-
« noncée au profit du sieur François Lépine, boulanger
« à Moulins, par jugement du cinq août présent mois,
« enregistré le six ;

« Que par autre acte du treize dudit mois, cette
« surenchère a été dénoncée dans les vingt-quatre heures
« aux avoués de l'adjudicataire, du poursuivant et de
« la partie saisie, avec à venir à cette audience, pour
« voir admettre ladite surenchère et assister à la nou-
« velle adjudication desdits biens, à laquelle il serait
« procédé tant en absence que présence ;

« Pourquoi il a conclu à ce qu'il plût au Tribunal
« donner défaut contre les non-comparans, si aucuns
« il y a, et pour le profit, recevant ladite surenchère,
« ordonner qu'il serait à l'instant procédé à une dernière
« lecture du cahier de charges, ensemble des autres
« actes étant au pied d'icelui, notamment des adjudi-
« cations préparatoire et définitive, et par suite à une
« nouvelle adjudication desdits biens, lors de laquelle
« l'adjudicataire et l'enchérisseur seraient seuls admis à
« concourir.

« M⁰. Robert, avoué du sieur Lépine, a conclu à
« ce qu'il lui fut donné acte de ce qu'il s'en rapportait
« à droit ; et dans le cas où le sieur Rigaud re-terait
« adjudicataire, il fut condamné à lui rembourser tous
« les frais auxquels la précédente adjudication avait
« donné lieu.

« M⁰. Pradin, pour sa partie, a demandé acte de
« ce qu'elle était prête et offrait, audit cas, de rembourser
« lesdits frais.

« M⁰. Ruby, avoué du sieur Marinier, créancier
» poursuivant, et M⁰. Guérin, avoué du sieur Bison,
« partie saisie, ont, l'un et l'autre, conclu à ce que la
« surenchère fut admise, et à ce qu'il fût procédé à
« une nouvelle adjudication.

« Ouï M. Gontier, procureur du Roi, en ses con-
« clusions,

« Le Tribunal donne acte aux avoués des parties de
« leurs dires, offres et consentemens ; et faisant droit,
« reçoit la surenchère du sieur Rigaud ; en conséquence,
« ordonne qu'il sera à l'instant procédé à une dernière
« lecture du cahier des charges, ensemble des actes,
« jugemens et surenchère étant à la suite d'icelui, et par
« suite qu'il sera passé outre à une nouvelle adjudi-
« cation des biens dont il s'agit, à laquelle l'adjudi-
« cataire et le surenchérisseur seront seuls admis à
« concourir.

« En exécution du jugement ci-dessus, le greffier du
» Tribunal a fait lecture à haute voix dudit cahier de
« charges et des actes, jugement et surenchère à la
« suite.

« L'un des huissiers de service a ensuite allumé des

» bougies préparées de manière à durer chacune environ
« une minute.

« Un premier feu allumé, l'huissier a crié la dernière
« mise à prix qui est de six mille deux cent cinquante
« francs, outre les charges.

« Me. Robert, avoué du sieur Lépine, a fait enchère
« à la somme de six mille trois cents francs.

« Un second feu allumé, Me. Pradin, avoué du sieur
« Rigaud, a fait mise de la somme de six mille quatre
« cents francs.

« Un troisième feu allumé, mise a été faite par Me.
« Robert, à la somme de six mille cinq cents francs,
« et par Me. Pradin à la somme de six mille huit cents
« francs.

« Un quatrième feu allumé, mise a été faite par Me.
« Robert à la somme de six mille huit cent vingt-cinq
« francs, et par Me. Pradin à la somme de sept mille
« francs ; le feu s'est éteint sans autre enchère.

« Deux autres feux ayant été successivement allumés,
« et s'étant éteints sans qu'il ait été fait de nouvelle
« mise, Me. Pradin a conclu à ce qu'il plût au Tribunal,
« par nouvelle adjudication définitive, adjuger au sieur
« Rigaud, son client, présent à l'audience, les biens
« dont il s'agit, moyennant ladite somme principale de
« sept mille francs, outre les charges, et aux offres de
« rembourser au sieur Lépine, précédent adjudicataire,
« les frais de son adjudication, suivant l'état qu'il en
« fournira, sauf contredits, s'il y a lieu ; enjoindre
« à la partie saisie de délaisser la possession desdits
« biens, aussitôt la signification du présent jugement,
« sous peine d'y être contrainte, même par corps.

« Ledit Rigaud s'est joint à son avoué, et a demandé
« que l'adjudication fut faite à son profit.

« Ouï de nouveau MM^{es}. Robert, Ruby et Guérin,
« avoués;

« Ouï aussi M. Gontier, procureur du Roi, en ses
« conclusions;

« Le Tribunal faisant droit, par nouvelle adjudication
« définitive, adjuge au sieur Rigaud les biens mis en
« vente et dont il s'agit, moyennant la somme prin-
« cipale de sept mille francs, outre les charges, et
« encore sous l'obligation de rembourser au sieur Lé-
« pine, précédent adjudicataire, les frais de l'adjudication
« du cinq août présent mois, suivant l'état qu'il en four-
« nira, sauf contredits; enjoint à la partie saisie de
« délaisser la possession desdits biens, aussitôt la signi-
« fication du présent jugement, sous peine d'y être con-
« trainte, même par corps. Ainsi fait et adjugé, à
« Moulins, les jour, mois et an que dessus.

« *Signé* PINOT, et BURAND, *greffier.*

Enregistré à Moulins, le vingt août mil huit cent seize, f°. 179,
r°. case 1; reçu, pour droit d'enregistrement, quatre-vingt-dix-sept.
francs soixante-deux centimes, et, pour droit de rédaction, dix-
huit francs quinze centimes; décime, onze francs cinquante-huit.
centimes; total, cent vingt-sept francs trente-cinq centimes,
signé PIRON.

～～～～～

30 *Août* 1816. — 31e. ET DERNIER ACTE.

SIGNIFICATION
DU JUGEMENT D'ADJUDICATION.

Cette signification doit être faite,

1°. A la partie saisie,

« A ce qu'elle n'en ignore, et ait, dans le jour,
« à délaisser au requérant (l'adjudicataire), la possession
« des biens à lui adjugés, sous peine d'y être contrainte,
« même par corps ;

2°. Au fermier desdits biens,

« A ce qu'il ait à reconnaître le requérant comme vrai
« et légitime propriétaire des biens dont il s'agit, et à
« ne payer qu'en ses mains les fermages qui ont courus
« depuis l'adjudication, et ceux à échoir à l'avenir, à
« peine de payer deux fois, et sous les autres peines
« de droit ;

3°. Au créancier poursuivant,

4°. Et aux créanciers hypothécaires inscrits,

« A ce qu'ils n'en ignorent, et ayent à se régler amia-
« blement entre eux sur la distribution du prix de la-
« dite adjudication, dans le mois à compter de ce jour,
« conformément à l'article 749 du Code de procédure
« civile, sinon et passé ledit délai, le requérant proteste
« de faire ses diligences pour se libérer dudit prix, et
« notamment de faire procéder à l'ordre, ainsi que
« de droit. »

Nota. Nous avons cru inutile de présenter un modèle *complet* de cette signification, vu qu'elle n'est
assujettie à aucune forme particulière.

Elle fait courir le délai d'appel, passé lequel délai
l'adjudication demeure irrévocable.

Voyez en outre ce qui a été dit à ce sujet pages 208
et suivantes.

En vérifiant les dates des trente-un actes qui composent la procédure de saisie-immobilière, dont nous venons de donner des modèles, dates calculées sur les dispositions de la loi, et sur les délais moralement nécessaires pour la confection de ces actes, on voit qu'il s'est écoulé près de *huit mois* (et *sept* seulement, lorsqu'il n'y a pas de surenchère) depuis le commandement, jusqu'à la signification du jugement d'adjudication.

On demeure convaincu que ce délai est véritablement indispensable, pour mettre à fin une telle procédure, lorsque l'on réfléchit que la loi exige au moins,

1°. Trente jours, entre le commandement et la saisie (art. 674);

2°. Un mois, entre la notification au saisi, du procès-verbal de première apposition de placards, et la première publication du cahier des charges (701);

3°. Quinzaine entre chacune des trois publications qui doivent précéder l'adjudication préparatoire (702);

4°. Deux mois entre cette adjudication et celle définitive (art. 706, et décret du 2 février 1811).

Ces quatre délais seuls comportent plus de cinq mois.

Quelqu'activité que l'on puisse supposer de la part de l'avoué chargé de la poursuite, on sent que le délai de *sept mois* entre le commandement et l'adjudication définitive, est rigoureusement nécessaire.

DERNIÈRE RÉFLEXION.

Notre ouvrage n'étant que le *tableau* de la jurisprudence, et cette jurisprudence offrant chaque jour de nouveaux matériaux, on sent qu'il deviendra nécessaire de les recueillir pour completter ce traité, et ne pas s'exposer à admettre, comme constans, des principes que nous avons pu croire tels, mais que les Cours souveraines modifient dans plus d'une circonstance.

Par exemple, nous avions pensé qu'au cas prévu par le n°. 4 de l'art. 684 du Code de procédure civile, les placards devaient être affichés aux deux marchés les plus voisins, sans qu'il fut permis au saisissant de s'écarter de cette règle, sous le prétexte du plus grand avantage de la partie saisie et des créanciers. (Voyez ce que nous avons dit à ce sujet, pag. 140 et suivantes.)

La Cour de cassation vient au contraire de décider, par arrêt du 29 novembre 1816 (*S*. 17, 1, 238), que le saisi est non-recevable à se plaindre, lorsque les placards ont eu plus de publicité, parce qu'alors son intérêt n'a pas été lésé, et que l'intérêt est la base de toute action; que c'est là une nullité *sans griefs*.

Quelque respectable que soit une telle décision, nous convenons ne pouvoir partager l'opinion des magistrats qui l'ont rendue. La loi parle, il suffit; tout doit se taire et obéir. Nous ne connaissons point de *nullité sans griefs*, lorsque la loi elle-même a prononcé la peine; la loi est violée, *voilà le grief*. Tout l'ordre social repose sur l'exécution des lois; il suffit qu'elles aient prescrit une formalité, pour qu'il ne soit pas permis de l'écarter et d'en substituer une autre; sans cela nous retomberions dans un arbitraire plus dangereux encore que les plus mauvaises lois.

Respect aux Lois, est la devise de tout bon Citoyen, et principalement de tout Magistrat!

FIN.

TABLE
ANALYTIQUE ET ALPHABÉTIQUE
DES MATIÈRES.

(*Nota.* Un Recueil de *principes* et de *décisions* sur la matière des saisies-immobilières, est peu susceptible d'analise; néanmoins, nous allons présenter les points qui méritent plus particulierement de fixer l'attention.)

APPOSITION (DE PLACARDS).

AUDITOIRE.

AVOUÉS.

BAUX.

COMMUNAUTÉ. (BIENS DE LA)

CRÉANCIER.

CRÉANCIERS (INSCRITS).

DÉCÈS. (LE)

FERMAGES ET LOYERS.

Voyez *Fruits.*

FEUX.

Voyez *Bougies.*

FOL-ENCHÉRISSEUR.

Il est tenu, par corps, de la différence de son prix, d'avec celui de la revente,   197 et 312

Peut-il être contraint sur ses biens personnels, avant la revente de l'immeuble?   305

Il peut empêcher cette revente, en exécutant les conditions de son adjudication, notamment en payant le prix de la vente, et en consignant les frais de la poursuite à folle-enchère,   312

En cas de revente, s'il y a un excédant de prix, il ne peut rien y prétendre,   *id.*

Mais, en ce cas, il doit être remboursé de tout ce qu'il a payé sur son prix, et en outre des frais de poursuite et de ceux de mutation,   *id.*

FOLLE-ENCHÈRE.

Elle a lieu contre l'adjudicataire qui n'exécute pas les clauses de l'adjudication,   207 et 300

Ce qu'il faut entendre par défaut d'exécution des clauses de l'adjudication,   300 et suiv.

Procédure sur la folle-enchère,   310 et suiv.

Les nullités de procédure, les délais et formes d'appel, sont communs à la poursuite de folle-enchère,   314

FRUITS.

Ceux échus depuis la dénonciation de la saisie au débiteur, sont immobilisés, pour être distribués avec le prix de l'immeuble,   149

Il en est de même des loyers ou fermages frappés de saisies-arrêts, et échus depuis la dénonciation,   152

INCIDENS.

Tout incident suspend le cours de la péremption,   89

Toute contestation, quelle qu'elle soit, qui s'élève en matière de saisie-immobilière, est incidente, et comme telle jugée sommairement,   118

(402)

INSCRIPTIONS. (ETAT DES)

INSERTION (AU JOURNAL).

JONCTION. (LA)

JOURNAL (INSERTION AU) D'UN EXTRAIT DE LA SAISIE.

JUGEMENT D'ADJUDICATION DÉFINITIVE.

dire au saisi, au poursuivant et aux créanciers inscrits, 208 et suivantes, et 391

Les frais de cette signification se prélèvent sur le prix, 208 et suiv.

Il ne devient définitif, qu'après l'expiration du délai d'appel; ce délai est, comme en matière ordinaire, de trois mois, à compter du jour de la signification, 208

Voyez *Adjudicataire.*

JUGES.

Voyez *Avoués.*

MINEUR.

Les immeubles d'un mineur ne peuvent être saisis et mis en vente, avant la discussion du mobilier. Règles à cet égard, 38

MINISTÈRE PUBLIC.

Il doit être entendu, dans toutes les affaires qui intéressent les mineurs et les interdits, 179

MODÈLES

De tous les actes de poursuite ordinaire, *page* 338 et suivantes, jusques et y compris la *page* 392.

NOTIFICATION.

Voyez *Dénonciation au saisi, et Créanciers inscrits.*

NULLITÉS.

Les nullités absolues ou substantielles sont de droit public; elles n'ont pas besoin d'être expressément prononcées par la loi, 14

Il en est de même de l'opposition tardive à un jugement par défaut; on peut passer outre et saisir, sans faire ordonner la nullité, 55

Ces sortes de nullités peuvent être invoquées par le saisi, lors même qu'elles sont relatives à d'autres parties en cause, 37

Mais la nullité d'actes de procédures, personnels à l'un des débiteurs saisis, ne fait tomber la saisie qu'au respect de ce débiteur seulement; la saisie vaut et se continue à l'égard des autres débiteurs, *id.*

La nullité n'a pas lieu pour plus pétition, 56

Vingt-sept articles du Code de procédure doivent être

OPPOSITION.

PÉREMPTION.

PLACARDS.

POURSUIVANT. (LE)

POUVOIR SPÉCIAL.

PRESCRIPTION.

PUBLICATIONS (DU CAHIER DE CHARGES).

RENTES FONCIÈRES. (ANCIENNES)

SAISI. (LE DÉBITEUR)

Tiers-Détenteur.

Titre.

La poursuite et vente sur saisie-immobilière, ne peut

TRANSCRIPTION (AU BUREAU DES HYPOTHÈQUES)

FIN DE LA TABLE.

ERRATA.

A la page 15, ligne 19, *au lieu de* page 150, *lisez* page 5o.

Page 20, ligne 11, *au lieu de* page 19, *lisez* page 109.

Page 26, ligne 11, *au lieu de* page 78, *lisez* page 278.

Page 27, ligne 4, *au lieu de* n°. 4, *lisez* n°. 5.

P. 29, lig. 4, *au lieu de* 9 décembre 1807, *lisez* 5 novembre 1807.

Id., lig. 18, *au lieu de* 23 décembre 1809, *lisez* 23 décembre 1808.

Page 34, ligne 18, *au lieu de* 6 janvier 1817, *lisez* 6 janvier 1807.

Page 35, ligne 5, *au lieu de* 2206, *lisez* 2216.

Id., ligne 18, *au lieu de* A. n° 3, *lisez* B. n°. 3.

Page 45, ligne 27, *au lieu de* art. 678, *lisez* art. 673.

Page 47, ligne 19, *au lieu de* du Code civil, *lisez* du C. de P. C.

Page 48, ligne 6, *au lieu de* art. 677, *lisez* art. 673.

Id., ligne 25, *au lieu de* Code civil, *lisez* Code D. P. C.

Page 51, ligne 14, *au lieu de* art. 59, *lisez* art. 39.

Page 52, ligne 7, *au lieu de* 26 novembre, *lisez* 28 novembre.

Id., ligne 20, *au lieu de* note A, *lisez* note B.

Page 53, ligne 7, *au lieu de* 12 août, *lisez* 10 août.

Page 53, ligne 12, *ajoutez* : voyez un arrêt contraire, page 150.

Page 56, ligne 20, *au lieu de* A 3, *lisez* B 3.

Page 58, ligne 8, *au lieu de* B 4, *lisez* B 6.

Page 76, lignes 13 et 14, *supprimez* ces deux lignes.

Page 88, ligne 21, *au lieu de* pour objet vente, *lisez* pour objet la vente.

Page 90, ligne 17, *au lieu de* 723 n°. 4, *lisez* 723 A n°. 4.

Page 109, ligne 8, *au lieu de* dépendans des successions, *lisez* dépendans de successions.

Page 110, lig. 17, après ces mots, art. 2210 C. C., *ajoutez* note B.

Page 117, ligne 19, *au lieu de* interventions, *lisez* interversions.

Page 121, ligne 29, *au lieu de* A n°. 6, *lisez* A n°. 4.

Page 122, ligne 22, *au lieu de* même Cour de Paris, 10 janvier 1811, *lisez* Cour de Pau, 19 janvier 1811.

Page 123, erreur de pagination, *au lieu de* 223, *lisez* 123.

Page 132, ligne 16, *au lieu de* (C) *lisez* (D).

Page 141, ligne 16, à la fin de la ligne, *ajoutez* (voyez la réflexion page 393).

Page 146, ligne 15, *id. ajoutez* (voyez l'addition page 148).

Page 147, ligne 23, *au lieu de* Cour d'Agen, *lisez* Cour d'Angers.

Au bas de la page 150, *ajoutez* (voyez un arrêt contraire, page 54).

Page 153, *au lieu de* incommencées, *lisez* encommencées.

Page 157, ligne 19, *au lieu de* 19 mai 1810, *lisez* 10 mai 1810.

Page 160, ligne 11, *au lieu de* (9, 2, 392), *lisez* (9, 2, 393).

Page 164, ligne 10, *au lieu de* A 12, *lisez* A 16.

Page 178, ligne 1, *au lieu de* (5, 2, 126), *lisez* (5, 2, 176).

Page 186, ligne 19, *au lieu de* qui l'a fait, *lisez* qui la fait.

Page 189, ligne 25, *au lieu de* (9, 2, 270), *lisez* (9. 2, 269).

Page 193, ligne 12, *au lieu de* page 117, *lisez* page 191.

Id., ligne 16, *au lieu de* (14, 1, 366), *lisez* (12, 1, 366).

Page 199, ligne 18, *au lieu de* dans l'espèce était de..... *lisez* s'élevait à....

Page 201, ligne 2, *au lieu de* de poursuivre, *lisez* d'opérer.

Page 203, ligne 20, *ajoutez* (voyez l'addition page 217).

Id., ligne 22, *au lieu de* l'art. 742 *lisez* l'art. 472.

Page 205, ligne 16, *au lieu de* A n°. 5, *lisez* A n°. 6.

Page 217, ligne 28, *au lieu de* poursuivre, *lisez* d'opérer.

Page 218, erreur de pagination, *au lieu de* 118 *lisez* 218.

Id., ligne 2, *au lieu de* (17, 1, 203), *lisez* (17, 1, 208).

Page 229, lig. 14, *au lieu de* 12 pluviôse an 12, *lisez* 10 pluviôse an 12.

Page 240, ligne 6, *au lieu de* (*S.* 13, 2, 190), *lisez* (12, 2, 190).

Page 241, lig. 2, *au lieu de* sinon l'appel, *lisez* sinon que l'appel.

Page 253, ligne 22, *au lieu de* (16, 2 et 62), *lisez* (16, 2, 62).

Page 268, ligne 14, *au lieu de* 29 avril 1806, *lisez* 29 avril 1809.

Page 270, ligne 28, *au lieu de* 17 juin 1817, *lisez* 17 juin 1807.

Page 271, ligne 21, *au lieu de* (5, 2, 175), *lisez* (5, 2, 675).

Page 274, ligne 5, *au lieu de* A n°s. 4 et 6, *lisez* n°. 4.

Page 276, ligne 4, *au lieu de* (12, 2, 32), *lisez* (11, 2, 32).

Page 295, ligne 22, *au lieu de* et l'art. 723, *lisez* et à l'art. 723.

Id., *id.*, *au lieu de* n°s. 4 et 6, *lisez* n°. 4.

Page 298, ligne 14, *au lieu de* n°s. 4 et 6, *lisez* n°. 4.

Page 309, ligne 7, *rayez* le mot *arrêt*.

Id., ligne 11, *au lieu de* existe, *lisez* reste.

Id., ligne 27, *au lieu de* (13, 2, 172), *lisez* (15, 2, 172).

Page 311, ligne 8, *au lieu de* n°s. 4 et 6, *lisez* n°. 4.

Page 313, ligne 29, *au lieu de* (14, 2, 257), *lisez* (14, 2, 237).

Page 316, ligne 21, *au lieu de* (12, 2, 451), *lisez* (12, 2, 431).

Page 324, ligne 18, *au lieu de* art. 696, *lisez* art. 695.

Page 327, ligne 16, *au lieu de* art. 747, *lisez* art. 745.

Au haut de la page 337, *ajoutez* : Modèles d'actes, de poursuite ordinaire.

Dans quelques exemplaires,

Page 369, ligne 6, *au lieu de* placards, *lisez* placard.

Et page 376, ligne 2, *au lieu de* placards, *lisez* placard.

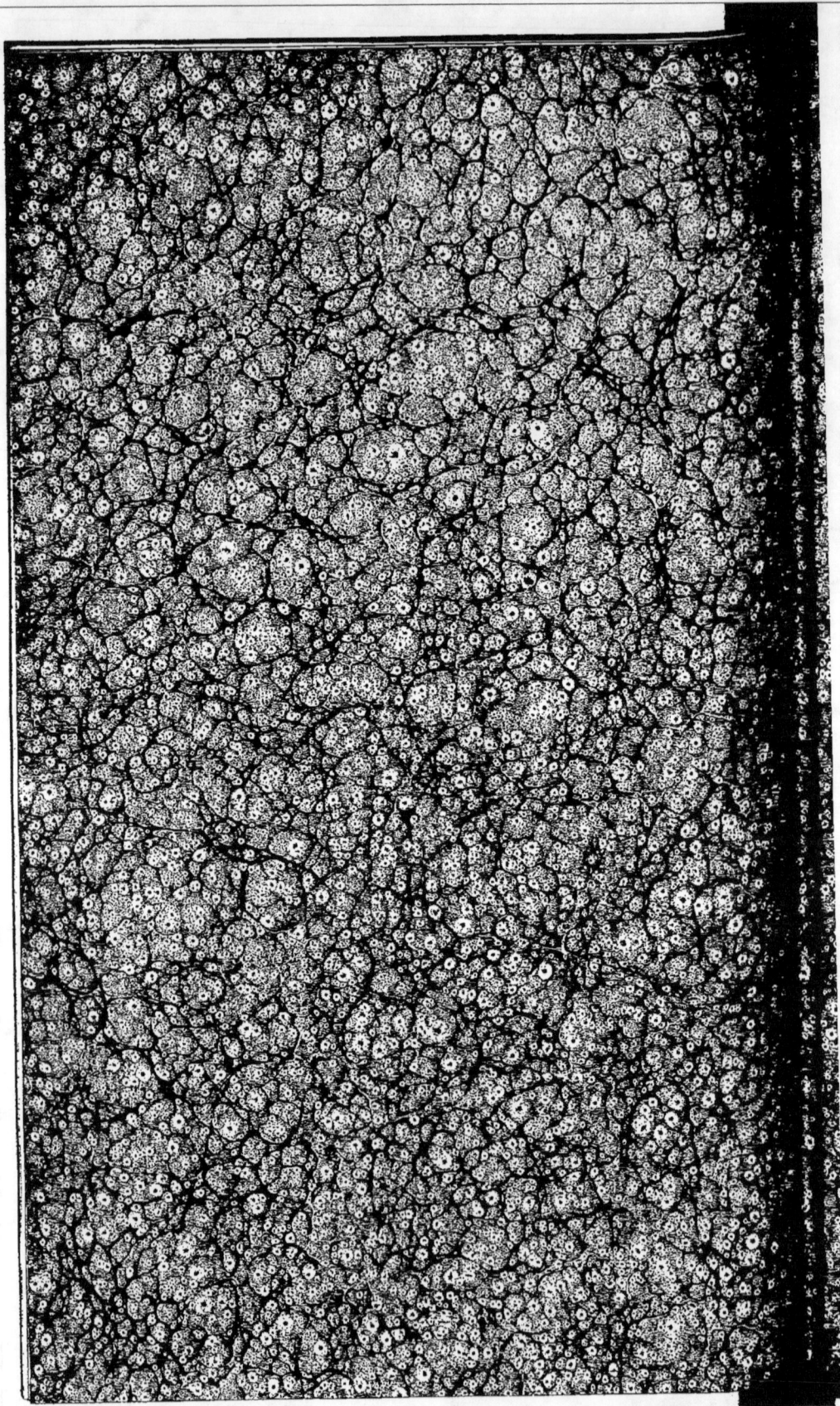

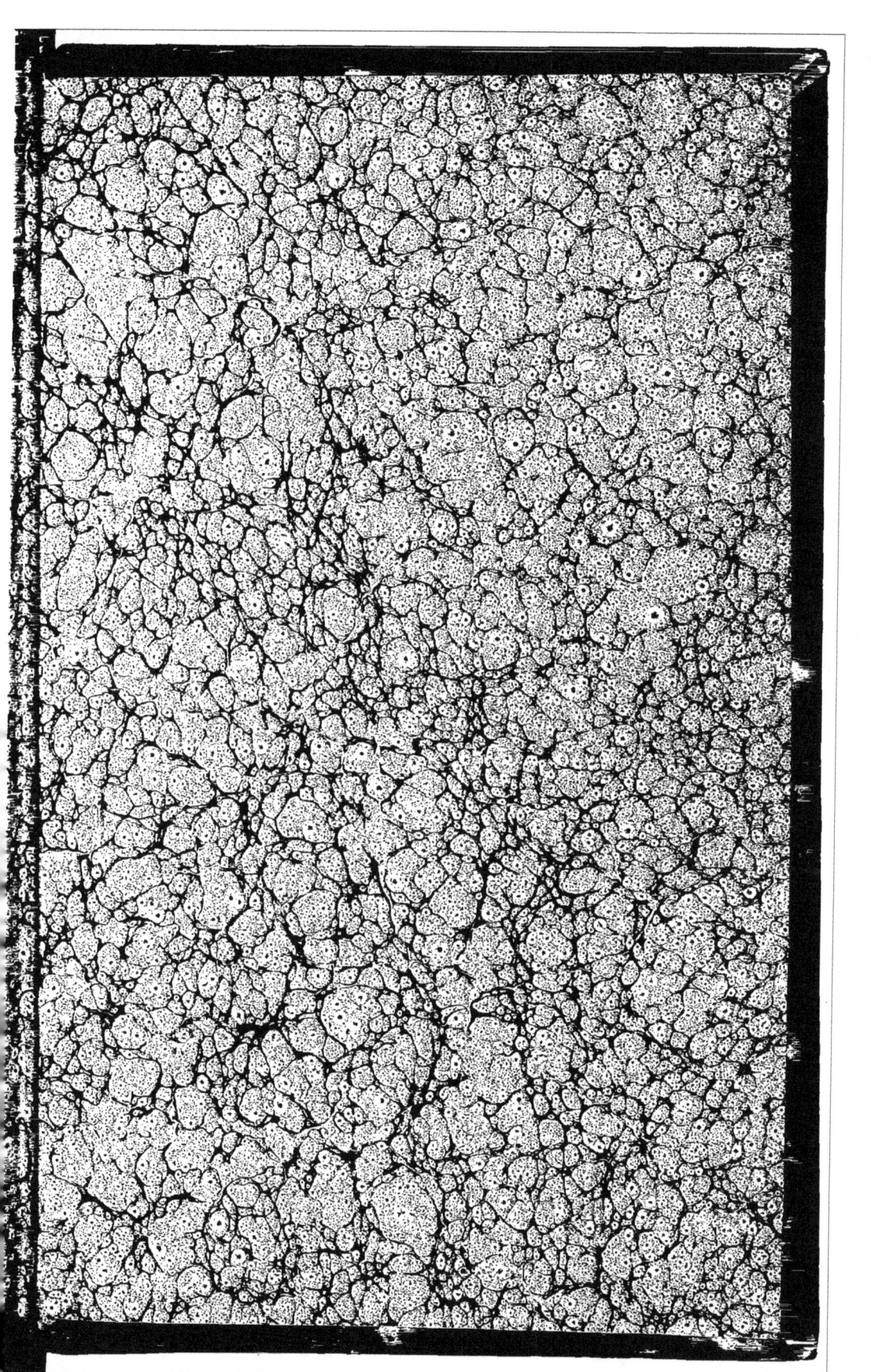

www.ingramcontent.com/pod-product-compliance
Lightning Source LLC
Chambersburg PA
CBHW060949220326
41599CB00023B/3648